Fundamentos de gerenciamento de projetos

PUBLICAÇÕES
FGV Management

GERENCIAMENTO DE PROJETOS

Fundamentos de gerenciamento de projetos

André B. Barcaui
Marcos L. Rego

FGV | EDITORA EDUCAÇÃO EXECUTIVA

Copyright © 2019 André B. Barcaui e Marcos L. Rego

Direitos desta edição reservados à
FGV EDITORA
Rua Jornalista Orlando Dantas, 37
22231-010 | Rio de Janeiro, RJ | Brasil
Tels.: 0800-021-7777 | 21-3799-4427
Fax: 21-3799-4430
editora@fgv.br | pedidoseditora@fgv.br
www.fgv.br/editora

Impresso no Brasil / *Printed in Brazil*

Todos os direitos reservados. A reprodução não autorizada desta publicação, no todo ou em parte, constitui violação do copyright (Lei nº 9.610/98).

Os conceitos emitidos neste livro são de inteira responsabilidade dos autores.

1ª edição – 2019

PREPARAÇÃO DE ORIGINAIS: Sandra Frank
EDITORAÇÃO ELETRÔNICA: Abreu's System
REVISÃO: Fatima Caroni
CAPA: aspecto:design

Ficha catalográfica elaborada pela Biblioteca Mario Henrique Simonsen/FGV

> Barcaui, André B. (André Baptista)
> Fundamentos de gerenciamento de projetos / André B. Barcaui, Marcos L. Rego. – Rio de Janeiro : FGV Editora, 2019.
> 304 p.
>
> Publicações FGV Management.
> Área: Gerenciamento de projetos.
> Inclui bibliografia.
> ISBN: 978-85-225-2123-4
>
> 1. Administração de projetos. I. Rego, Marcos Lopez. II. FGV Management. III. Fundação Getulio Vargas. IV. Título.
>
> CDD – 658.404

Aos nossos alunos, colegas docentes e aos executivos que nos inspiram para avançarmos no conhecimento.

Sumário

Apresentação	9
Introdução	11
1 | Histórico e evolução	15
Relação com a teoria das organizações	24
Associações profissionais	30
2 | Conceitos e definições	39
Projeto, programa, portfólio	39
A importância dos stakeholders	49
Sucesso em gerência de projetos	50
Competências do gerente de projetos	56
Papel do patrocinador	65
Relação com a estratégia da organização	70
Governança de projetos, programas e portfólio	79
Ciclo de vida de projetos	89
3 | Áreas de conhecimento	95
Gerência de escopo	97
Gerência de cronograma	106
Gerência de custos	115
Gerência da qualidade	129
Gerência de *stakeholders*	141
Gerência de comunicação	150
Gerência de recursos	162
Gerência de riscos	172
Gerência de aquisições	191
Gerência de integração	205

4 | Aspectos contemporâneos da gerência de projetos	217
Escritório de gerenciamento de projetos	217
Práticas ágeis	226
Responsabilidade social	251
Conclusão	259
Referências	261
Glossário	279
Para enriquecer	283
Anexos	285
Anexo I – Exemplo de declaração de escopo	285
Anexo II – Exemplo de requisição de mudança	288
Anexo III – Exemplo de carta de aceite	290
Anexo IV – Exemplo de termo de abertura	292
Anexo V – Exemplo de instrumento de auditoria de projeto	294
Anexo VI – Grupos de processos × áreas de conhecimento em gerenciamento de projetos	297
Apêndice: Soluções e aplicativos	299
Os autores	303

Apresentação

Este livro compõe as Publicações FGV Management, programa de educação continuada da Fundação Getulio Vargas (FGV).

A FGV é uma instituição de direito privado, com mais de meio século de existência, gerando conhecimento por meio da pesquisa, transmitindo informações e formando habilidades por meio da educação, prestando assistência técnica às organizações e contribuindo para um Brasil sustentável e competitivo no cenário internacional.

A estrutura acadêmica da FGV é composta por escolas e institutos, todos com a marca FGV, trabalhando com a mesma filosofia: gerar e disseminar o conhecimento pelo país.

Dentro de suas áreas específicas de conhecimento, cada escola é responsável pela criação e elaboração dos cursos oferecidos pela FGV Educação Executiva, criada em 2003 com o objetivo de coordenar e gerenciar uma rede de distribuição única para os produtos e serviços educacionais da FGV.

Este livro representa mais um esforço da FGV em socializar seu aprendizado e suas conquistas. Foi escrito por professores da FGV, profissionais de reconhecida competência acadêmica e prática, o que torna possível atender às demandas do mercado, tendo como suporte sólida fundamentação teórica.

A FGV espera, com mais esta iniciativa, oferecer a estudantes, gestores, técnicos e a todos aqueles que têm internalizado o conceito de educação continuada, tão relevante na era do conhecimento na qual se vive, insumos que, agregados às suas práticas, possam contribuir para sua especialização, atualização e aperfeiçoamento.

Rubens Mario Alberto Wachholz
Diretor da FGV Educação Executiva

Sylvia Constant Vergara
Coordenadora das Publicações FGV Management

Introdução

A gerência de projetos vem crescendo em importância desde a metade do século XX, em função da necessidade cada vez maior de as organizações agilizarem seu ciclo de desenvolvimento de produtos, tentando compactuar com a realidade globalizada e altamente tecnológica que vivemos. Gerenciar projetos tem sido uma das práticas mais abrangentes da administração e, sem dúvida, uma das que mais tem despertado interesse, uma vez que comporta diferentes áreas de conhecimento interagindo entre si, visando proporcionar a entrega completa e efetiva de alguma solução com qualidade, dentro do prazo, dos custos e, fundamentalmente, atendendo às expectativas de suas partes interessadas.

O objetivo deste livro é oferecer, a partir de uma visão geral das teorias de gerenciamento de projetos, as melhores práticas de gestão, por meio de compilação das principais tendências da área, complementada com a experiência de anos de gerenciamento e magistério de seus autores. Do ponto de vista teórico, de forma alguma o livro se restringe ou se coloca na obrigação de seguir rigorosamente uma ou outra referência em particular, apesar de poder fazer alusão a obras clássicas do gênero, tais como aquelas ligadas a grandes autores ou instituições específicas de fomento ao gerenciamento de projetos. Também estamos cientes de que não esgotamos o tema; longe disso. Seria uma audácia muito grande, até porque se trata de um livro sobre "fundamentos de gerenciamento de projetos" e não um guia definitivo. Caso o leitor se interesse por um ou outro tópico abordado, nós mais que incentivamos a busca por mais informação a respeito, além de nos colocarmos à disposição também para ajudar.

Apesar de poder ser utilizado como fonte de consulta em qualquer um de seus capítulos, acreditamos que a melhor e mais agradável forma de leitura seja sequencial, principalmente para aqueles com menos experiência em gerenciamento de projetos. Nosso planejamento (afinal temos de usar as técnicas que ensinamos em nosso livro também) foi de uma apreciação crescente, na medida em que os conceitos vão sendo absorvidos, interiorizados e conectados entre si. Mas entendemos que podemos ter leitores de diferentes níveis de experiência a respeito da gerência de projetos. Por isso, estruturamos o livro em quatro capítulos progressivos, mas que permitem a leitura avulsa, dependendo do grau de conhecimento e interesse por esse ou aquele assunto.

O primeiro capítulo faz uma revisão do histórico sobre gerenciamento de projetos e sua evolução. Voltamos no tempo para entender um pouco sobre o surgimento da disciplina, discutir sua relação com a administração e particularmente com a teoria das organizações. Produzimos uma relação também sobre as principais associações profissionais responsáveis pela promoção e crescimento da carreira de gerência de projetos, incluindo processos de certificação, filiação e referências sobre como o leitor pode se associar e descobrir mais a respeito. Trata-se de um capítulo introdutório, mas fundamental para que se tenha uma noção do impacto e da capilaridade do gerenciamento de projetos em todo o mundo.

O segundo capítulo explora conceitos e definições sobre o tema. Para que possamos explorar algumas das principais vertentes do gerenciamento de projetos, é necessário conhecer alguns conceitos básicos que vão desde a própria elucidação do que é um projeto, até o entendimento do que vem a ser seu ciclo de vida e principais processos associados. Vamos entender a diferença entre projeto, programa e portfólio, além de explicar quem são e qual é a importância das partes interessadas associadas a esse contexto. Demos destaque especial ao papel do gerente de projetos, suas competências primordiais, e também ao patrocinador, que muitas vezes acaba tendo uma relevância relativizada na literatura, mas que entendemos como fundamental para o bom andamento do projeto. Promovemos também uma discussão sobre um espinhoso tópico que envolve a caracterização de um projeto de sucesso. Entendemos que é preciso compreender a relação de gerência de projetos com a estratégia da organização e, por isso, reservarmos um tópico para essa consideração, bem como um estudo sobre governança aplicada ao âmbito de projetos.

O terceiro capítulo é, por assim dizer, o mais técnico de todos, no sentido de que busca explicar as chamadas áreas de conhecimento em gerenciamento de projetos. São essas áreas, ou o conjunto delas, que possibilitam o trabalho do gerente de projeto. É por meio desses 10 domínios que podemos iniciar, planejar, controlar, executar e finalizar nossos projetos. Inúmeras técnicas, padrões, ferramentas e processos são abordados, além de dicas e exemplos para proporcionar, ao leitor, analogias com seu próprio ambiente de trabalho. Nosso intento neste capítulo é deixá-lo o mais confortável possível para seu próximo empreendimento, uma vez que esteja com mais fluidez na linguagem e na terminologia do gerenciamento de projetos.

O último capítulo visa apresentar aspectos contemporâneos da gerência de projetos. Abordamos o conceito, a finalidade e as funções de um escritório de gerenciamento de projetos, evidenciando suas possibilidades de aplicação e sua íntima relação com a maturidade da empresa – outro conceito também explorado no capítulo. Debatemos sobre um tema relativamente novo na academia, mas que tem tomado um espaço crescente no mercado, nos mais diversos segmentos e aplicações: as práticas ágeis. Exploramos as mais frequentes práticas utilizadas, que representam o alicerce para um desenvolvimento incremental, interativo, que abraça mudanças, com equipes auto-organizáveis e maximização do investimento. O capítulo trata, ainda, de outra questão que consideramos fundamental, sobretudo nos dias de hoje em nosso país: a responsabilidade socioambiental ligada à gerência de projetos.

Esperamos que você tenha uma experiência de leitura tão agradável quanto nós, autores, tivemos ao escrever. Tenha certeza de que o fizemos com todo carinho, cuidado, empenho e dedicação para lhe proporcionar uma sensação agradável ao ler, mesmo considerando o grau de tecnicidade normalmente associado ao tema. Se conseguirmos despertar seu interesse, já estaremos premiados. Boa leitura!

1
Histórico e evolução

Este capítulo, de teor introdutório, trata basicamente da história do gerenciamento de projetos e de como seus fundamentos evoluíram ao longo do tempo. Constituímos um pequeno histórico desde os primórdios até os dias atuais, passando pela relação de gerência de projetos com a teoria das organizações e de como a proliferação de diversas associações profissionais ajudou na disseminação da prática e do conhecimento sobre o tema.

Vivemos rodeados de resultados de projetos passados; a nossa civilização foi construída por meio deles. Não só de resultados concretos, como as obras de engenharia, mas também a consolidação das nossas nacionalidades, muitas vezes com guerras e conquistas territoriais, é resultado de um somatório de projetos. Um exercício comum nos cursos de gerenciamento de projetos é perguntar aos participantes qual o projeto mais antigo que eles conhecem. A construção das pirâmides é uma das mais citadas. Alguns, demonstrando um conhecimento mais aprofundado, mencionam o complexo das pirâmides de Quéops, Quéfrem e Miquerinos, e a Esfinge de Gizé, no Egito. Outros citam a cidade de Teotihuacan, no México. Também são mencionadas a Muralha da China, a invenção da roda, e as grandes navegações ibéricas do século XIV. A história do gerenciamento de projetos é assunto vasto e objeto de livros, como *The history of project management* (Kozak-Holland, 2011) e *An introduction to the history of project management: from the earliest times to A. D. 1900* (Chiu, 2010). Neste capítulo, vamos apresentar alguns casos notáveis para ilustrar que, mesmo antes do surgimento das teorias da administração, as pessoas que gerenciavam projetos já utilizavam ferramentas e práticas de gestão que entendemos como "atuais". A figura 1 ilustra a nossa linha do tempo.

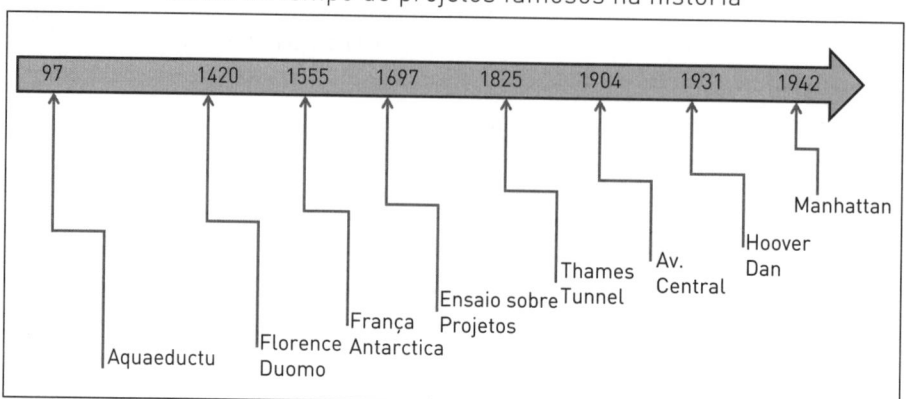

Figura 1
Linha do tempo de projetos famosos na história

97	1420	1555	1697	1825	1904	1931	1942
Aquaeductu	Florence Duomo	França Antarctica	Ensaio sobre Projetos	Thames Tunnel	Av. Central	Hoover Dan	Manhattan

Há cerca de 2 mil anos, a Roma antiga executou um gigantesco projeto para prover a cidade de uma rede de aquedutos, para uma população estimada de 1 milhão de pessoas. Teria sido mais um projeto da Antiguidade, não fosse pelo fato de que seu gerente, Sixtus Julios Frontinus, engenheiro e arquiteto, produziu um extenso relatório para informar o imperador a respeito da gestão do projeto, e que esse documento tenha sido preservado até a atualidade. Por conta desse acervo, o projeto Aquaeductu tem sido objeto de análises comparativas das práticas de gestão da época, como as realizadas por Walker e Dart (2011); Bruun (2007) e Rodgers (2004). Registros comprovam que o sistema de aquedutos foi efetivamente utilizado até o final do século XVI, ou seja, os resultados do projeto perduraram por cerca de 1.500 anos, um recorde na relação duração do projeto *versus* duração da operação.

Entre as principais práticas de gerenciamento de projetos utilizadas estava a terceirização, tanto da execução da obra quanto da manutenção dos ativos. Membros da equipe recebiam a responsabilidade de analisar os fornecedores de obras e serviços e, após a assinatura dos contratos, seguiam responsáveis pela verificação do escopo contratado. O trabalho de Frontinus menciona também a transferência de tecnologia entre contratantes e contratados, a aprendizagem organizacional e as lições aprendidas. Walker e Dart (2011) mencionam que, naquela época, não havia sido institucionalizada a prática de transferência de tecnologia; portanto, supõe-se que a decisão de Frontinus em documentar e detalhar as soluções técnicas do projeto seria algo inédito. O trabalho também conclui que a prática de gerenciamento de projetos era bastante hierarquizada e

HISTÓRICO E EVOLUÇÃO

suportada pelos mecanismos de comunicação utilizados pelo Império Romano. As decisões técnicas eram referendadas por um "painel de especialistas" que auxiliavam o gerente, o qual, por sua vez, mantinha sempre o imperador informado.

Woods Jr. (2010) descreve o surgimento de uma instituição que se tornaria fundamental na criação de novos projetos – as universidades –, cuja criação não pode ser estabelecida com datas precisas, mas Paris, Bolonha, Oxford e Cambridge "tiveram os seus primórdios nas escolas das catedrais e nas posteriores reuniões de professores e alunos" (Woods Jr., 2010:46). Na segunda metade do século XII, em plena Idade Média, elas começam a tomar forma, com a estrutura que se moldou até os dias atuais. A partir do conhecimento gerado e estruturado, passaram a ser documentadas não somente teorias e tecnologias, mas práticas de gestão, como o caso descrito no próximo parágrafo.

A institucionalização das universidades na Europa possibilitou conhecimento e tecnologia para um projeto desafiador: a cúpula da catedral de Florença. Kozah-Holland e Procter (2014) analisaram as práticas de gerenciamento de projetos usadas nesse empreendimento, obra executada entre 1420 a 1436, e considerado o mais inovador e complexo projeto arquitetônico do século XV. A cidade de Florença vivia uma época de crescimento e riqueza, e sua catedral, construída no século anterior, não possuía cúpula, pois naquele tempo não havia conhecimento técnico de como construí-la. Como nos dias de hoje, o contexto do projeto incluía restrições de cronograma, custos, escopo e qualidade. A obra fora concluída parcialmente, pois faltava a cúpula. Ou seja, um projeto interrompido por mais de 50 anos no qual se sabia que os custos de mão de obra e material seriam altos, o trabalho seria realizado a grande altura e não se conhecia a tecnologia necessária, bem como os efeitos do peso da cúpula na estrutura já existente. O arquiteto Filipo Brunelleschi se candidatou a realizar o projeto, com uma proposta de método mais barato e menos arriscado, baseado na arquitetura do Panteão Romano, que havia sido construído 1.300 anos antes. Ele passou três anos em Roma estudando antigas construções para entender a técnica usada, pois não havia nenhuma documentação da construção do panteão, e em 1420 foi oficialmente designado gerente do projeto. Kozah-Holland e Procter (2014) descrevem o ciclo de vida do projeto, os conflitos do gerente do projeto com os patrocinadores e as práticas de gestão de aquisições. No planejamento, ficou claro que a obra iria consumir cerca de 4 milhões de tijolos, e logo foram celebrados contratos de longo prazo com os principais fornecedores, alguns de outras regiões, pois a capacidade produtiva local era insuficiente.

A cúpula tem forma octogonal; portanto, foram designadas oito equipes, cada uma responsável por uma das paredes, que deviam ser construídas no mesmo ritmo; no total, eram cerca de 70 pessoas. Ao longo de mais de 15 anos, o projeto foi executado sob pressão dos patrocinadores e sob alvo de muitas críticas da sociedade local. Havia um escritório do projeto que cuidava de três aspectos: a gestão da força de trabalho, a gestão de suprimentos e a gestão da qualidade da obra. Com o tempo, Brunelleschi foi resolvendo os conflitos com os patrocinadores e centralizando mais o gerenciamento do projeto. Foram definidas metas intermediárias, e a cada conclusão era oferecido um banquete com vinho para a equipe. O legado em termos de gerenciamento de projetos, segundo Kozah--Holland e Procter (2014), vem da transferência de tecnologia, transposição de melhores práticas, criação de um escritório de projetos, gestão logística, gestão da qualidade e relação com fornecedores. Esse caso também foi objeto de estudo de Garel (2013), o qual afirma que o legado do projeto da catedral de Florença foi a distinção, até então inexistente, do planejamento da obra e sua execução.

E, no Brasil, temos registros de projetos históricos? Muito poucos. O primeiro projeto europeu realizado no Brasil foi um fracasso. Trata-se do projeto de criação da França Antarctica, analisado por Chaves e Rego (2015). Em 1555 o rei Eduardo II da França designou Villegagnon como "gerente" e alocou £10 mil para criar uma vila na baía de Guanabara, que seria o embrião de uma colônia francesa na América do Sul, denominada França Antarctica. Como a população inicial era essencialmente masculina, formada por ex-presidiários, Villegagnon criou regras sociais e comportamentais muito rígidas, o que levou a muitos conflitos internos. Com a morte do rei da França em 1559, o projeto perdeu seu patrocinador, e a colônia portuguesa expulsou todos até 1565, quando foi criada a cidade do Rio de Janeiro.

Em 1697, William Dafoe publicou aquele que é considerado o primeiro livro de gerenciamento de projetos, a obra *An essay upon projects*, que pode ser traduzido como *Um ensaio sobre projetos*, uma obra controversa, pois o autor discute ao mesmo tempo a chegada de uma nova era, na qual projetos estariam mais presentes, mas também critica as mudanças pelas quais as sociedades iriam se defrontar. Dafoe era, ao mesmo tempo, um visionário em termos de estratégia e gestão de projetos e um conservador que via a sociedade da época como não guardiã dos valores morais do passado.

Na Inglaterra do século XIX, um projeto representou um desafio tecnológico sem precedentes: a construção de um túnel sob o rio Tâmisa, em Londres, realizada pelo engenheiro e gerente de projetos Marc Brunnel entre 1825 e 1843. Marshall e Bresnen (2013) escolheram o caminho das "narrativas de projetos" para analisar o ciclo de vida do projeto do túnel. Eles apresentam o mesmo projeto, descrito e analisado segundo cinco perspectivas complementares: técnica, prática, política, social, e redes, baseadas na sociologia do conhecimento. O fato é que, em 1825, construir um túnel sob um rio pressupunha o desenvolvimento de uma tecnologia de construção inédita, que incluía segurança, por conta dos alagamentos, e a logística de entrada e saída de material, pois foi estimada, entre outros itens, a utilização de cerca de 8 milhões de tijolos. Na construção, consumiu-se muito mais dinheiro do que havia sido previsto e, por conta disso, os financiadores resolveram cobrar ingresso e abrir a obra para visitação pública. A execução foi interrompida por quase sete anos, após um acidente que vitimou seis membros da equipe por afogamento, tendo sido totalmente concluído em 1843. Foi um sucesso de engenharia, mas um fracasso em termos de investimento, não só pelo orçamento ter sido em muito ultrapassado, mas pelas receitas previstas não terem se confirmado. O projeto original previa o trânsito de carruagens, mas elas não passavam pelas entradas, muito abaixo do nível das ruas. Por quase duas décadas, o túnel tornou-se a principal atração turística de Londres, na qual os pedestres pagavam pedágio para atravessá-lo. Alguns anos depois, a novidade acabara, e o túnel tornou-se lugar perigoso. Tempos depois foi comprado para integrar a rede ferroviária, e, atualmente, serve ao sistema de metrô da cidade.

O primeiro grande projeto brasileiro foi executado entre 1904 e 1908 e teve como objeto a maior reconstrução urbana até então realizada nas Américas: o projeto denominado "Avenida Central", que reconstruiu o centro da cidade do Rio de Janeiro. Para se ter uma ideia de sua importância, o empréstimo feito junto a banqueiros ingleses representava 50% do orçamento do Brasil em 1904 (Rocha, 1995). O centro do Rio era um lugar insalubre e a cidade era evitada pelos navios europeus, que seguiam direto para Buenos Aires, tamanhas a sujeira e as recorrentes epidemias de febre amarela. Pereira Passos, prefeito e engenheiro, assumiu a gestão do projeto já em idade avançada – com 67 anos – e o conduziu com "mão de ferro", demolindo antigas residências, aterrando pequenas enseadas, proibindo a circulação de animais vivos pelas ruas da cidade e usando técnicas modernas de gestão.

Tratava-se de um projeto urbanístico de grande porte, que incluía o novo porto, a avenida Central – depois renomeada Rio Branco –, o programa de melhoramentos da prefeitura, as avenidas do Cais (Francisco Alves), Francisco Bicalho e Beira Mar. As obras foram iniciadas em três pontos distintos e equidistantes, sendo que as equipes deveriam se encontrar no final, resultado de uma série de propostas que foram executadas por meio de sucessivos ajustes e alterações de escopo. O escopo incluía toda a modernização dos serviços públicos, e, com exceção do serviço de água potável, o restante havia sido terceirizado. O serviço de gás foi entregue aos belgas, o esgoto aos ingleses, a energia elétrica aos canadenses e o serviço de telefonia a uma empresa dos Estados Unidos da América. O projeto da avenida Central era baseado em outros empreendimentos semelhantes já realizados em cidades europeias, sendo o mais famoso a reconstrução de Paris, na década de 1870. Ainda que, em termos técnicos e urbanísticos, o resultado tenha sido considerado um sucesso à época, representou também a primeira ação de gentrificação urbana, na qual a população de baixa renda é expulsa das áreas renovadas, com o objetivo de fazer do centro da cidade um espaço de uso prioritário das elites (Del-Brenna, 1985).

Rego, Irigaray e Chaves (2017) se basearam na comparação de três projetos históricos realizados no centro do Rio de Janeiro – Avenida Central, Aterro do Flamengo, realizado na década de 1960, e Porto Maravilha, de 2012 a 2106 – para apresentar o conceito de "projetos de simbolismo intensivo", caracterizados por cinco dimensões: são projetos *redentores*, pois pretendem inserir aquele ambiente em um novo paradigma; são *missionários*, pois se baseiam em um objetivo "nobre" e inquestionável; são *aniquiladores*, no objetivo de destruir tudo que existia anteriormente; seus gerentes são heróis, pois estão imbuídos de uma missão; e são *ilusórios*, posto que não conseguiram mudar o ambiente no qual estão inseridos.

Já no século XX, o último grande projeto realizado antes do surgimento do *project management* como área da administração e disciplina, na década de 1950, foi o projeto da represa Hoover, realizado nos Estados Unidos da América e concluído em 1936, segundo Kwak et al. (2014). Foram mais de 20 anos de estudos de viabilidade e planejamento, para um projeto que tinha inicialmente dois propósitos: regular a vazão do rio Colorado evitando as repetidas cheias que afetavam a agricultura e a pecuária, e prover energia elétrica para a região, notadamente o estado da Califórnia. Com a crise econômica decorrente do *crash* da Bolsa de Valores em 1929, o projeto passou a ter uma terceira motivação: fonte de empregos para a imensa massa de desempregados. Como curiosidade, a cidade de Boulder City foi construída para sediar o escritório do projeto e abrigar os cerca de 5 mil trabalhadores da obra. Além disso, o projeto usava extensivamente uma ferramenta de planejamento de cronograma recém-desenvolvida: o Gantt *chart* (cronograma) que tem seu nome derivado do seu criador, um dos ícones da administração científica, Henry Gantt.

Concluído o planejamento e com autorização do governo federal para execução, o escopo foi dividido em 119 itens ou entregas, as quais foram oferecidas em concorrências públicas. Uma *joint venture* formada por seis grandes empresas era algo inédito até então, quando esse tipo de associação não reunia mais que duas empresas. Mas o consórcio Six Companies Inc. ganhou a licitação de todo o projeto em março de 1931. Não cabe aqui descrever a solução técnica oferecida, mas ressaltar que, em termos gerenciais, o projeto é considerado um marco pelo uso eficiente dos recursos diante dos enormes desafios de engenharia, bem como pelo fato de a obra ter sido concluída quase dois anos antes do prazo previsto e abaixo do orçamento. Esse resultado foi consequência de práticas de gestão de recursos humanos, materiais e de qualidade até então inexistentes, que foram registradas em documentos de lições aprendidas (Kwak et al., 2014).

O projeto Manhattan é muitas vezes mencionado como o primeiro projeto da era moderna, ou seja, aquele que foi executado junto com o surgimento do gerenciamento de projetos como área da administração de empresas (Shenhar e Dvir, 2007). No entanto, Lenfle (2011) aponta que o projeto Manhattan possuía uma característica que o diferenciava substancialmente dos projetos atuais: o uso de "abordagens paralelas" na busca da melhor solução, ou seja, da solução de melhor relação tecnologia/escopo/qualidade que atendesse aos objetivos do projeto.

Para tanto, cabe relembrar que o projeto Manhattan, realizado durante a II Guerra Mundial, tinha como objetivo construir a bomba atômica, e diferentes abordagens caminharam em paralelo até a escolha da solução implantada. Lenfle argumenta que, ao longo das últimas décadas, foram surgindo três elementos que exterminaram as abordagens paralelas em projetos: primeiro, a busca da racionalização no uso de recursos em novos projetos limitando sua utilização; depois, uma pretensa ilusão de que o risco seria totalmente gerenciável; e, por último, a disseminação dos manuais de boas práticas que sugerem uma linearidade do processo de estratégia e seleção de projetos conforme a gestão do portfólio. Com isso, institucionalizou-se o projeto como uma "bala de prata", ou seja, um esforço único que vai sempre resolver as questões apresentadas.

O fato é que no final da década de 1950 surgiram duas poderosas ferramentas de gerenciamento de cronogramas: os métodos PERT– *program evaluation and review technique* (técnicas de avaliação e revisão de programas), do Departamento de Defesa dos EUA, e CPM – *critical path method* (método do caminho crítico), da multinacional DuPont. Em comum, ambos representam graficamente o trabalho do projeto por meio de um diagrama de redes, em que nós e flechas representam atividades e eventos de um projeto. O capítulo 3 deste livro apresenta mais detalhadamente essas e outras definições relativas à gerência do cronograma do projeto e seu impacto na gestão.

Essas abordagens tiveram ampla aceitação e posicionaram o gerenciamento de projetos como uma área de aplicação da pesquisa operacional, na qual a otimização das redes de atividades e eventos era considerada de fundamental importância para o sucesso do projeto. Na mesma época, o Departamento de Defesa dos EUA constatou que não dispunha de uma metodologia eficiente para acompanhamento de projetos realizados por terceiros, que representavam a quase totalidade da sua carteira de projetos. Daí surgiu, em 1969, uma metodologia de acompanhamento de projetos denominada *cost/schedule control system criteria* (C/SCSC), que logo passou a ser utilizada nos projetos dos departamentos de Defesa, de Energia e na Nasa. Desde 1967, o Departamento de Defesa passou a exigir seu uso para todas as empresas contratadas em projetos de pesquisa e desenvolvimento com orçamento superior a US$ 60 milhões. Com isso surgiu uma indústria de consultoria e treinamento no método, que deixou como legado o gerenciamento do valor agregado, assunto também detalhado no capítulo 3 do nosso livro.

Na década de 1960 começaram a surgir as associações profissionais de gerenciamento de projetos, conforme será apresentado ainda neste capítulo. Com isso, o gerenciamento de projetos começou a se institucionalizar como prática de gestão na década de 1980, com sua aplicação em outras áreas que não os grandes projetos governamentais de engenharia. Começaram a surgir os aplicativos computacionais, como o Harvard Project Manager, Super Project, Primavera, entre outros (Levine, 1990). Na última década do século XX surgiram duas grandes mudanças.

A primeira delas foi a popularização da internet, que levou as empresas a interligarem seus postos de trabalho em rede, bem como a inserção de suas organizações na rede mundial, com a construção de *sites* e portais, e o início das atividades de comércio eletrônico. A outra grande mudança foi a consolidação dos chamados sistemas integrados de gestão de informações, ou *enterprise resource planning* (ERP). A arquitetura de informações das empresas passou a ser objeto de projetos radicais de mudança, comumente chamados de reengenharia de processos, cuja principal obra é o *best selller* de Hammer e Champy (1995) *Reengenharia: revolucionando a empresa*, na qual são descritos os ganhos de escala com projetos radicais de mudança organizacional, baseados na integração dos sistemas de informação e na redução significativa de pessoal nos chamados níveis intermediários das estruturas organizacionais.

Com o aumento significativo da quantidade de projetos, no final dos anos 1990 a literatura de gerenciamento de projetos passa a enfatizar uma nova panaceia: a implantação de escritórios de gerenciamento de projetos (EGPs). Como os projetos passaram a ser a forma dominante de trabalho em muitas empresas, os EGPs começam a se impor como forma estrutural permanente de gestão do portfólio de projetos das empresas, conforme veremos no capítulo 4. Em paralelo, chegam ao Brasil as primeiras associações profissionais e, no campo teórico, surgiu a teoria das organizações temporárias, de Lundin e Söderholm (1995).

Na virada do milênio, as principais escolas de administração e negócios no Brasil implantam programas de MBA em Gerenciamento de Projetos, disciplina que passou também a ser ofertada nos cursos de administração e engenharia, bem como nos núcleos de empreendedorismo das universidades e escolas de negócios. As associações internacionais de gerenciamento de projetos passam a realizar encontros nacionais, regionais e de interesse específico, para setores como óleo e gás, telecomunicações, farmacêutico, engenharia de *software*, entre outros, e em 2001 surgiu o Manifesto Ágil, a partir de um grupo de trabalho de especialistas em projetos de engenharia de *software*, conforme explicaremos no último capítulo do livro.

Nos dias atuais (2018) o gerenciamento de projetos já se consolidou como teoria e prática de gestão dentro dos estudos organizacionais. Na área de pesquisa em estudos organizacionais, é um dos temas da Associação Nacional de Pós-graduação e Pesquisa em Administração (Anpad), dentro da área de gestão de operações e logística. Como área profissional, está consolidada por meio dos portfólios de projetos e escritórios de projetos em organizações públicas e privadas de diversos setores. Como formação, é assunto estudado nos cursos de graduação em administração, engenharia, arquitetura e nos domínios adicionais de empreendedorismo. Também é objeto de estudo em projetos internacionais, culturais, sociais e ambientais. Existem inúmeras certificações individuais e institucionais de gerenciamento de projetos, algumas das quais mencionadas mais à frente neste capítulo. O assunto também é objeto de desenvolvimento de novos *softwares* (alguns deles listados no apêndice do livro), a maior parte interligada aos sistemas de gestão das corporações, permitindo uma gestão integrada de um conjunto de recursos compartilhados pelo portfólio de projetos em curso.

Realizamos uma breve contextualização histórica do gerenciamento de projetos, por meio da descrição de oito projetos passados, os quais, de algum modo, contribuíram para as modernas práticas de gerenciamento de projetos que discutiremos ao longo do livro.

Relação com a teoria das organizações

Dando continuidade à nossa análise da evolução histórica da gerência de projetos, iremos apresentar e discutir as relações do assunto "projetos" com a teoria das organizações. De forma a ilustrar melhor, vamos começar com um exemplo, para, em seguida, apresentar a relação com a teoria. Suponha que um grupo de investidores resolveu criar um novo empreendimento no setor de produtos de limpeza. A partir de um plano de negócios, eles constataram a viabilidade econômico-financeira do projeto e alocaram recursos para sua execução, cujo escopo é criar uma nova empresa. Isso inclui formalização do negócio, adaptação ou construção do espaço físico, montagem da linha de produção, estrutura organizacional, sistemas de gestão, desenvolvimento de produtos, seleção de fornecedores de matéria-prima, contratação de pessoas, criação de um plano de marketing, obtenção de licenças governamentais em diversos órgãos, entre outras medidas. Foi feito então um projeto para criação dessa nova empresa, com duração estimada de 18 meses. O projeto possuía uma estrutura de gestão, e o trabalho caracterizou-se por não ter nenhuma rotina, ou seja, a cada dia diferentes atividades eram realizadas. O projeto foi concluído no prazo; portanto no 19º mês a empresa passou a produzir e comercializar produtos de limpeza. Por meio de um plano estratégico de penetração no mercado, em algum tempo ela já estava inserida no conjunto de empresas brasileiras concorrentes no setor de produtos de limpeza. Ou seja, as atividades prevalentes da organização passaram a ser repetitivas: compra de matéria-prima, produção, vendas, distribuição, gestão de estoques, gestão de recursos humanos, gestão de fluxo de caixa, entre outras rotinas que caracterizam a gestão de uma empresa.

Até agora, limitamo-nos a descrever de forma bem simples duas etapas na vida de uma organização: seu projeto de criação e sua existência já como empresa de produtos de limpeza. Cabe ressaltar que, enquanto o projeto de construção e início das operações foi estimado em 18 meses, não se sabe ao certo por quanto tempo a empresa vai operar. Talvez ela siga crescendo até se tornar uma das líderes mundiais no setor. Pode também permanecer por anos e anos como uma presença regional, mantendo o mesmo porte em um nicho de mercado. Quem sabe não irá incorporar outras concorrentes de igual ou menor porte, crescendo na forma de aquisições? Ou pode mesmo entrar em decadência daqui a alguns anos e seguir com margens declinantes até sua falência.

Qualquer que seja o futuro da nossa empresa hipotética, a visão de seus controladores é a de que, quanto maior for o tempo que ela permanecer no mercado, maiores serão os lucros. A fase de projeto representou o tempo dedicado ao investimento, no qual a empresa ainda não tinha receita; portanto, a tentativa foi de minimizar sua duração. Projetos "bons", nesse caso, são aqueles realizados no menor tempo possível, possibilitando o início das operações, gerando receita e retorno.

Qual é a relação da teoria das organizações com esse exemplo? Vamos nos transportar para as primeiras décadas do século XX, quando estava em curso uma das maiores transformações nas sociedades: a criação do mercado de consumo de massa. Novas tecnologias e novas técnicas de produção eram disponibilizadas, possibilitando uma significativa redução nos custos de produção. O melhor exemplo é o da indústria automotiva, que se consolidou e mudou radicalmente a vida das pessoas a partir das primeiras décadas do século passado, na mesma época em que surgiam os estudos das novas teorias das organizações.

O caso da Ford Motor Company é emblemático, e existem centenas de livros e trabalhos publicados sobre a empresa, seus produtos e seu fundador, Henry Ford (1863-1947). Além de empresário, foi um dos principais autores da "administração científica", a ponto de seu nome estar até hoje associado ao termo "taylorismo/fordismo", que reúne os dois principais formuladores da teoria: Taylor e Ford (Snow, 2014). A Ford Motor Company fabricou um único produto por 19 anos, o Ford modelo T, e, a cada melhoria nos processos produtivos ou economia de escala gerada, as reduções de custo eram repassadas para o preço final aos clientes. Com isso, o mercado consumidor não parava de crescer, com inevitáveis consequências em outros setores da economia, como infraestrutura rodoviária, locadoras de automóveis e postos de abastecimento, além da criação de um novo estilo de cultura, que surgiu a partir do automóvel: hotéis, cinemas, restaurantes e outros serviços no estilo *drive-in* (Matsuyama, 2000).

As diversas teorias da administração surgiram em um mundo de negócios no qual o ciclo de vida dos produtos era longo, e os consumidores eram bem menos exigentes, pois a sociedade de consumo de massa ainda estava em formação. Os estudos iniciais de administração de empresas apareceram com um objetivo: organizar e racionalizar o trabalho nas fábricas. A visão da função "administração" era limitada à produção. Ou seja, administrar empresas era sinônimo de administrar o trabalho no chão de fábrica. A construção e o projeto das novas empresas não era assunto de administração de empresas; no máximo, eram tratados pela engenharia. Assim, as teorias da administração passaram a "enxergar" as empresas como organizações dedicadas à condução de processos, tanto de produção quanto de gestão.

As abordagens clássicas da administração estavam voltadas para as estruturas e processos internos das empresas, como a administração científica, a teoria das relações humanas e a teoria da burocracia. A partir da década de 1950, surgiram novas escolas ou teorias, nas quais a inserção das organizações no ambiente externo passou a ser considerada. Teorias como a neoclássica, sistêmica, comportamental e contingencial tratavam de temas como estratégia, decisão, conflitos, motivação, negociação, adaptação ambiental, integração e diferenciação. Por volta dos anos 1970, no campo de estudos organizacionais consolida-se a teoria crítica e, em seguida, a teoria institucional, esta, por sua vez, baseada na ecologia das organizações. Em comum, todas as teorias continuaram a entender as organizações como permanentes, em busca da eternidade, e executoras de processos.

O surgimento do gerenciamento de projetos como campo de estudos de administração teve origem bem diferente, a partir dos projetos conduzidos pelo Departamento de Defesa (DoD) dos Estados Unidos, notadamente o projeto Manhattan, na década de 1940 e o projeto Polaris, no final da década de 1950. Não existia ainda uma cultura organizacional e um conhecimento prático de gerenciamento de projetos, daí que a ênfase nesses estudos recaiu no planejamento de tempos, mais especificamente, nas estimativas de previsão para a realização das atividades. Em outras palavras, a visão da época entendia que o maior problema para gerenciar um projeto estava em saber estimar durações para as atividades. Logo surgiram dois métodos clássicos: PERT e CPM, como vimos anteriormente. Na ausência de ferramenta melhor, logo passaram a ser largamente utilizados em projetos de engenharia de grande porte, o que, de certa forma, tornou o gerenciamento de projetos uma subárea de pesquisa operacional, em que simulações e otimizações de planejamento de tempo eram seu principal objeto de estudo. Em um ambiente no qual as empresas usavam a maior parte de seus recursos humanos em atividades repetitivas, o ciclo de vida dos produtos era longo e os consumidores menos exigentes, fazia sentido que as teorias tratassem prioritariamente as empresas pelo que elas eram conhecidas: processos produtivos.

A evolução do ambiente de negócios, no entanto, foi rápida e definitiva. Com o acirramento da concorrência, as empresas investiram em tecnologia, buscando diferenciais competitivos em suas linhas de produtos nos respectivos mercados. Outras buscaram novos mercados, por meio de internacionalizações, expansões geográficas ou mesmo fusões e aquisições. As evoluções tecnológicas não se limitaram aos bens de consumo; alcançaram também os bens de capital, o que gerou, por sua vez, mais e mais projetos, dos quais resultaram uma significativa redução de pessoal nas operações de chão de fábrica. Novas tecnologias resultaram em produtos melhores, gerando um nível mais alto de exigência nos mercados consumidores, o que resultou em reduções nos ciclos de vida de produtos. Afinal, os clientes estão cada vez mais ávidos por novidades.

Para culminar, a introdução gradual da tecnologia da informação na sociedade e nas organizações a partir da década de 1950 veio alterar de forma drástica a organização do trabalho e os processos de coleta e armazenamento de informações. Na década de 1990, o amadurecimento dos sistemas de gestão integrada, do tipo ERP, contribuiu ainda mais com redução de pessoal nas tarefas administrativas repetitivas, enquanto aumentava a quantidade de projetos. Logo em seguida, a revolução da internet possibilitou a criação de projetos de comércio eletrônico, além de outras formas de relacionamento com os mercados consumidores.

Projetos, portanto, que no decorrer do século XX eram esporádicos e pouco importantes, foram tomando o espaço das rotinas e dos processos nas organizações modernas. Hoje, são os projetos que moldam, que definem as organizações na sua busca constante de mudança para atender aos mais diferentes anseios de seus mercados. As primeiras teorias das organizações foram desenvolvidas em um ambiente de negócios que já não existe mais. Ainda assim, alguns autores começaram a introduzir o tema em seus respectivos estudos. Bennis (1968) criou o termo *adhocracia* para descrever as organizações descentralizadas e autônomas, o que as caracterizaria como o oposto das burocracias. Logo em seguida, o futurólogo Alvin Toffler (1971), no *best seller O choque do futuro*, descreve *adhocracias* como organizações futuristas com existência efêmera e sendo criadas e encerradas com objetivos específicos. Mais à frente, o termo foi consolidado no campo teórico da administração por Mintzberg (1983), que classifica *adhocracias* como as organizações temporárias, moldadas para objetivos específicos. Nenhum deles, no entanto, menciona gerenciamento de projetos em seus respectivos textos.

Existem duas contribuições recentes, em termos de teoria, que tentam explicar o mundo das organizações de projetos. A primeira é a teoria dos *stakeholders*, cuja criação é atribuída a Freeman (1984), que escreveu *Strategic management: a stakeholder approach*, em 1984. Logo o termo passou a ser utilizado no campo de projetos, o que será objeto de detalhamento em capítulos posteriores deste livro. Ainda na década de 1980, é publicado o primeiro livro sobre o assunto por Stinchcombe e Heiner (1985), intitulado *Organization theory and project management*.

Em 1995, Rolf Lundin e Anders Soderöhlm publicaram um artigo seminal sobre a teoria das organizações temporárias, a primeira contribuição teórica que usa como objeto de análise os projetos, e que considera a necessidade de estudos que encarem a dimensão tempo sob outro olhar, posto que, dada sua temporalidade, os projetos têm vida limitada. Além disso, eles propõem uma teoria baseada na ação. Um dado importante é a presença de autores de três países escandinavos – Suécia, Noruega e Dinamarca – nos estudos sobre projetos, o que levou à criação do termo "escola escandinava de gerenciamento de projetos". Não se trata de nenhuma escola específica, mas da ativa participação de autores desses países nos estudos sobre projetos. Kozarkiewicz, Lada e Soderöhlm (2008) apresentam os aspectos que diferenciam os estudos escandinavos do resto do mundo e apresentam seus principais autores.

Nas últimas décadas, os projetos passaram a ter importância cada vez maior no desempenho e sobrevivência das organizações, mas ainda são vistos como um assunto "menor", por exemplo, na visão de Floricel, Banik e Piperca (2013:402), em tradução livre:

> Gerenciamento de projetos (GP) como disciplina é bem jovem, uma subárea de estudos organizacionais voltada para a prática. Nas suas formas mais proeminentes, o GP se baseia em três pilares: postulados normativos da racionalidade, codificação da prática e generalizações a partir de dados empíricos.

Ainda assim, a produção científica em gerenciamento de projetos tem crescido, tanto pela necessidade de estudo do assunto quanto pelas suas relações com a prática, ou seja, projetos continuam a atrasar, a exceder seus orçamentos, a deixar clientes insatisfeitos, pois a taxa de insucesso ainda é um problema de gestão não resolvido. Söderlund (2012) reuniu e analisou as principais contribuições de estudos sobre projetos, separando-os em sete escolas: da otimização, dos fatores críticos de sucesso, da contingência, do comportamento, da governança, do relacionamento e da decisão, cujas características estão sintetizadas no quadro 1.

Quadro 1
Resumo das escolas de gerenciamento de projetos

Escola	Foco	Questão	Ideia	Influência	Década
Otimização	Planejamento	Como planejar e gerenciar um projeto?	Otimização pelo planejamento	Matemática aplicada	1950
Fatores críticos	Desempenho	O que determina o sucesso do projeto?	Fatores críticos de sucesso	Diversas	1960
Contingencial	Estrutura do projeto	O que diferencia os projetos?	Adaptar às contingências	Teoria organizacional	1970
Comportamento	Processos de organização	Como os projetos evoluem?	Processos organizacionais	Teoria comportamental	1970
Governança	Transações	Quais as estruturas de governança para projetos?	Governança e transações	Economia	1980
Relacionamento	Redes de projetos	Como se formam redes de projetos?	Estágios iniciais de criação de projetos	Marketing e geografia econômica	1990
Decisão	Relações entre decisores em projetos	Por que se estudam projetos?	Política e processo decisório	Psicologia e ciência política	2000

Fonte: adaptado de Söderlund (2012).

Podemos apresentar cinco razões pelas quais as teorias não incluíram, por muitos anos, os projetos como parte integrante de seus corpos de conhecimento. A primeira razão é que as teorias surgiram para estudar e entender a dinâmica e os processos de empresas já existentes e que atuavam em ambientes relativamente estáveis, vendendo para mercados consumidores com baixo grau de exigência. Isso levava a uma visão dissociada do mercado, que incluía a percepção da eternidade das empresas.

A segunda razão é que o gerenciamento de projetos surgiu fora do chamado *mainstream*: em organizações estatais do setor de defesa, com uma ênfase na otimização pelo planejamento bem elaborado, ligado à previsão de cronogramas e alocação de recursos. Ou seja, surgiu mais ligado à matemática e à pesquisa operacional do que como um problema de gestão; daí ter sido relegado, como se fosse um problema de reduzida importância em estudos estratégicos e de comportamento organizacional que caracterizaram as décadas de 1950 e 1960.

A terceira razão está relacionada à teoria geral de sistemas, a qual afirma que o ser humano tem a tendência de subestimar a complexidade daquilo que ele desconhece. Esse postulado se confirma em projetos, quando previsões demasiado otimistas a respeito do escopo, dos prazos, dos custos e dos riscos não se realizam durante a execução, levando a projetos inacabados ou a resultados de baixa qualidade. Daí que, em estruturas burocratizadas e com alto grau de centralização, gerenciar um projeto é tratado como algo trivial, que não demandaria boas práticas, ferramentas ou metodologias específicas. Sendo um assunto operacional e prático, não caberia construir nenhuma teoria sobre ele.

As duas últimas razões são de natureza metodológica. Projetos, como unidade de análise, são de difícil observação e estudo. Têm existência temporária, suas equipes estão usualmente ocupadas e nem sempre dispostas a servir como objeto de estudo, o que dificultou a criação e o desenvolvimento de teorias sobre o tema. A última razão, além de metodológica, é estratégica. Enquanto unidades de análise, os projetos têm resultados, ou seja, alguns projetos terminam em sucesso, outros em fracasso. Mas as empresas privadas normalmente não estão dispostas a divulgar esses resultados. Deixar que pesquisadores, professores ou analistas externos estudem e descrevam casos reais de projetos não é prática usual. Os casos famosos publicados de grandes fracassos em projetos normalmente tratam de obras governamentais ou de empresas que já encerraram suas atividades, e são reconstruídos após a morte do projeto e da própria organização, usando o método *ex-post-facto*.

Associações profissionais

Conforme o histórico apresentado, vivemos em um mundo cada vez mais "projetizado". O crescimento e a popularidade da gerência de projetos podem ser explicados em parte pela demanda crescente por serviços de gerenciamento e, em parte, pelas próprias especificidades ligadas à disciplina, que favorecem seu desenvolvimento e adoção (Papillon, 2016) nos mais diversos segmentos e organizações em todo o mundo.

Nesse contexto, é natural que apareçam entidades visando difundir e expandir as chamadas boas práticas para gerenciar projetos. Boas práticas essas que normalmente envolvem ferramentas, técnicas e processos de gerenciamento, visando ao atingimento dos objetivos do projeto a ser empreendido. Trata-se de uma nobre tentativa, na medida em que normatizar qualquer tipo de prática não é propriamente uma tarefa trivial, dado que pode envolver culturas, organizações e pessoas distintas.

São as chamadas associações profissionais de gerenciamento de projetos que, por vezes, são confundidas com alguma metodologia de gerenciamento em si, mas que, definitivamente, não são sinônimos. Em geral, as práticas propostas por essas associações representam um conjunto de conhecimento que pode e deve ser adaptado à necessidade de cada organização, independentemente do setor de atuação. É preciso considerar as diferenças de segmento, público-alvo, complexidade do projeto, tamanho, valor e até mesmo a maturidade em gerenciamento estabelecida, para que se possa modelar uma metodologia específica aplicada à realidade idiossincrática das organizações. Aliás, mesmo dentro de uma mesma empresa, a maturidade em gerenciamento de projetos pode também variar de departamento para departamento, dependendo de seu tamanho, dispersão geográfica e outros fatores, mas isso será objeto de comentários em capítulos mais à frente, quando tratarmos exclusivamente de maturidade.

Project Management Institute (PMI)

Uma das mais conhecidas dessas associações, tanto no mercado quanto na academia, é o Project Management Institute <www.pmi.org>. Fundado em 1969, o PMI é uma associação sem fins lucrativos, que visa ao incremento do sucesso das organizações e aumento da maturidade da profissão. Desde sua fundação, tem trabalhado no sentido de reforçar padrões de gerenciamento, certificações, programas de pesquisa e até mesmo trabalhos voluntários.

Para que se tenha uma ideia do tamanho do instituto, na época em que este livro foi concebido, o PMI contava com mais de 530 mil membros em 208 países e territórios. Havia se expandido também por meio de 292 *chapters* e cerca de 30 comunidades para discussão de práticas (PMI, 2018). No Brasil, são cerca de 15 sedes regionais espalhadas por todo o território nacional, com mais de 10 mil membros cadastrados. O detalhamento do processo de inscrição pode ser encontrado no *site* do instituto.

Entre suas diversas publicações, encontram-se manuais com padrões, modelos e livros, incluindo um código de ética e conduta profissional a ser seguido pelo gerente de projetos. A mais prestigiada dessas publicações, até pela influência que teve no desenvolvimento de gerentes de projeto em todo o mundo é, sem dúvida, o *Guia do conhecimento em gerenciamento de projetos – Guia PMBOK®* – (PMI, 2017a), servindo inclusive de base para o processo de certificações. O livro sofre atualizações a cada quatro anos, em média, visando mantê-lo alinhado com as tendências do gerenciamento de projetos em todo o mundo.

O PMI conduz ainda uma pesquisa global desde 2006, intitulada "Pulse of the profession" (PMI, 2017d), com profissionais da área, coletando não somente dados sobre o mercado, mas também tendências relacionadas à gerência de projetos, programas e portfólio. Trata-se de uma forma de auferir a aplicação no mercado das práticas propostas pelo instituto, gerando um insumo para alimentar ajustes a novas edições atualizadas do seu *Guia de conhecimento*. Ou seja, é o próprio mercado fornecendo insumos para aprimoramento das melhores práticas de gerenciamento de projetos.

Em termos de certificações, o PMI desenvolveu oito diferentes propostas que reconhecem tanto o conhecimento quanto as competências em gerenciamento de projetos. São elas:

- PMP® (*project management professional*): essa certificação valida a competência do profissional para exercer o papel de gerente de projetos, com mais de 700 mil certificados em todo o mundo.
- PgMP® (*program management professional*): desenhada para profissionais que gerenciam projetos múltiplos, complexos, visando ao atingimento de resultados estratégicos.
- PfMP® (*portfolio management professional*): para profissionais que trabalham diretamente com a gestão do portfólio de suas organizações.
- CAPM® (*certified associate in project management*): certificação específica para aqueles profissionais que ainda não se qualificam para a certificação PMP, mas que desejam comprovar seu conhecimento da terminologia, processos e áreas de conhecimento em gerenciamento de projetos. Tipicamente, uma certificação mais procurada por membros de equipe ou coordenadores de projetos em início de carreira.
- PMI-PBA® (*professional in business analysis*): foco na legitimação daqueles que atuam como analistas de negócio, que trabalham junto às mais diversas partes interessadas da organização para entender e definir suas necessidades de negócio, desenhando os resultados a serem atingidos por meio de projetos.

- **PMI-ACP®** (*agile certified practitioner*): criada para aqueles que praticam princípios das chamadas metodologias ágeis em seus projetos. Demanda uma combinação de treinamento, experiência e um exame para certificação, englobando abordagens tais como: *scrum, lean*, XP e *kanban* (tópicos a serem abordados em capítulo mais à frente, neste livro).
- **PMI-RMP®** (*risk management professional*): focada particularmente na área de conhecimento de gerência de riscos em projetos, incluindo: análise, identificação, qualificação, quantificação e planejamento de respostas a riscos.
- **PMI-SP®** (*scheduling professional*): enfoca o conhecimento avançado e a experiência na área de gerenciamento de cronogramas em projetos, incluindo todas as etapas de seu planejamento e controle.

Cada uma dessas certificações envolve características próprias, pré-requisitos e valores de inscrição, que podem ser consultados diretamente no *site* do PMI, assim como informações relativas ao processo de recertificação, que ocorre em ciclos trienais. Apenas a título de exemplo, a certificação PMP, a mais popular delas, requer que o candidato tenha 35 horas de formação em gerência de projetos, 4.500 horas de experiência para os que possuem graduação completa e 7.500 horas para os que não a têm.

International Project Management Association (IPMA)

O International Project Management Association <www.ipma.world> foi uma das primeiras associações criadas para auxiliar no avanço do gerenciamento de projetos. Fundada em 1965, uma curiosidade é que seu nome de batismo era Internet, mudando depois para IPMA em 1996. A proposta da instituição é impulsionar o gerenciamento de projetos como o melhor caminho para cumprimento de objetivos em todos os setores da economia.

O IPMA, em sua essência, representa uma rede internacional de associações de gerência de projetos, na qual cada país tem autonomia para atuar de acordo com sua realidade local, mas mantendo as diretrizes e princípios do IPMA internacional. São mais de 190 mil associados em 55 países. No caso do Brasil, diferentemente da estratégia do PMI, que se divide em capítulos, o IPMA opera por meio de um ponto central <www.ipmabrasil.org>, atuando em áreas que vão desde a padronização de normas e medições de competências gerenciais até as áreas de pesquisa e desenvolvimento.

Em termos de publicações, o IPMA também é rico em manuais com padrões e práticas, incluindo seu código de ética e um modelo para medição de competência organizacional para gerenciamento de projetos – o IPMA OCB (*organizational competence baseline*) –, dividido em cinco grupos de competências organizacionais: governança, gerência, alinhamento organizacional, recursos e pessoas. As outras duas publicações mais expressivas da instituição são: IPMA ICB (*individual competence baseline*) e IPMA PEB (*project excellence baseline*).

O ICB sugere um inventário de competências para profissionais interessados em desenvolver suas carreiras em gerência de projetos, por meio de treinamento, certificações, pesquisa, entre outros. Já o PEB foca em projetos e programas, servindo como guia para análise e planejamento organizacional quanto à sua excelência em gerenciamento de projetos. O público-alvo são gerentes sêniores de projeto, programa ou portfólio, além de consultores da área.

A associação possui também seu próprio processo de certificação, que é evolutivo à medida que a experiência do profissional que passa pelo processo vai se desenvolvendo, indo desde o nível D até o nível A, conforme apresentado a seguir.

- IPMA nível D (*certified project management associate*): adequado àqueles que são membros de equipe ou participantes de projetos em áreas nas quais é necessário mais do que o senso comum para realizar o trabalho.
- IPMA nível C (*certified project manager*): com foco em profissionais que gerenciam projetos de complexidade limitada.
- IPMA nível B (*certified senior project manager*): apropriado àqueles que gerenciam projetos ou programas complexos, com subprojetos associados.
- IPMA nível A (*certified projects director*): visa gestores capazes de dirigir portfólios de projetos e programas complexos, com as devidas metodologias, ferramentas e recursos pertinentes.

Cada nível de certificação envolve seu próprio conjunto de requisitos de admissão, competências-chave e requisitos adicionais. Obviamente que as exigências crescem na medida da certificação pretendida. Informações adicionais sobre os valores de cada etapa, sobre o fluxo relativo a exames e avaliação de conhecimentos, incluindo o *modus operandi* para filiação, certificação e recertificação, podem ser encontradas no *site* do IPMA.

Association for Project Management (APM)

A Association for Project Management é uma associação inglesa que tem como compromisso a promoção da gerência de projetos e programas <www.apm.org.uk/>, sendo uma das várias organizações que fazem parte do IPMA. Como toda instituição que preserva sua imagem perante seus membros, a APM também tem um código de ética próprio.

Com mais de 23 mil participantes individuais e mais de 570 corporações cadastradas, a instituição é a maior da Inglaterra e também tem um processo de certificação próprio, análogo ao do IPMA. Atua por meio do que convencionou denominar cinco dimensões do profissionalismo da carreira de gerente de projetos.

As cinco dimensões estão colocadas na forma de um modelo que inclui: (1) um guia com o corpo de conhecimento proposto em gerenciamento de projetos; (2) um modelo de competências – APM *competence framework* –, que mapeia os níveis de experiência da carreira do gerente de projetos; (3) mapa de treinamento (APM *qualifications*) para o gerente de projetos, alinhado com os níveis de certificação do IPMA; (4) um paradigma para desenvolvimento profissional contínuo (APM *continuous professional development*); (5) o código de conduta (APM, s.d.).

Mais informações sobre as cinco dimensões e suas aplicações, filiação, processo de certificação e eventos podem ser obtidas diretamente no *site* do APM.

Projects in Controlled Environments (Prince2)

Prince2 não é uma associação, mas uma metodologia para gerenciamento de projetos que se encontra em sua segunda versão <www.prince2.com>. Entretanto, sua menção se faz necessária uma vez que a influência de sua aplicação vem ganhando espaço, cada vez mais, em todo o mundo.

Com origem no governo inglês, o uso da metodologia cresceu para muito além do setor público, sendo adotado por organizações dos mais diversos segmentos, internacionalmente. O fato de ser de domínio público facilita o processo de adoção, que enfatiza a justificativa de negócio para implementação do projeto, a estrutura e organização do time, o planejamento baseado no produto a ser entregue, a divisão do projeto em fases gerenciáveis e a flexibilidade.

A metodologia deriva de uma versão anterior denominada Prompt II (Project Resource Organization Management Planning Techniques), adotada pela CCTA (Central Computer and Telecommunications Agency), depois pelo OGC (Office of Government Commerce), como um padrão do governo inglês para projetos de tecnologia da informação (TI). Em razão disso, o próprio nome Prince, que no início representava Prompt IN the CCTA Environments, passou a ser utilizado em outros setores, tornando-se popular a partir de 1996 e podendo ser modelado para adequação à realidade de qualquer projeto. Foi na revisão de 2009 que o acrônimo foi alterado e passou a ser conhecido como é até hoje.

Apesar de existirem diversos livros explicando os detalhes da metodologia, seu manual de referência intitula-se *Managing successful projects with Prince2* (OGC, 2009), no qual o processo de certificação na metodologia se baseia. Tanto os cursos quanto os exames são conduzidos por centros de treinamentos autorizados. A metodologia trabalha com três níveis de certificação profissional: *foundation*, *practitioner* e *professional*, cada uma com características, pré-requisitos e demandas intrínsecas ao grau esperado de competência do gerente de projetos e da complexidade do empreendimento a ser gerenciado.

Agile Alliance

A Agile Alliance <www.agilealliance.org> é uma organização sem fins lucrativos que visa dar suporte a todos aqueles que trabalham com princípios, valores e práticas ágeis em gerência de projetos. Podemos elencar pelo menos duas diferenças básicas entre a gerência de projetos tradicional e esse outro conjunto de práticas denominadas ágeis. A primeira é que as ágeis promovem um balanço do consumo de recursos, com base na certeza absoluta de que o planejamento deve mudar ao longo do projeto. As práticas proporcionam um ciclo de desenvolvimento integrado e interativo, ao invés de um planejamento extremamente detalhado no início do projeto. A segunda diferença é que as práticas ágeis aceitam e abraçam as mudanças, que são geradas pela aquisição de conhecimento ou contorno a um problema no plano original. Falaremos mais sobre metodologias ágeis no último capítulo do livro.

A instituição teve origem em Utah em fevereiro de 2001, por meio de um grupo de 17 pessoas que se alinharam para elaborar um documento que ficou conhecido como "Manifesto Ágil" para desenvolvimento de *software*. Com o tempo, a aliança foi crescendo e se ampliando, promovendo conferências, adesão de membros, além de diversas iniciativas focadas na comunidade ágil, incluindo um código de conduta. O impacto das práticas ágeis se intensificou e amadureceu tanto que o próprio PMI, em parceria com a Agile Alliance, constituiu um guia prático para abordagem ágil (PMI, 2017b), visando permitir que profissionais ligados ao gerenciamento de projetos possam ter contato e conhecer a filosofia, as técnicas e ferramentas associadas às práticas ágeis. A iniciativa foi muito oportuna, uma vez que é sempre vantajoso conhecer novas possibilidades de atuação, que agreguem flexibilidade e dinamismo ao gerenciamento de projetos.

Uma entidade que começou como um pequeno time focado no desenvolvimento de *software*, hoje forma uma comunidade global com membros individuais e corporativos que ajudam na difusão das práticas ágeis com aplicações em diversos segmentos. Na época de escrita deste livro, existiam duas entidades oficiais afiliadas fora dos Estados Unidos: a Agile Alliance Nova Zelândia e a Agile Alliance Brasil <www.agilealliance.org/agilealliancebrazil/>, cuja história se iniciou em 2009, sendo hoje detentora da maior conferência de métodos ágeis do hemisfério sul.

Demais associações

- Existe uma miríade de outras associações que poderiam fazer parte dessa lista, mas que foge ao escopo deste livro. O objetivo foi o de listar as principais, com base na sua repercussão e impacto na comunidade mundial de gerência de projetos. No entanto, vale a pena mencionar ainda:
- AIPM: Australian Institute of Project Managers <www.aipm.com.au>, com certificações nacionais, internacionais e também para organizações.
- IAPM: International Association of Project Managers <www.iapm.net/en/start/> com sede em Liechtenstein, mas com membros em todo o globo.
- PMAJ: Project Management Association of Japan <www.pmaj.or.jp/ENG/>, fundada em 2005 com a fusão da PMCC (Project Management Professionals Certification) da JPMF (Japan Project Management Forum).
- ICCPM: International Centre for Complex Project Management <www.iccpm.com>, focado em soluções para gerenciamento de projetos complexos.

- APFPM: Asia-Pacific Federation of Project Managers <http://apfpm.org>, congregando países-membros dessas respectivas regiões.
- ISO: International Organization for Standardization <www.iso.org/>, que não constitui em si uma associação de gerenciamento de projetos, mas que é responsável por desenvolver e publicar padrões mundiais de qualidade em múltiplas áreas, tais como: responsabilidade social, gerência de riscos, meio ambiente, entre outras. As que mais interessam ao âmbito deste livro e que não poderíamos deixar de mencionar são:
  a) ISO10006:2003 <www.iso.org/standard/36643.html>, que estabelece um guia de aplicação da gestão da qualidade para projetos.
  b) ISO21500:2012 <www.iso.org/standard/50003.html>, que estabelece um guia para o processo de gerenciamento de projetos com recomendações para as organizações (e não para os gerentes em si).

Apesar de regularem uma série de conceitos e processos considerados boas práticas para gerenciamento de projetos, as normas não fornecem um guia detalhado para o gerenciamento de programas e portfólio. No Brasil, a ISO é representada pela ABNT (Associação Brasileira de Normas Técnicas). Tanto a 10006 quanto a 21500 são similares ao *Guia PMBOK*, porém com um nível de detalhamento reduzido.

Outro ponto importante a deixar claro é que esses conceitos e práticas propostos pelos diversos institutos e associações não visam, de forma alguma, beneficiar apenas empresas de grande porte. O uso dessas melhores práticas tende a ser útil para organizações de qualquer natureza, dimensão ou grau de formalidade de suas estruturas, mas que implementem suas inovações (produtos e serviços) por meio de projetos.

* * *

Agora, que já conhecemos um pouco do histórico de gerenciamento de projetos e suas principais entidades representativas ao redor do mundo, é importante explorarmos as principais definições e conceitos relativos à área, de forma que o leitor possa ter a percepção da miríade de aspectos e da capilaridade do tema, conforme exposto em nosso próximo capítulo.

2
Conceitos e definições

Este capítulo discursa sobre noções importantes do gerenciamento de projetos, incluindo as próprias definições de projeto, programa e portfólio. Trata também de conceitos medulares que envolvem a importância das partes interessadas nos projetos – em particular o papel do patrocinador –, discute o polêmico tema da caracterização de um projeto de sucesso, comenta as características desejáveis do gerente de projeto, além da relação da gestão de projetos com a estratégia da organização, sua respectiva governança e ciclo de vida.

Projeto, programa, portfólio

À medida que os projetos foram se tornando mais frequentes e importantes para a sobrevivência das organizações, tornou-se necessário identificar e separar três elementos básicos do gerenciamento de projetos: os próprios projetos, acrescidos dos programas e portfólios. Para tal, vamos apresentar as definições de cada termo, iniciando com 10 definições de projeto.

Segundo Clements e Gido (2014:3), "Projeto é um esforço para se alcançar um objetivo específico por meio de um conjunto único de tarefas inter-relacionadas e da utilização eficaz de recursos". Harold Kerzner (2001:xiii) define projeto de forma diferente: "projetos são as atividades realizadas que resultam em novos ou modernizados produtos, serviços, processos, ambientes ou organizações". Já segundo Meredith e Mantel (2012:9),

> um projeto é normalmente um esforço único com um conjunto bem definido de resultados desejados. Ele pode ser dividido em tarefas e subtarefas que devem ser

realizadas e acompanhadas para alcance dos resultados pretendidos. O projeto pressupõe um nível de complexidade que exija coordenação e acompanhamento na realização das subtarefas, em termos de tempo, precedência, custo e desempenho.

Jamieson e Morris (2016:27) afirmam que "um projeto é uma organização temporária na qual recursos são alocados para gerar algum tipo de benefício para a sua organização mantenedora". O documento de referência da metodologia Prince (OGC, 2009) define um projeto como "uma estrutura temporária que é criada com o propósito de realizar um ou mais produtos de um negócio, de acordo com um plano de negócios (*business case*)". De acordo com a definição do *Guia de referência de projetos* da APM (APM, 2012): "projeto é um esforço transitório único realizado para alcançar um resultado desejado".

Pela IPMA *competence baseline*, "um projeto é uma operação realizada sob restrições de tempo e custo caracterizada por um conjunto de entregas definidas dentre de padrões de qualidade e requisitos definidos". Tuman (1993) afirma que

um projeto é uma organização de pessoas dedicadas a um propósito ou objetivo específico. Os projetos, geralmente, envolvem esforços grandes, caros, únicos ou de alto risco, que devem ser concluídos até uma data determinada, com um orçamento definido e um nível de desempenho previsto. Todos os projetos precisam ter, ao menos, objetivos bem definidos e recursos suficientes para realizar todas as tarefas necessárias.

Na visão de engenharia de *software*, a definição do Software Engineering Institute – SEI (CMMI, 2010; Philips, 2011) destaca: "O termo projeto denota um conjunto gerenciado de recursos inter-relacionados que fornece um ou mais produtos para um cliente ou usuário final".

Na língua portuguesa o vocábulo "projeto" teve seu uso inicial no sentido da concepção, técnica ou social, de algo a ser realizado. Projeto de arquitetura, de engenharia, de um lançamento imobiliário, por exemplo, no sentido de um plano, cuja tradução para o idioma inglês seria *design*. Ao longo do tempo, o uso do termo foi sendo ampliado, mas tanto vale para o sentido deste livro (do inglês *project*) quanto para o sentido de um plano, propósito ou esboço (do inglês *design*). Vale também mencionar o termo em inglês *schedule* e suas traduções para o português. Como verbo (*to schedule*), estamos nos referindo ao processo de construção do cronograma, ou seja, definir, sequenciar e estimar durações das atividades. Como substantivo, o termo *schedule* refere-se ao cronograma do projeto em si.

Para efeito deste livro, optamos pela definição do *Guia PMBOK* (PMI, 2017a:4), em função de sua objetividade e clareza, que estabelece que projeto "é um esforço temporário para criar um produto, serviço ou resultado único".

A partir do entendimento do conceito de projeto, cabe definir o que vem a ser gerenciamento de projetos. Vamos iniciar pela definição da APM (2012:19), segundo a qual "gerenciamento de projetos é a aplicação de processos, métodos, conhecimentos, habilidades e experiência para se atingir os objetivos do projeto". De acordo com o *Guia PMBOK* (PMI, 2017a), gerenciamento de projetos é a aplicação de conhecimentos, habilidades, ferramentas e técnicas às atividades do projeto, a fim de cumprir os seus requisitos. O gerenciamento de projetos é realizado por meio da aplicação e integração apropriadas dos processos de gerenciamento de projetos identificados para o projeto. O gerenciamento de projetos permite que as organizações executem projetos de forma eficaz e eficiente.

Ou seja, a visão dominante, tanto nos livros texto quanto nos manuais de boas práticas e nos documentos de referência das associações profissionais, é a do gerenciamento de projeto como uma prática de gestão, voltada para a otimização do uso de recursos ao longo do tempo, na busca de uma racionalidade instrumental. É importante que delimitemos o conceito de projeto neste livro como algo que é realizado por uma organização, seja pública ou privada. Nesse sentido, estamos deixando de fora os projetos pessoais, pois eles são realizados segundo uma lógica diferente. As expressões "projeto de vida", "projeto profissional" nos remetem a projetos individuais, que podem ser mais específicos como "aprender a tocar um instrumento musical", "escrever um livro", "morar no exterior", ou mesmo projetos em parceria, como o casamento, constituição de uma família ou concepção de um filho. Nos projetos pessoais, os papéis se confundem, dado que o responsável é, ao mesmo tempo, cliente, equipe, gerente e patrocinador.

Antes de iniciados, os projetos são construções mentais, pois eles surgem na mente de uma pessoa, que inicia um processo político de convencimento na organização, o qual vai dando forma à ideia, até se tornar uma proposta de projeto. Vamos a um exemplo na indústria de instrumentos de escrita. Na década de 1950, o mercado estava sofrendo uma revolução tecnológica com o surgimento da caneta esferográfica, que reduziu drasticamente os custos do produto, deixando os fabricantes de canetas-tinteiro em dificuldade. Nesse ambiente, a

Sheaffer Pen Corporation desenvolveu um produto que até hoje é considerado o mecanismo mais complexo já produzido em uma caneta: a Sheaffer Snorkel.

Um *snorkel* é um respirador, termo usado para o tubo do mergulhador ou o tubo de observação de um submarino. A caneta possuía um tubo metálico no seu interior, que era usado para sugar a tinta, evitando sujar a pena e seu usuário. Aparentemente, era um projeto inadequado, pois numa época em que as pessoas estavam abandonando as canetas-tinteiro, não fazia sentido lançar uma linha de produtos de fabricação complexa em uma tecnologia decadente como era o caso das canetas de tinta. Após um longo processo interno de convencimento, o projeto foi à frente, e a linha Snorkel, lançada em 1952, foi o produto de maior sucesso em toda a história da Sheaffer, levando a empresa à liderança no mercado e, de certa forma, retardando o crescimento das canetas esferográficas por uma década (Chabeur, 2005).

Desde a concepção até sua efetiva realização, os projetos percorrem caminhos nas organizações. No início são ideias, depois se tornam propostas, as quais serão avaliadas, quantificadas e comparadas com outras propostas até que a organização decida alocar recursos e iniciar efetivamente o ciclo de vida do projeto. A partir desse momento, novas decisões vão sendo tomadas, e para tal o gerenciamento de projetos se torna fundamental, para assegurar que os recursos despendidos gerem um resultado positivo para a organização.

Em algumas situações, o problema é de maior porte e requer não apenas um, mas um conjunto de projetos inter-relacionados. Quando a organização necessita de um grupo de projetos para atingir um objetivo específico, e esse grupo de projetos pode ser beneficiado se eles forem gerenciados de forma integrada, temos o que denominamos um programa.

Programa

> é um grupo de projetos, programas subsidiários e atividades de programas relacionados, gerenciados de modo coordenado, visando à obtenção de benefícios que não estariam disponíveis se eles fossem gerenciados individualmente [PMI, 2017a:11].

No longo prazo, as organizações estarão sempre iniciando novos projetos, a fim de atenderem a novas demandas de seus clientes, para modernizarem suas instalações, reverem seus processos de gestão, atenderem demandas legais, sociais ou ambientais, entre outras finalidades. Não há como manter uma empresa no atual cenário evolutivo e competitivo sem realizar projetos, daí que, a qualquer momento, a empresa sempre terá um conjunto de projetos em andamento, que denominamos "portfólio".

Portfólio "é um conjunto de projetos, programas, portfólios subsidiários e operações gerenciados em grupo para alcançar objetivos estratégicos" (PMI, 2017a:543). Cabe lembrar, como vimos, que o primeiro método de planejamento de tempos, o método PERT, tem sua denominação ligada a programas, pois tratava, na realidade, do programa Polaris, tendo como objetivo um conjunto de projetos para dotar a Marinha dos EUA e a do Reino Unido de um sistema de mísseis balísticos lançados dos submarinos nucleares. O termo programa representa, então, um conjunto de projetos com um objetivo comum.

Na década de 1960, o governo dos Estados Unidos da América criou o programa Apolo, que foi composto por inúmeros projetos. Entre eles, o Apolo 11, que realizou o primeiro pouso tripulado no solo lunar, e o Apolo 13, que sofreu acidente sem vítimas durante sua missão. Além de programa, o projeto Apolo também pode ser enquadrado na categoria de megaprojetos, pois, em valores atualizados, teve um custo total de cerca de US$ 130 bilhões, o que o coloca como o maior orçamento de projetos de pesquisa e desenvolvimento (Stine, 2009). Um programa é sempre um esforço temporário, pois, alcançado o objetivo do conjunto de projetos, ele é encerrado.

A organização dos Jogos Olímpicos Rio 2016 é outro exemplo de um programa, ainda que na prática essa nomenclatura não tenha sido muito utilizada. O conjunto de projetos realizado foi bem diverso: construção, reforma e adaptação de instalações esportivas; construção da vila olímpica; organização e gestão de um sistema de comercialização de ingressos para os eventos esportivos; definição e operação do sistema de transmissão de imagens para cobertura de televisão, rádio e outras mídias; construção e revitalização de espaços na cidade, como o Porto Maravilha; ampliação dos sistemas de transporte com vista à melhoria da mobilidade urbana, como a construção da linha 4 do metrô. Além disso, a estrutura de governança da Rio 2016 era composta por três elementos: o governo brasileiro, o Comitê Olímpico Internacional e o Comitê Organizador local.

A expressão "megaprojetos", já utilizada em parágrafos anteriores, é um termo que tem crescido em importância no universo de gerenciamento de projetos. Nunca se realizaram tantos megaprojetos no mundo e, no entanto, eles continuam sendo um problema de gestão. Em princípio, megaprojetos se diferenciam pela quantidade de capital necessária para sua execução, dado que o consenso entre os autores é que eles possuem orçamento acima de US$ 1 bilhão, conforme

Marrewijk (2015). Além disso, são suas características: (1) alto grau de complexidade, muitas vezes com *design* e técnicas de construção não convencionais; (2) projetos que não podem ser facilmente separados em subconjuntos de projetos menores; (3) obras em larga escala e geograficamente separadas; (4) orçamentos gigantescos com soluções financeiras complexas; (5) impacto significativo no ambiente e na sociedade; (6) escopo controverso, que desperta diferentes níveis de reação (defensores, opositores e neutros) na sociedade; (7) longo tempo entre a concepção e realização, que, às vezes, passa de uma década; (8) uma relação sensível e dinâmica com a política nacional; (9) uso de tecnologias novas, não testadas e sem legislação aplicável; (10) envolvem processo decisório com muitos *stakeholders* e de interesses conflitantes; (11) são únicos em termos de solução estética; e (12) são únicos em termos de tipos de contratos entre contratantes e contratados.

Flyvbjerg (2014) estima que os megaprojetos de infraestrutura consomem de US$ 2,5 a US$ 3 trilhões por ano. A partir de um estudo acerca das motivações que levam sociedades e governos a investir em megaprojetos, Flyvjberg propôs quatro dimensões, ou, nas palavras dele, quatro sublimes, que levam aos novos projetos: tecnológico, político, econômico e estético. Megaprojetos, portanto, despertam interesse pela aplicação ou desenvolvimento de novas tecnologias; pelo ganho político que seus proponentes terão na sociedade, pelo ganho econômico advindo do projeto, e, finalmente, pelo diferencial estético, posto que usualmente são obras que se destacam pela sua grandiosidade.

Diferente dos projetos e dos programas, os portfólios não são temporários, mas permanentes. Nas empresas privadas os portfólios subsistem enquanto as empresas existirem. Alguns autores utilizam a expressão "carteira de projetos", que pode ser decomposta em programas, os quais, por sua vez, se desdobram em projetos. Mais à frente, vamos detalhar as estruturas e os processos de governança de projetos.

Nos projetos, o escopo é definido a partir do início do ciclo de vida, e sua elaboração é feita de forma progressiva ao longo do tempo. O escopo do programa é definido também *a priori*, e ele se desdobra a partir do escopo de cada projeto constituinte. A gestão do programa busca sempre coordenar e integrar os resultados de cada um dos projetos a ele subordinados. Quanto ao portfólio, seu escopo deve refletir a operacionalização dos objetivos estratégicos da corporação.

Em termos de mudança, sabemos que elas serão inevitáveis e comuns aos três elementos. Sua origem é que será diferente, pois as mudanças originadas nos portfólios costumam ser consequências das mudanças no ambiente externo, muitas vezes geradas pelas estratégias emergentes, em contraste com as estratégias deliberadas e em execução. Quanto aos programas, as mudanças são consequências tanto das alterações no portfólio quanto dos projetos individuais, cabendo à gerência do programa ajustar datas, recursos e entregas entre os projetos individuais.

Mas, quais são as organizações que trabalham e executam projetos? Ao longo deste livro, estamos usando alternadamente os termos organizações, empresas ou firmas para descrever os locais onde os projetos são realizados. Organizações podem ser definidas por quatro características complementares (Daft, 2015): são entidades sociais; são orientadas por metas e objetivos; são concebidas e estruturadas como sistemas de atividades coordenadas; e são ligadas ao seu ambiente externo. Pequenas empresas, grandes multinacionais, associações de moradores, órgãos do governo, clubes esportivos, empresas estatais, escolas de samba, igrejas – todos são organizações, pois têm existência jurídica. Segundo o Código Civil brasileiro (Brasil, 2008), entre as categorias de pessoas jurídicas de direito privado existem as sociedades, que podem ser "sociedades anônimas" (S.A.) ou "sociedades empresárias limitadas" (Ltda.). Ou seja, empresas são, normalmente, organizações privadas que visam ao lucro, num grupo que inclui também as empresas públicas ou estatais. Todas dependerão de projetos para sua sobrevivência e poderão usar recursos próprios ou oriundos de financiamento externo.

A administração pública direta é composta por um conjunto de órgãos que não têm receita própria nem visam ao lucro; portanto, recebem recursos financeiros do governo e também irão realizar projetos. Na literatura de administração, são normalmente denominadas organizações. Sendo assim, o termo firma ainda é mencionado como sinônimo de empresa privada, mas vem caindo em desuso. Há também a teoria da firma (*theory of the firm*), lançada por Ronald Coase em 1937, com a formulação econômica das empresas voltadas para o lucro e suas relações com o mercado, e que, ao longo do tempo, foi sendo aumentada com outras teorias, como a teoria dos custos de transação, teoria da agência e teoria evolucionária, conforme Kantarelis (2014) e Carvalhal e Bourdeaux-Rego (2010).

Em termos de projetos, Lundin (2016) apresentou três categorias de organizações, em termos de suas relações com projetos: as OBPs (organizações baseadas em projetos), as OSPs (organizações suportadas por projetos) e as OPRs (organizações de projetos em redes). As OBPs são constituídas pelas empresas que têm nos projetos sua atividade-fim e usualmente são contratadas por terceiros para realizar projetos. Elas estão em todos os setores da atividade econômica, como grandes empresas de engenharia, agências de publicidade, produtoras de cinema, escritórios de advocacia, empresas de consultoria, empresas de engenharia de *software*, empresas de eventos, entre outras. São organizações que dependem de clientes externos, normalmente outras empresas, para realizar projetos específicos. Seu faturamento, sua receita, advém dos projetos contratados. Nesse sentido, as OBPs devem sempre perseguir a obtenção de novos contratos, tanto com clientes já existentes quanto com potenciais.

Como mencionado, as teorias da administração foram construídas com base nas organizações apoiadas em processos, aqui denominadas OSPs, posto que, para executar seus processos de produção ou serviços, dependem de projetos, os quais irão dar suporte às operações. Uma grande multinacional do setor automotivo, por exemplo, é uma OSP, pois sua receita vem da venda de bens de consumo e não de projetos. Para oferecer bens de consumo, produzidos segundo processos de manufatura definidos, as OBPs dependem de um conjunto de processos que irão apoiar sua atividade-fim. A empresa precisará sempre oferecer novos produtos, otimizar seus processos de produção, reavaliar e alterar seus processos internos de gestão, adequar seus negócios às mudanças na legislação e, eventualmente, conduzir fusões e aquisições de concorrentes nos mercados onde atua ou deseja vir a atuar. Ao contrário das OBPs, para as OSPs os projetos são despesas, ou melhor, os projetos representam investimentos visando manter a empresa competitiva no mercado ou mesmo expandir sua posição atual. Para esse tipo de organização, qualquer projeto representa um risco para as operações futuras, pois os resultados irão afetar a empresa em algum momento ainda não atingido. Além da indústria automotiva, exemplos de OSPs se encontram nos bancos, nas seguradoras, em hospitais, escolas e fábricas de diferentes produtos.

A distinção entre os dois tipos não é tão simples como descrito até aqui, posto que muitas organizações estão numa zona de interseção, dado que possuem estruturas complexas com mais de uma atividade-fim. Essa situação é comum em conglomerados ou empresas com estruturas complexas ou com múltiplas divisões, conforme a tipologia de Mintzberg (1983). Existem também OSPs nas quais os projetos assumem frequência e importância diretas em sua receita. O exemplo clássico é o de empresas de conteúdo jornalístico. A gestão de um grande jornal é constituída de processos: angariar assinaturas, vender espaços para anunciantes, adquirir matéria-prima, imprimir jornais, distribuir jornais para bancas e assinantes, e até mesmo parte do conteúdo noticioso, como previsão do tempo, cotações da bolsa de valores e câmbio. Mas certos conteúdos são resultado de projetos, como a cobertura dos Jogos Olímpicos, do Carnaval, da Fórmula 1, ou uma série de reportagens especiais – seca no Nordeste, garimpos ilegais no Norte, conflitos entre índios e ruralistas, coberturas de desastres naturais, ou de crimes de alto interesse da sociedade e de difícil elucidação.

O terceiro arquétipo proposto por Lundin (2016) é o das OPRs. No capítulo sobre o histórico do gerenciamento de projetos, mencionamos que no projeto Hoover Dan pela primeira vez foi formada uma *joint venture* com seis empresas distintas. A evolução do mundo de negócios, com a constatação de que empresas diferentes possuem competências distintas e muitas vezes complementares, fez com que novas arquiteturas organizacionais tenham surgido. Um projeto "em rede" é aquele no qual um conjunto específico de empresas se reúne para executar um empreendimento único. As estruturas podem incluir organizações privadas e/ou públicas, quando os projetos serão conduzidos na forma de PPPs (parcerias público-privadas). A maior parte dos megaprojetos é conduzida nessa configuração, como a organização dos Jogos Olímpicos de 2016 no Rio de Janeiro.

Em termos de estruturas organizacionais usadas em projetos, existe vasta bibliografia sobre o assunto, como as tipologias de Meredith e Mantel (2012), Kerzner (2001), Mintzberg (1983), PMI (2017a) ou Bredin e Söderlund (2011). Vamos descrever aqui aqueles mais utilizados.

O primeiro tipo é a estrutura simples, descrita inicialmente por Mintzberg (1983) e mencionada por Kerzner (2001) na descrição do gerenciamento informal de projetos. A estrutura simples caracteriza-se pela quase total ausência de uma estrutura organizacional formal hierarquizada e é observada nas empresas pequenas ou recém-criadas, bem como em projetos de pequeno porte. O trabalho é realizado de forma flexível, normalmente em paralelo com outras atividades da empresa. O gerente do projeto também exerce a função cumulativamente com outras, e os recursos são providos pelo proprietário da empresa.

Relativamente a esse tipo de organização, cabe mencionar que, no Brasil, a maioria das organizações é composta por micro e pequenas empresas e, entre essas, muitas são de origem familiar. Sendo assim, consideramos primordial ratificar que as práticas de gerenciamento de projetos mencionadas neste livro são igualmente profícuas para organizações simples, de menor porte, independentemente de seu segmento ou grau de estruturação. Mais ainda, entendemos que é justamente por meio da aplicação das melhores práticas de gerenciamento que empresas menores tendem a ter melhores resultados.

Em seguida, temos a estrutura funcional, na qual as pessoas estão divididas pelas principais funções administrativas: produção, vendas, marketing, logística, finanças, recursos humanos, engenharia, tecnologia da informação etc., assemelhando-se às burocracias propostas por Mintzberg. Os projetos realizados em estruturas funcionais se caracterizam por trabalhos colaterais, ou seja, realizados por equipes cuja função prioritária está ligada às respectivas funções. Não costuma haver gerentes de projetos designados, quando muito um coordenador. Uma alternativa ao desenho funcional é a estrutura multidivisionalizada, ou por unidade de negócios, solução usada por empresas de grande porte que preferem manter unidades com maior grau de independência. No entanto, os projetos seguem as características do desenho funcional.

Um dos princípios básicos das teorias clássicas da administração era o da unidade de comando, originário da hierarquia militar, segundo a qual cada subordinado tem um, e apenas um chefe. A partir da década de 1970, disseminou-se a estrutura matricial, na qual dois critérios de departamentalização são aplicados simultaneamente na estrutura organizacional (Galbraith, 2009). Muitas empresas adotaram a estrutura matricial, usando duas vinculações distintas, sendo que uma delas é a funcional e a segunda por área geográfica, por processo ou até mesmo por projeto. A estrutura matricial balanceada é aquela em que o poder é dividido igualmente pelas duas vinculações. Ou seja, o gerente da dimensão funcional está posicionado no mesmo nível hierárquico do gerente da segunda dimensão envolvida. Caso o gerente funcional esteja acima na hierarquia, denomina-se estrutura matricial funcional ou matricial fraca. No oposto, com menor poder para o gerente funcional, temos a estrutura matricial forte. Nas três opções, os projetos são realizados por equipes sem dedicação exclusiva, e o poder do gerente do projeto será variável em cada caso.

As OBPs costumam estar estruturadas por projetos. Cada projeto é representado por uma coluna do organograma, e nele estão contidas as competências necessárias para seu planejamento e execução. O gerente está alocado em tempo integral, bem como as equipes e até mesmo a estrutura de gestão do projeto. Nesse desenho, cabe ao gerente também a distribuição dos recursos e as medidas de controle, acompanhamento e revisão do trabalho.

Nas organizações de projetos em redes (OPRs), costuma-se utilizar uma variação ou complementação das estruturas matriciais e por projetos, que é a estrutura virtual, na qual a equipe do projeto encontra-se dispersa geograficamente ou mesmo em organizações distintas.

Na prática, os nomes aqui apresentados não costumam ser usados nas empresas de forma exclusiva; em outras palavras, não temos organogramas exclusivamente funcionais, ou exclusivamente por unidade de negócios ou por segmentação geográfica. As estruturas organizacionais formais da maioria das empresas fazem uso de múltiplos critérios; daí a denominação estruturas híbridas. Quanto maior for a empresa, com diferentes atividades-fim, mercados e respectivos segmentos, maior o número de critérios de departamentalização usados.

A importância dos stakeholders

Projetos são feitos por pessoas, para pessoas, por meio de pessoas. Por outro lado, pessoas em seu ambiente de trabalho estão dispostas em organizações, que podem ser traduzidas como grupos sociais orientados para realização de um ou mais objetivos. Dado que nossa sociedade é composta por organizações, é impossível raciocinar a prática da gerência de projetos sem considerar as pessoas e as organizações que afetam e são afetadas por sua execução. Pensar em projetos é pensar nos chamados *stakeholders*, em uma ligação absolutamente indissociável. Para efeito deste livro, utilizaremos a expressão "parte interessada" como tradução de *stakeholder*, apesar de existirem outras traduções para o mesmo termo em inglês, tais como: constituintes, intervenientes etc.

Conforme a definição clássica de Freeman (1984:13): "*stakeholders* são qualquer grupo ou indivíduo que afeta ou é afetado pelo alcance dos objetivos da organização". No caso específico de gerência de projetos, podemos substituir a palavra "organização" por "projeto" e considerar que um *stakeholder* é um indivíduo, grupo de indivíduos ou organização que tem interesse no projeto, por estar ligado a ele direta ou indiretamente, de maneira interna ou externa, ativa ou mesmo passivamente.

A própria origem da palavra também sugere esse envolvimento. Estar *at stake*, em inglês, significa estar em risco, em jogo, em perigo. Com base nesse esclarecimento, não é difícil entender por que a literatura tem chamado cada vez mais atenção para a importância dos *stakeholders* na gestão de projetos (Littau, Jujagiri e Adlbrecht, 2010; Dervitsiotis, 2003; Freeman, 2002; Jergeas et al., 2000), uma vez que estes podem acabar influenciando positiva ou negativamente o projeto, dependendo também do grau de impacto que o projeto exerce sobre cada parte interessada. Nesse contexto, podemos citar diversos exemplos de *stakeholders*, tais como: o próprio gerente do projeto, sua equipe, o cliente, fornecedores, o(s) patrocinador(es) do projeto, o escritório de projetos, agências reguladoras, concorrentes, usuários, entre outros. Note que qualquer entidade que não possa aceitar uma responsabilidade moral não pode ser considerada *stakeholder* (Boutillier, 2012). A natureza, a fauna, a flora – todos podem ser impactados por um projeto, mas não sentarão à mesa de reunião para discutir a respeito.

Apresentaremos mais sobre como gerenciar *stakeholders* no capítulo 3 do livro. Neste momento, é importante discutir como a atuação dos *stakeholders* pode intervir favoravelmente ou de forma inconveniente tanto no alcance dos objetivos do projeto quanto na própria definição do conceito de sucesso, dado que pessoas diferentes têm visões alternativas, subjetivas e, eventualmente, insólitas de sucesso.

Sucesso em gerência de projetos

O conceito de sucesso em gerência de projetos talvez seja uma das questões mais polêmicas relativas à esfera do gerenciamento. A complexidade do tema é tanta que autores como Baccarini (1999); Cooke-Davies (2004); Thomas e Fernández (2008); Davis (2014); Irvine e Hall (2015) consideram sua definição um desafio progressivo e inexorável. Se por um lado a definição parece intuitiva, por outro oferece uma gama de possibilidades, porque todos "acham que sabem do que se trata quando nos referimos ao sucesso de um projeto" (Ika, 2009:7).

Da mesma forma, é importante não confundir métricas de sucesso com os chamados fatores críticos de sucesso (FCS) que induziriam ao êxito de um projeto. São pontos de atenção e investimento normalmente associados à aplicação de melhores práticas de gerenciamento, tais como: apoio do corpo executivo, comunicação eficaz, clareza de propósitos e objetivos do projeto, participação dos *stakeholders* (Ofori, 2013), entre outros, além do próprio impacto da tipologia de projetos sobre o desempenho desses fatores críticos (Morioka e Carvalho, 2014), dado que questões como tipo, natureza, tamanho, valor, complexidade e abrangência do projeto influenciam os FCS de maneira incisiva. Os fatores críticos podem ser interpretados como o conjunto de condições, circunstâncias e eventos que contribuem para o sucesso do projeto (Irvine e Hall, 2015). Essa consideração dicotômica inicial é relevante porque, apesar de a literatura ser abundante no que diz respeito aos fatores críticos de sucesso em gerenciamento de projetos, o foco maior deste capítulo versa sobre critérios de sucesso. Entretanto, como veremos a seguir, nada é tão simples quanto parece, uma vez que o conceito de sucesso em si é minimamente controverso, dado o contexto multidimensional da gerência de projetos.

Começando pelos aspectos mais tradicionais, a busca pela definição do que pode ser considerado um projeto de sucesso normalmente está relacionada às variáveis intrínsecas ao planejamento e controle. Habitualmente, abrange um escopo desenvolvido com qualidade e com o devido cumprimento do cronograma e do orçamento estipulados. O escopo se justifica porque o mínimo que se espera é que o que foi combinado entre as partes seja, de fato, entregue. Nem a mais nem a menos. Obviamente, a entrega pressupõe intrinsecamente a qualidade de cada porção do que foi feito, assim como do todo recebido pelo cliente final. Da mesma forma, um produto ou serviço entregue na sua totalidade, mas com atraso, pode perder em valor ou até mesmo se tornar obsoleto, dependendo do tipo de projeto que está sendo desenvolvido. Outra variável extremamente sensível são os custos associados ao projeto. Não só do ponto de vista de conformidade quanto às estimativas, mas também quanto ao fluxo de desembolso, dado que é obrigação do gerente de projetos planificar quando gastará cada centavo do orçamento do projeto.

Essa questão de controle orçamentário é intrigante, porque também sofre influência quanto ao tipo de projeto sendo desenvolvido. Quando o projeto é interno (dentro de uma organização), intra ou interdepartamental, como um sistema sendo produzido pelo setor de Tecnologia da Informação para o setor de Contas a Receber, a medição do ponto de vista orçamentário fica restrita ao prisma dos custos que foram levantados para investir naquela iniciativa. Já quando estamos nos referindo a um projeto que envolve uma venda, como uma empresa de consultoria que presta um serviço a outra, poderíamos citar outras métricas de sucesso relacionadas aos custos, tais como: o recebimento da receita associada, os prazos de pagamento em relação aos marcos de projeto, a expectativa de lucro, entre outros.

Como já comentado, essa é a forma de medição de sucesso mais comum, mas não é, definitivamente, o único meio de averiguar os diversos aspectos do êxito de um projeto. O PMI, no seu relatório "Pulse of the profession" (PMI, 2017d), sugere que a definição de sucesso vem evoluindo ao longo do tempo em função da realidade mais competitiva das organizações em todo o mundo. Sendo assim, além das medidas tradicionais, existe uma atenção crescente quanto à gestão dos benefícios colhidos com o projeto, que envolve desde o processo de identificação desses benefícios no início do projeto, passando também por ações que garantam esses benefícios durante a implantação, até que o projeto acabe.

O acréscimo nessa abordagem é que, tecnicamente, um projeto não é empreendido em função do que será entregue, mas dos benefícios que se espera obter, derivados dessas entregas. É como se déssemos um passo atrás durante a concepção do projeto e parássemos para indagar as causas pelas quais o projeto será realizado, quais são os benefícios esperados, qual a relação dos benefícios com o negócio, como esses benefícios poderão ser medidos, até que ponto são, de fato, relevantes e em que momentos do projeto poderão ser mensurados. No caso de projetos de cunho social, por exemplo, o impacto e os benefícios proporcionados ao público-alvo ao qual se destinam devem ser uma das mais substanciais formas de mensuração, se não a principal.

A expectativa dos *stakeholders* em relação aos benefícios decorrentes da execução do projeto está diretamente ligada à percepção de sucesso do mesmo. Toma-se como exemplo o legado ambiental que seria um dos grandes benefícios proporcionados pela liberação de verbas para realização das Olimpíadas no Rio de Janeiro em 2016. Entre os projetos vigentes que faziam parte do Plano de Políticas Públicas, havia barreiras para despoluição da baía da Guanabara e a promessa de obras de saneamento das lagoas da Barra da Tijuca e Jacarepaguá, que acabaram sendo realizadas de maneira parcial ou incompleta, não gerando os benefícios esperados por toda a população. Independentemente das causas por trás do ocorrido, é inevitável a ideia da má gestão, uma vez que expectativas colocadas no início do projeto foram frustradas.

Explorando mais a visão dos benefícios do projeto, uma das formas de definirmos a satisfação com os benefícios é pela diferença entre a percepção que se tem de determinado produto ou serviço recebido menos a expectativa que se tinha desse mesmo item quando foi contratado. Se assim for, o conceito de sucesso não pode ser direta e exclusivamente associado à satisfação do cliente, apesar de estar claramente ligado a ele em alguma proporção. A razão para isso é muito simples. Mesmo que um projeto seja entregue como planejado, com qualidade, dentro do prazo e dos custos estimados, pode ser que o cliente interprete que o benefício gerado não foi aceitável – mesmo tendo o cliente participado do planejamento, como sugerem as melhores práticas, e até mesmo assinado algum documento contendo todos os requisitos e benefícios pretendidos com o projeto. Isso porque as expectativas do cliente ou de qualquer outro *stakeholder* são, eventualmente, muito intrincadas, labirínticas, por vezes difíceis de serem previstas ou analisadas.

Quando se trata de um produto, quiçá (não necessariamente) se torne mais fácil, dada a tangibilidade do que será entregue. Mas quando estamos nos referindo a um serviço, a multiplicidade de variáveis se torna ainda maior, até pela característica do ineditismo presente na própria definição de projeto. Ainda que mais raro, o contrário também é possível, ou seja, é possível que o cliente esteja satisfeito, ainda que o projeto tenha atrasado ou estourado seu orçamento. Esse postulado pode ter uma infinidade de causas, mas é possível que o fornecedor tenha feito todas as mudanças solicitadas pelo cliente sem cobrar nada a mais por isso, na tentativa de agradá-lo. Com isso, o prazo do projeto foi dilatado e também o foram seus custos, mas o cliente tenderá a apreciar os resultados.

Podemos pensar também na época em que se analisa o êxito de determinado projeto. O que parece sucesso em determinado momento, pode não ser em outro. Isso porque, normalmente, a análise do sucesso total do projeto é realizada ao fim do empreendimento. Uma vez que acaba o projeto, analisa-se o quão próximo ficou das variáveis estipuladas na época de iniciação e planejamento. Ocorre que nem sempre essas variáveis podem ser analisadas ao fim do projeto. Eventualmente, os benefícios só poderão ser mensurados depois de um período após o projeto ter sido concluído, como no caso do aumento na participação de mercado em função de determinado projeto adotado. Para tanto, algumas organizações instituem em suas metodologias de gerenciamento o que denominamos uma "avaliação pós-implantação". Basicamente, uma revisão quanto aos benefícios do projeto "x" tempo depois que o mesmo tenha terminado. A própria equipe do projeto já foi desfeita e, muitas vezes, as condições e o contexto no qual a iniciativa foi adotada também. Mas é nesse momento que determinados benefícios esperados podem ser constatados ou não.

Temos vários exemplos históricos que ilustram esse axioma, mas podemos citar o caso do transatlântico Titanic, em 1912. A ideia era que aquele seria o navio mais suntuoso e, ao mesmo tempo, o mais seguro construído até o momento, mas pressões comerciais sobrepujaram a segurança no projeto do navio e de sua primeira viagem. O objetivo dos construtores, que inicialmente privilegiavam a segurança, casco duplo, anteparo com portas à prova d'água, entre outros, cedeu espaço à pompa, ostentação e à teórica satisfação dos passageiros, como salões de festa luxuosos, vista mais ampla de cada suíte, o que acabou restringindo, por exemplo, a quantidade de barcos salva-vidas disponíveis na embarcação. Ainda assim, e mesmo tendo passado por apenas um dia de testes no mar, toda tecnologia incorporada e as próprias dimensões do navio, 270 metros de comprimento, 30 de altura e 46 mil toneladas, sugeriam segurança, sendo considerado um navio "inafundável". Infelizmente, como se sabe, o resultado que era aparentemente satisfatório acabou por se transformar em um dos maiores desastres da história (Geraldi, Kutsch e Lee-Kelley, 2010).

Outro ponto importante é que existem vários prismas de sucesso. Em outras palavras, o que é sucesso para um determinado *stakeholder* do projeto pode não ser para outro e vice-versa. Suponhamos a situação em que na sondagem quanto aos requisitos e benefícios esperados de um projeto estes foram todos analisados e planejados pelo cliente e pela equipe de um determinado fornecedor. Tudo foi entregue de acordo com os parâmetros estipulados, o cliente efetua o pagamento conforme acertado, mas, na prática, ninguém usa o produto do projeto. Isso porque o próprio cliente em época de levantamento esqueceu-se de consultar os usuários que iriam, de fato, fazer uso do resultado daquele projeto. As implicações nesse caso são fáceis de imaginar, mas por incrível que pareça esse fenômeno não é tão incomum quanto parece.

Outro caso é aquele em que o gerente de projetos, de perfil extremamente obsessivo e autoritário, consegue entregar todo o escopo acordado com seu cliente, que demonstra extrema satisfação com o resultado. Os prazos foram cumpridos e mesmo com a tremenda pressão imposta e sofrida, o projeto foi entregue. No entanto, a equipe de projeto termina aquele esforço completamente exaurida, estressada, com problemas psicossomáticos derivados da pressão sofrida e, possivelmente, com brigas internas derivadas de um clima ruim de trabalho. A lembrança do projeto para essa equipe não tende a ser calorosa.

Podemos pensar também em uma comunidade de pescadores que tira seu sustento do mar todos os dias, mas que se vê preocupada em relação às consequências da instalação de um novo porto em sua localidade. Se por um lado o projeto pode gerar novos empregos e um horizonte de crescimento econômico, existem consequências ambientais e sociais que não podem ser menosprezadas. A questão que envolve os benefícios do projeto traz consigo uma polêmica intrínseca que envolve empresários, a comunidade de pescadores, moradores, órgãos ambientais, sindicatos de trabalhadores e demais *stakeholders*.

Esses três casos ilustram argumentos fundamentais a respeito do sucesso em gerência de projetos. O primeiro é a importância de ressaltar a diferença entre sucesso do projeto (do que foi entregue) e sucesso no gerenciamento do projeto (como foi entregue). Um paralelo que pode ser feito é aquele baseado na conhecida teoria que discute sobre eficácia e eficiência. Enquanto a eficiência está relacionada a "fazer certo as coisas", a eficácia se relaciona a "fazer as coisas certas". No caso da gerência de projetos, estaríamos falando de eficácia e eficiência ao mesmo tempo (Belout, 1998). Outro ponto é que o conceito de sucesso depende sobremaneira também da posição relativa que cada parte interessada ocupa em relação ao projeto e seu julgamento a respeito do mesmo.

Conforme dito no início do capítulo, projetos podem ter sido entregues dentro da chamada "restrição tripla" (escopo, prazo, custos) e ainda assim ser considerados projetos fracassados. Como exemplo, podemos citar o computador Lisa, da Apple, que em 1983 apresentou um sistema operacional com interface gráfica e introduziu o *mouse*, contribuições que transformariam para sempre o uso de computadores. No entanto, o projeto foi natimorto, dado seu preço, considerado elevado para a época, e a chegada do Macintosh pouco tempo depois, bem mais barato. Por outro lado, projetos que excederam os parâmetros de tempo e custo inicialmente planejados podem ser considerados exitosos, dependendo de quem esteja analisando e da época em que o faça. O projeto da ponte Rio-Niterói teve seu contrato assinado em dezembro de 1968 com previsão de término em três anos. Acabou durando cinco anos e três meses, com custos mais que dobrados em função de problemas nas fundações, prova de carga malsucedida, entre outras causas. No entanto, a ponte Rio-Niterói hoje atinge um fluxo diário, em média, de 150 mil veículos, ligando a cidade do Rio de Janeiro a Niterói e interior do estado, sobretudo à Região dos Lagos e litoral norte fluminense. São 13,29 quilômetros, 8,84 dos quais sobre o mar, sendo considerada a maior ponte em concreto protendido do hemisfério sul e uma das maiores do mundo em área construída por conta do seu comprimento, largura e altura de seus pilares (Velloso, 2013).

Esses paradigmas de sucesso servem para corroborar que a temática acaba envolvendo um vasto conjunto de perspectivas epistemológicas e metodológicas (Ika, 2009), que reforça a ambiguidade de sua definição. Para lidar com essas distintas perspectivas e transformá-las em oportunidades da melhor maneira, algumas competências gerenciais são notadamente determinantes.

Competências do gerente de projetos

O mundo corporativo se refere à figura gerencial, quase que como um *alter ego* do Super-Homem ou da Mulher-Maravilha. Se fôssemos listar todas as características apontadas na literatura, estaríamos listando um indivíduo proativo, criativo, perseverante, comunicativo, motivador, bom ouvinte, decisivo, autoconfiante, com poder de persuasão, entusiasta, *coach*, organizado, sensível, facilitador, inovador, alguém que sabe delegar, orientado a objetivos, entre tantos outros adjetivos. Só que, na vida real, sabemos que esse personagem não existe e que essa analogia soa muito mais como hipérbole do que como metáfora. Ainda mais em um mundo com características tão mutáveis, que traz consigo grandes fontes geradoras de incerteza e ansiedade. O gerente tem de buscar, essencialmente, entender esse novo paradigma e se aprimorar no conhecimento de pessoas e sua diversidade. Conforme afirmado por Wagner III e Hollenbeck (2000), gerentes que não conseguem administrar a diversidade invariavelmente caem na armadilha de supor que todas as pessoas são semelhantes, o que faria com que o mundo fosse bem mais fácil de compreender. Como sabemos, na prática essa suposição é uma falácia, e o esforço gerencial acaba tendo de ser hercúleo, justamente em função desse caldeirão de emoções que são as organizações.

A competência está relacionada aos conhecimentos da pessoa, à habilidade de usar esses conhecimentos ou à aplicação produtiva dos conhecimentos e à predisposição que influencia sua atitude em relação ao trabalho (Wood, 2002). Esse conjunto de características pode ser diretamente observado por meio das realizações manifestas da pessoa em determinado contexto. Ou seja, a competência acaba assumindo um caráter mais utilitarista e até mesmo prático ligado ao valor agregado de fato (Barcaui, 2017). Cabe destacar que esse valor gerado pelo gerente de projetos pode variar dependendo do cenário de seu projeto e do ambiente de trabalho. Em projetos com ciclos de vida mais longos, não é incomum a troca de gerentes de projeto a cada fase, ou mesmo a designação de gerentes de projeto específicos para determinada etapa, como a análise de viabilidade, por exemplo. O mais frequente é que ele se envolva em todas as fases do projeto, mas sua função é adaptável a cada modelo organizacional.

A diferença básica entre um gerente de projetos e um funcional é que este último normalmente tem a responsabilidade da coordenação e atingimento de resultados de determinada área ou departamento da organização. Já o de projetos é aquele encarregado de liderar uma equipe que visa alcançar os objetivos específicos de um dado projeto. Ambas as situações envolvem algum grau de autonomia, consternação e júbilo, dependendo do ambiente em que esses gerentes estão inseridos.

O diretor de um filme não conhece necessariamente todos os detalhes da câmera que será utilizada na fotografia e também pode não ser *expert* em som e iluminação. Não será ele o responsável pela produção, nem aquele que construirá a cenografia e fará a maquiagem. Em última instância, não foi ele que escreveu o roteiro e pode até mesmo ser um péssimo ator. No entanto, ele deve saber o que deseja com o resultado final do filme, da produção, das locações. Mais ainda: deve respeitar cada profissional em sua atividade, entender o papel de cada um e tirar o máximo de sua equipe por meio de sua visão e liderança. Obviamente que, para tanto, o gerente do projeto demanda certas características sem as quais seu trabalho ficaria deveras comprometido. Afinal, o que é um gerente senão um aglutinador de pessoas, um engenheiro de relacionamentos, um master da influência e da liderança em direção a objetivos? Prega-se a participação, a delegação e o chamado "espírito de equipe". Mas como construir e dar manutenção em tudo isso sem, acima de tudo, gostar de pessoas?

Gerenciar projetos é gerenciar pessoas. Quanto mais convivência e experiência com elas, melhor tende a ser o aprendizado do gerente de projetos. Claro que não se está dizendo que gerenciar projetos se resume somente à gestão de pessoas em si, mas não é à toa que a liderança é uma das competências mais demandadas em qualquer cargo gerencial. No caso do gerente de projetos não é diferente. Na verdade, essa competência se torna ainda mais basilar em função da característica efêmera dos projetos e dado que o gerente de projetos é aquele que tem a responsabilidade pelo resultado do projeto, mas não necessariamente a autoridade formal sobre as pessoas e demais recursos que gerencia. Podemos definir liderança de diversas formas, mas de uma maneira geral envolve a influência no comportamento e na mentalidade de uma equipe em relação a determinado objetivo. É tarefa não trivial, por vezes inglória, e que envolve uma conjunção de fatores entre os atributos do líder, as atitudes e necessidades dos liderados e as condições e características do ambiente. Entre diversas classificações e teorias sobre estilos de liderança existentes, a mais clássica está representada no quadro 2, que explica as características dos três principais estilos de liderança, que ainda podem variar em função da situação, da complexidade do projeto, da maturidade da equipe, entre outras considerações.

Quadro 2
Estilos de liderança

Autocrática	Democrática	Laissez-faire
"Façam do meu jeito".	"Vamos determinar o melhor modo de fazer".	"Façam da maneira que desejarem".
Apenas o líder estabelece as diretrizes, sem participação do grupo.	As diretrizes são debatidas e decididas pelo grupo, estimulado e assistido pelo líder.	Há liberdade completa para as decisões grupais ou individuais, com a participação mínima do líder.
É "pessoal", domina elogios e críticas.	É participativo e objetivo, elogios/criticas compartilhados.	Líder participa só quando solicitado.

Fonte: adaptado de White e Lippitt (1960).

Outra consideração que se faz necessária quanto ao estilo de liderança adotado é relativa à necessidade de adaptação do gerente frente ao contexto em que o projeto se insere e de acordo com a maturidade da equipe a ser liderada. Os pesquisadores William Blake e Jane Mouton, na década de 1960, formularam uma grade gerencial que combinava estilos, oferecendo cinco possibilidades para classificação de um gerente quanto a sua liderança, conforme a figura 2.

Figura 2
Liderança bidimensional de Blake e Mouton

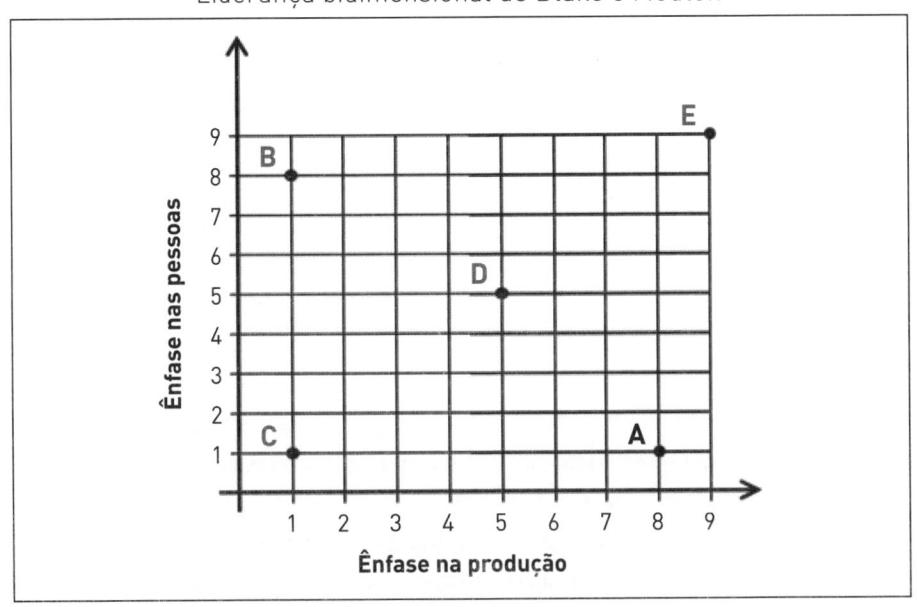

Fonte: adaptada de Robbins, Judge e Sobral (2011:377).

A grade oferece nove posições no eixo X (ênfase na produção) e nove no eixo Y (ênfase nas pessoas), classificando a atuação do líder conforme sua atuação. A letra "A" representa eficiência nas atividades; a "B", uma cuidadosa atenção com as pessoas; a posição "C" simboliza uma administração empobrecida; a "D", um desempenho equilibrado entre a necessidade de trabalho e a manutenção da preocupação com as pessoas, enquanto a "E" (9,9) traduz um ambiente de pessoas comprometidas, com eficiência e noção de interdependência (Blake e Mouton, 1978).

Ainda que a liderança apareça em destaque, o desenvolvimento de competências específicas do gerente de projetos pode estar classificado em pelo menos três grupos: competências ligadas à gerência de projetos em si, competências ligadas ao ambiente do projeto e competências de gerência em geral.

- Competências ligadas à gerência de projetos – Nesse caso, estamos nos referindo ao conhecimento de técnicas e práticas ligadas aos processos de gerência de projetos, suas áreas de conhecimento, boas práticas de gerenciamento, incluindo (mas não se limitando a): escopo, cronograma, custos e riscos, processos, metodologias, além de ferramentas úteis para planejamento e controle do projeto.
- Competências ligadas ao ambiente do projeto – Necessariamente, os projetos estão contextualizados em um micro e um macroambiente – social, econômico, político, legislativo e cultural – que não podem ser, de forma alguma, menosprezados pelo gerente do projeto. A investigação holística a fundo de como o projeto afeta o ambiente e seus *stakeholders* é quase uma obrigação ético-moral do gerente – não só em função das possíveis implicações demográficas, étnicas, religiosas, ecológicas, entre outras, mas também porque o sucesso do empreendimento está diretamente ligado a como os benefícios trazidos serão incorporados à conjuntura do projeto. É importante lembrar que o ambiente em que o projeto se instala é anterior a ele e o horizonte do seu legado e sustentabilidade devem fazer parte da equação.
- Competências de gerência em geral – Envolvem características tais como liderança, comunicação (verbal e escrita), negociação, resiliência, pensamento crítico, sensibilidade sociocultural, habilidades interpessoais, conhecimentos sobre os processos e demais áreas da organização e até *networking*. Esta última é uma das habilidades mais requeridas tanto

para gerentes quanto para qualquer outro profissional de sua equipe. Isso porque envolve conhecer os mais diferentes *stakeholders* da organização e se fazer conhecido por eles.

Corroborando essa abordagem, o PMI constituiu o que denominou "triângulo de talentos" (PMI, 2017c), que se concentra em três conjuntos de habilidades-chave: gerenciamento de técnico de projetos, liderança e gerenciamento estratégico e de negócios. Em que pese à importância das habilidades técnicas para a gerência de projetos, reconhecidamente elas não são suficientes para maximizar as chances de sucesso de um empreendimento. A liderança em relação ao time, como já explicitado, é condição básica para que o projeto evolua em direção aos resultados esperados, dado que todo trabalho produzido é feito por pessoas. Mais ainda, o PMI elenca que o conhecimento estratégico e de negócios não só facilita o entendimento daquele projeto como componente do alinhamento estratégico, como também propicia o alinhamento com os demais domínios envolvidos com o projeto, incluindo departamentos funcionais, áreas da organização do cliente, participação do patrocinador, entre outros. Um conhecimento apurado do enquadramento estratégico e de negócios em que projeto está inserido aprimora e refina a percepção do gerente de projetos sobre as possibilidades, oportunidades, ameaças e cenários que enfrentará.

Existiria ainda um quarto grupo de competências a ser considerado, que, apesar de controverso, é extremamente reputado por diversos autores tais como Loufrani-Fedida e Missonier (2015); Bauer e Richardson (2014); Chipulu et al. (2013). Trata-se dos conhecimentos técnicos relativos à área específica de atuação do gerente. Em outras palavras, até que ponto o gerente de projetos deve ou não conhecer tecnicamente a área particular em que está atuando, seja ela óleo e gás, farmácia, serviços, educação, comércio, tecnologia, automotiva etc. Será que um profissional que gerencia o projeto de um desfile de moda deve necessariamente ser um estilista? Será que o gerente de projetos responsável pelo lançamento de um novo automóvel deve ser engenheiro mecânico? Até que ponto o desenvolvimento de um novo sistema contábil deve ser gerenciado por alguém do departamento de TI? A polêmica se justifica porque, se por um lado é importante conhecer as idiossincrasias de cada área, por outro não seria o pensamento "fora da caixa" mais interessante, a fim de evitar vícios e proporcionar um ambiente de maior inovação? Afinal, não são as inovações que podem dar às organizações algum grau de controle sobre as incertezas a que são submetidas?

Os defensores da ideia de que o gerente de projetos deve conhecer tecnicamente a área de atuação em que seu projeto está inserido sugerem que se não houver um conhecimento mínimo das regras, normas e técnicas de cada área, fica muito difícil emitir uma opinião a respeito de qualquer questão que aflore durante o planejamento e execução do projeto. O gerente poderia sofrer um engodo de seus fornecedores ou até mesmo de sua equipe quanto a prazos de entrega, orçamentos, ou quanto a peculiaridades técnicas, dado que não teria conhecimento suficiente sobre o assunto.

Por outro lado, imagine um gerente que trabalhou a vida inteira com manutenção de motores a diesel e agora foi chamado para gerenciar a montagem de um novo protótipo de motor elétrico. Até que ponto seu conhecimento técnico profundo sobre bielas e pistões não o levará a certo conservadorismo relativo às técnicas que devem ser utilizadas, questionando as decisões de seus subordinados, privilegiando uma visão detalhista em detrimento do todo? É o que a literatura denomina *micromanagement* (Knight, 2015; White, 2010). Imagine, agora, aquele gerente que insiste em olhar a folha ao invés da floresta, foca na minúcia, no pormenor técnico, e esquece que em gerência de projetos, às vezes, o bom é inimigo do ótimo. Ao final do dia, sua responsabilidade é entregar o produto dentro das especificações, do prazo e dos custos estimados. Tudo isso sem falar nos potenciais impactos que o *micromanagement* pode causar no moral dos membros da equipe, aumento da rotatividade, redução da produtividade, entre outros sintomas.

Nessa reflexão, é pertinente ressaltar que não há necessidade de extremismos em nenhuma posição. A resposta não precisa ser dicotômica e pode ser avaliada também em função de uma série de variáveis relativas ao projeto. Como mencionado, o ambiente influencia muito e não pode ser desconsiderado. Como se sabe, existem segmentos de mercado mais protecionistas que outros, o que acaba induzindo a uma espécie de "reserva de mercado" para quem é da área. Podemos levar em conta também que, às vezes, questões políticas têm influência direta no resultado do projeto, assim como existem ambientes que respeitam mais a autoridade explicitamente estipulada em cargos do que da liderança em si. Nesse sentido, o tipo de estrutura organizacional e a maturidade em gerenciamento de projetos da organização também influenciam no papel gerencial. Por último, e não menos relevante, a posição relativa do gerente em relação a sua equipe pode influenciar no grau de conhecimento técnico exigido em relação à área de atuação em que o projeto será executado.

A figura 3 toma emprestado o conceito de habilidades gerenciais em relação à estrutura hierárquica de Katz (1974) e ilustra o tipo de competências requeridas do gerente de projetos em função da envergadura do projeto que será gerenciado. Em outras palavras, se um técnico acabou de ser promovido ao cargo de gerente de projetos, possivelmente isso ocorreu justamente pelo conhecimento de especialista demonstrado. Nesse caso, não é incomum que o tipo de liderança exercida seja mais técnico; é até natural que isso ocorra. À medida que esse mesmo gerente vai galgando cargos e ganhando experiência em seus projetos, naturalmente as competências humanas vão desempenhando um papel fundamental e, na eventualidade de se tornar o gerente de um megaprojeto, escritório de projetos ou até gestor de portfólio, há uma tendência ao uso de competências mais conceituais e/ou políticas.

Figura 3
Competências requeridas do gerente de projeto × envergadura do projeto

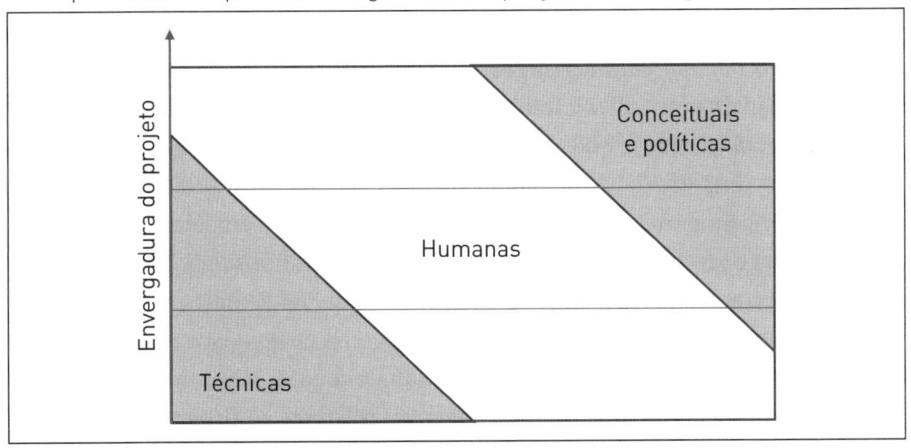

[Gráfico: eixo vertical "Envergadura do projeto"; faixas diagonais indicando, de baixo para cima, "Técnicas", "Humanas", "Conceituais e políticas"]

O conhecimento técnico sempre é desejável, mas se o gerente do megaprojeto de um novo avião estiver preocupado com as dimensões de um trocador de calor acoplado a uma caixa de engrenagens do motor, alguma coisa estará fora de ordem. Sua preocupação deveria ser mais estratégica, e esse tipo de consideração técnica já teria de ter sido filtrado por níveis técnicos abaixo dele. Nota-se que as competências humanas estão sempre presentes em toda e qualquer situação, como um talento que está sempre em desenvolvimento. É por essa razão que gostaríamos de ressaltar aquela que talvez seja a mais onipresente das competências gerenciais: a inteligência emocional do gerente de projetos.

Uma vez aceito que o papel do gerente se insinua de forma cada vez mais incontestável em relação a sua capacidade de adaptação, sua habilidade com pessoas e a visão global do micro e do macroambiente em que o projeto está inserido, torna-se literalmente impossível não considerar o ponto de vista emocional no ambiente. A aplicação de habilidades emocionais ao trabalho gerencial está diretamente relacionada ao repertório emocional de cada gerente para utilizar a estratégia adequada em relação a todos os *stakeholders* envolvidos (Barcaui, 2009:44).

Estávamos muito mais acostumados a ouvir falar de quociente de inteligência (QI); no entanto, já no século XIX, Charles Darwin havia proposto um modelo de explicação "histórico-adaptativa" para as emoções ao analisar e descrever as expressões humanas. Seu trabalho conduziu ao estudo dos detalhes sobre as expressões facial e muscular que acompanham as mais diversas emoções, abrindo caminho também para as bases do que seria o estudo da chamada inteligência social proposta por Robert Thorndike em 1937, que resumidamente poder-se-ia traduzir como o estudo de aspectos não cognitivos da inteligência (Thorndike, 1966).

O assunto foi revisitado diversas vezes, e o conceito de inteligência emocional (IE) foi definitivamente apresentado pelos psicólogos Salovey e Mayer (1990:189), que a definiram como "a capacidade do indivíduo [de] monitorar os sentimentos e as emoções dos outros e os seus, de discriminá-los e de utilizar essa informação para guiar o próprio pensamento e as ações".

O termo foi ainda mais popularizado por Daniel Goleman (1995), que trouxe a discussão ao público em geral em sua obra intitulada *Inteligência emocional*. O tema, desde então, passou a ser respeitado e estudado em diversos centros de pesquisa em todo o mundo (Gonzaga e Monteiro, 2011).

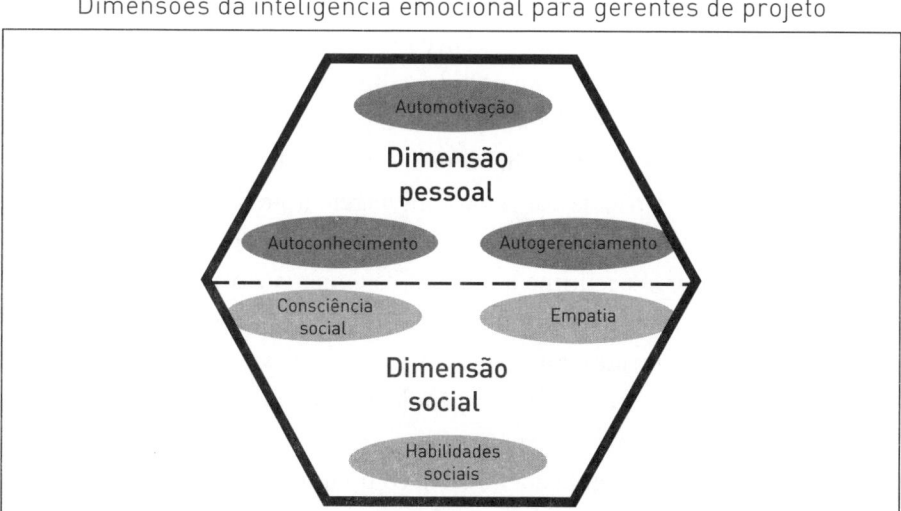

Figura 4
Dimensões da inteligência emocional para gerentes de projeto

Essa abordagem pode contribuir muito para o mapeamento das competências do gerente de projetos, visto que seu papel é o de liderar pessoas. Para tanto, poderíamos dividir a aplicação da inteligência emocional em duas dimensões: pessoal e social, conforme a figura 4. A dimensão pessoal compreende o autoconhecimento, a automotivação e o autogerenciamento; já a dimensão social engloba a consciência social, habilidades sociais e a empatia.

A primeira dimensão é relativa ao próprio *self* do gerente de projetos. O autoconhecimento deveria ser quase que um pré-requisito para o gerenciamento. Mais que um ato de humildade, trata-se de um importante passo em direção à maturidade emocional. Ainda que tenhamos a ingênua ideia de que nos conhecemos na plenitude e que essa consciência pareça algo espontâneo à primeira vista, o exercício de autoconhecimento abarca um esforço contínuo de autopercepção desde as atividades mais triviais até o reconhecimento da relação entre nossos pensamentos, emoções e comportamentos. A automotivação está ligada ao autoconhecimento, na medida em que é preciso saber o que nos move da maneira mais intrínseca e como podemos catalisar ações corretas para nosso autodesenvolvimento e bem-estar. O autogerenciamento talvez seja uma das mais desafiantes propostas da inteligência emocional dada a multiplicidade de fenômenos e contingências à nossa volta. O empenho em sua prática vale a pena porque traz como recompensa o autocontrole, o equilíbrio e autodomínio como pessoa.

A segunda dimensão envolve o grupo, dado que o gerente de projetos necessariamente está lidando com *stakeholders* o tempo todo. A consciência social reside na capacidade de "ler" as pessoas a nossa volta incluindo seu humor, seu corpo, seus hábitos e outros demais aspectos que podem não estar manifestos, mas que influenciam diretamente no lidar com elas. Trata-se de um privilégio reconhecer o ambiente social a nossa volta e providenciar a devida adaptação em função do meio. Quanto às habilidades sociais, estamos nos referindo à comunicação verbal e não verbal, a paralinguagem (tom de voz, ênfases, fluência verbal), capacidade assertiva, que inclui saber dizer não, saber repreender e elogiar, entre outras. Por último a questão da empatia envolve a habilidade de nos colocarmos na posição de outra pessoa, de forma que essa se sinta acolhida. Não de maneira puramente demagógica, mas com interesse de fato pelo próximo, fazendo uso da escuta ativa e demonstrando vínculo tanto na esfera cognitiva quanto na afetiva e comportamental.

Poderíamos ainda compreender a ética como uma atitude que reflete a própria conduta social do gerente de projetos, uma vez que é transversal a todas as demais competências e forjada no campo de sua formação pessoal e profissional. Nessa perspectiva a ética se afirma como uma dimensão integradora na medida em que reflete a prática do trabalho do gerente de projetos. Mais detalhes sobre o desenvolvimento e aplicação da inteligência emocional fogem ao escopo deste livro, mas fica o reconhecimento do potencial dessa competência como um divisor de águas entre aquele que se denomina gerente e aquele que de fato lidera uma equipe.

Quando estudamos as competências necessárias ao gerente de projetos, notamos que a exigência não é de ser um super-herói, mas sim um profissional consciente de suas virtudes e limitações, que sabe que o sucesso do projeto será sempre da equipe, mas que o fracasso é de sua inteira responsabilidade. Entre outras, essa é a razão de a missão do gerente do projeto ser considerada tão crítica.

Papel do patrocinador

Um dos principais *stakeholders* de qualquer projeto é seu patrocinador ou *sponsor*. Vamos examinar as justificativas por trás dessa afirmação, mas, ainda assim, cabe ressaltar que o papel do patrocinador é relativamente pouco explorado na literatura (Kloppenborg, Tesch e Manolis, 2014; Sense, 2013), dado que o foco das pesquisas normalmente é no próprio gerente.

Primeiramente, é importante definir quem viria a ser o patrocinador do projeto e onde ele se situa na hierarquia da organização. O patrocinador não representa um cargo fixo, mas sim um personagem que pode variar de projeto a projeto, dependendo do contexto e da fase em questão. Em alguns casos, normalmente em projetos maiores, existe a possibilidade até da montagem de um comitê de patrocínio. Isso porque ter um só patrocinador para todas as fases do projeto pode levar a indisposições políticas internas.

Também é comum que exista um patrocinador do lado do fornecedor e outro do lado do cliente, até para que, na medida do possível, as deliberações sejam as mais moderadas e justas para ambas as partes. Nesses casos, é preciso tomar cuidado para que a quantidade de pessoas no comitê seja mantida em um patamar mínimo, de modo a garantir reuniões produtivas. Quanto às intervenções do patrocinador ou do comitê, apesar das possíveis variações que seu conjunto de funções pode apresentar, suas principais atribuições envolvem:

- ajudar a estipular os benefícios esperados para o projeto;
- autorizar o início do projeto ou de uma fase do projeto;
- designar o gerente do projeto;
- patrocinar financeiramente o projeto, se for o caso;
- defender o projeto de forma entusiasta;
- fornecer os recursos necessários para a equipe do projeto;
- ajudar a derrubar barreiras;
- acompanhar o andamento do projeto;
- cobrar, ao gerente de projeto, os resultados esperados;
- mentorar;
- servir de elo com o corpo executivo;
- garantir a prioridade apropriada para o projeto;
- autorizar e aprovar mudanças contratuais após o início do projeto.

É comum a imagem do patrocinador como aquele que financia o projeto, ou seja, aquele que provê os recursos ou os meios financeiros de que o projeto precisa para ser concretizado. Esse prisma é relevante, mas não necessariamente sucede em todos os casos. Nem sempre o patrocinador é financiador do projeto; depende do tipo de organização e do contexto em que o projeto será realizado.

Se estamos nos referindo a uma iniciativa privada em que um empresário decide aumentar suas instalações e contrata uma empreiteira para montar sua nova fábrica, certamente ele estará pagando por esse projeto e representa o principal patrocinador da iniciativa. Mas dentro da empreiteira também existe um patrocinador da ideia, que optou por fazer esse projeto em detrimento de outro no portfólio dos projetos da empresa, em função da perspectiva dos ganhos financeiros, da exposição que o projeto trará para sua empresa, da conquista de um cliente novo importante, ou qualquer outra razão estratégica que justifique o empreendimento.

Por outro lado, podemos ter o diretor do Departamento de Recursos Humanos de uma organização que teve uma ideia que vai gerar novos ganhos de produtividade em sua equipe. Para tanto, sugeriu a composição de um projeto interno e designou um de seus colaboradores como gerente. Ele não paga pelo projeto diretamente como o dono da empreiteira, mas nem por isso deixará de patrocinar ideologicamente a ideia dentro da organização.

Aliás, talvez a melhor forma de definir seu papel não seja como patrocinador, mas sim como "padrinho", no sentido da defesa entusiasta que se espera que ele faça da ideia dentro e fora da organização. Ele comprou o conceito do projeto (*buy-in*), entende perfeitamente seus benefícios potenciais e é o primeiro a acreditar em seus resultados. Em certos casos, pode chegar até mesmo a se emocionar com as possibilidades advindas do projeto.

Figura 5
Como os patrocinadores interagem com os projetos

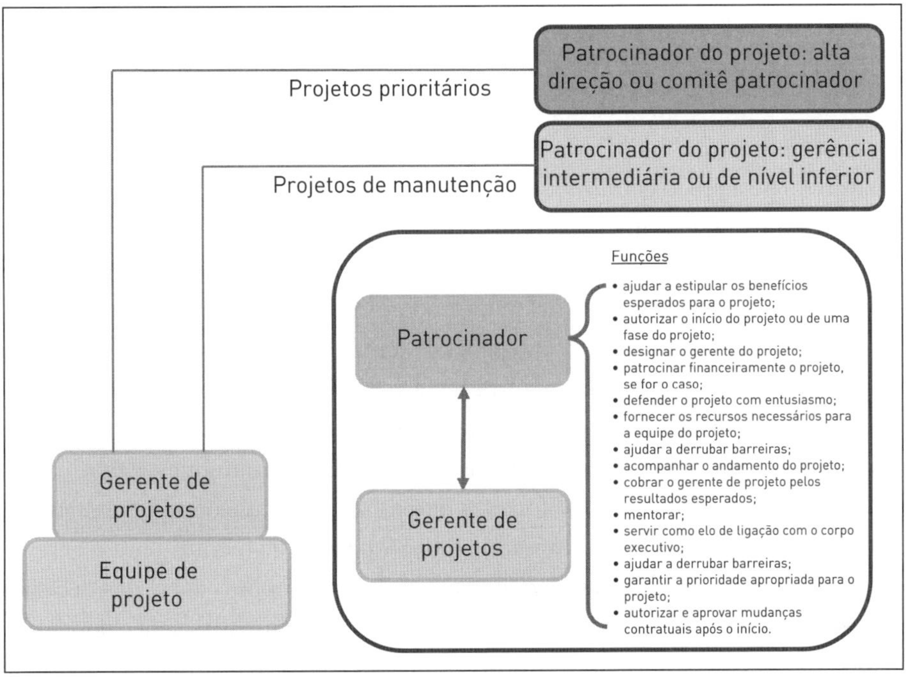

- Projetos prioritários → Patrocinador do projeto: alta direção ou comitê patrocinador
- Projetos de manutenção → Patrocinador do projeto: gerência intermediária ou de nível inferior

Gerente de projetos / Equipe de projeto ↔ Patrocinador ↔ Gerente de projetos

Funções
- ajudar a estipular os benefícios esperados para o projeto;
- autorizar o início do projeto ou de uma fase do projeto;
- designar o gerente do projeto;
- patrocinar financeiramente o projeto, se for o caso;
- defender o projeto com entusiasmo;
- fornecer os recursos necessários para a equipe do projeto;
- ajudar a derrubar barreiras;
- acompanhar o andamento do projeto;
- cobrar o gerente de projeto pelos resultados esperados;
- mentorar;
- servir como elo de ligação com o corpo executivo;
- ajudar a derrubar barreiras;
- garantir a prioridade apropriada para o projeto;
- autorizar e aprovar mudanças contratuais após o início.

Fonte: adaptada de: Kerzner e Saladis (2009:86).

Essas funções não estão em ordem de importância e sua aplicação vai variar com o momento do projeto, mas servem para que se tenha uma ideia de por que o patrocinador pode ser considerado fator crítico de sucesso para o empreendimento. A figura 5 também demonstra que o patrocínio não precisa estar nos níveis executivos durante todo o tempo do projeto. Além disso, que o patrocinador existe para toda a equipe e não apenas para o gerente de projetos exclusivamente.

Normalmente, o papel do patrocinador começa no levantamento das variáveis iniciais do projeto, que vão justificar ou não que o esforço seja empreendido. Não será ele diretamente que fará o estudo de viabilidade técnico-econômica ou ambiental do projeto, mas pode ser ele que vai contribuir para analisar os benefícios esperados pelo projeto ou pela decisão de seguir ou não em frente com a iniciativa.

O início do projeto é uma ocasião de extrema importância sob vários aspectos. Trata-se de um momento festivo no qual ocorre a primeira reunião do projeto, denominada *kickoff*. Mas ao mesmo tempo que se celebra o contato inicial entre as equipes de trabalho, é imperativo que se tenha total atenção na preparação e na condução da reunião, dado que um início errado pode levar a consequências indesejáveis ao longo de todo o ciclo de vida do projeto.

Por essa razão, a autorização de início do projeto deve ser feita por meio de um documento formal que não somente outorgue o projeto em si, mas que também autorize o gerente que ficará responsável por ele. O nome desse documento é "termo de abertura" (TAP) ou *project charter*. Essa autorização, tanto do projeto quanto do gerente, naturalmente, deve ser feita por alguém que esteja em uma posição acima do gerente e que, portanto, tenha autoridade para fazê-lo. Sendo assim, normalmente o patrocinador ocupa uma posição executiva, podendo ser um gerente de área, um diretor ou mesmo o presidente da organização.

O patrocinador também tem o papel de tentar ajudar o gerente de projetos e sua equipe a conseguir os recursos necessários à sua execução. Não só recursos humanos, mas também materiais ou de qualquer outro tipo que se façam necessários. Deve ajudar a quebrar barreiras ou até mesmo paradigmas estabelecidos na organização e fora dela, de forma a desembaraçar situações que possam ser prejudiciais ao projeto. Pode exercer – quiçá – o papel de mentor para o gerente de projetos, na medida em que o ajuda a entender o âmbito geral das decisões de negócio sendo tomadas, as razões pelas quais determinadas ações podem ou não ocorrer e ajudando na resolução de problemas, o que aumenta o nível de confiança do gerente.

Ao mesmo tempo, é aquele que acompanha o projeto em todas as suas fases, faz reuniões com o gerente de projeto e cobra pelos resultados esperados a cada marco de projeto. O patrocinador não é o responsável final pelo projeto; esse papel é um dever inalienável do, mas cabe ao patrocinador estar perto não só quando demandado, mas também pelo seu próprio ímpeto de saber como as coisas andam ao longo do tempo.

É claro que se espera que um gerente faça todo esforço para resolver infortúnios, imbróglios e problemas dentro de sua própria alçada. Mas, quando isso não for possível, ele pode e deve escalar o problema para o patrocinador, com o objetivo de obter o devido suporte de alguém com maior autoridade. O que não é razoável é deixar o projeto correr riscos em função da inércia ou da não mobilização das pessoas corretas.

Dois inconvenientes podem surgir a partir dessa consideração do acompanhamento do projeto pelo patrocinador. O primeiro é quando o patrocinador passa a ser visivelmente negligente em relação ao que está acontecendo. Nesses casos, o trabalho do gerente de projetos tende a aumentar consideravelmente, tendo de lidar com negociações em relação às quais talvez não tenha a autoridade suficiente O segundo é justamente o contrário, quando o patrocinador passa a agir como se fosse o gerente do projeto, desautorizando frequentemente aquele ao qual deveria estar suportando, ou tomando ações à sua revelia. Em ambos os casos, as consequências são imprevisíveis e sugere-se uma reunião delicada, porém necessária, entre o gerente e o patrocinador (podendo envolver mais pessoas, dependendo do grau de estresse envolvido), para que a questão seja debatida da maneira mais honesta e transparente possível, expondo fatos e argumentos, tendo em vista que o objetivo maior da reunião é o de evitar que o projeto corra riscos.

O bom patrocinador quebra barreiras de todos os lados e deixa o caminho o mais facilitado possível para o gerente de projetos fazer seu trabalho. Ao longo do ciclo de vida do projeto, várias novas oportunidades e ameaças podem ocorrer. Cabe ao patrocinador garantir a manutenção da prioridade do projeto no portfólio da organização e, para tanto, é preciso que ele seja uma pessoa respeitada e com poder de decisão no corpo executivo, que conheça em detalhe a política organizacional e, portanto, saiba exatamente como, onde e de que forma exercer sua influência para que o projeto não saia do rumo.

Ao longo do projeto, é extremamente provável que ocorram mudanças de toda ordem, e notadamente as de escopo são as que causam maior excitação na equipe, podendo envolver mudanças proporcionais no cronograma, no orçamento e até mesmo na equipe. Por vezes, essa negociação a respeito dos impactos da mudança precisa ser desenvolvida entre o fornecedor e o cliente, gerando certo grau de entropia. O papel de aprovação (ou não) de determinada mudança pode ficar com o patrocinador, dependendo do grau de complexidade e dos valores envolvidos na mudança proposta. Aliás, os patrocinadores podem ser as melhores pessoas para interagir com clientes internos e externos quando surge uma crise (Kerzner e Saladis, 2009:212). Essa ajuda pode acalmar esses clientes e, ao mesmo tempo, preservar o gerente de projetos de um eventual conflito desnecessário e desgastante.

O aforismo popular sugere que é importante ter as "costas quentes". Essa máxima nada mais é do que a constatação de que aquele que tem o patrocinador mais vibrante, mais forte e ativo leva vantagem. Às vezes, é preciso bater em muitas portas diferentes para vender o que ainda pode ser o prólogo de uma ideia. Mas a força de vontade, o vigor e o poder de influência do patrocinador não permitem que ele desanime e o incitam a levar o projeto até sua finalização.

Como exemplo, imagine a criação de um dos maiores festivais de música do mundo, o *Rock in Rio*. Sua criação e viabilidade nasceram de um sonho em 1985, em uma época na qual o país passava por transformações políticas. Pela primeira vez, um país sul-americano sediou um evento daquela envergadura. Um projeto de extrema complexidade, envolvendo diversos artistas e suas equipes, obras, licenças, envolvimento de órgãos públicos, milhões de pessoas impactadas e geração de emprego nos mais diversos segmentos de mercado, em uma área de 250 mil metros quadrados (Carneiro, 2011). Um megaprojeto desse tipo só foi possível porque o nível de entusiasmo, a força de vontade e o poder político de influência de seu patrocinador o levaram até sua finalização. Hoje, espalhado em diversas cidades do mundo, o festival emprega mais de 20 mil pessoas direta ou indiretamente durante os dias do evento, entrega muito mais do que *shows* de música, no sentido da experiência que proporciona aos seus frequentadores, e representa uma espécie de alento econômico e moral do ponto de vista de gerência de projetos para todo o país.

Relação com a estratégia da organização

Por que algumas empresas têm sucesso, enquanto outras fracassam? A lógica que permeia a criação de uma nova empresa é a de que ela obterá sucesso em seu negócio e permanecerá atuando por tempo indefinido em seu segmento. No longo prazo, uma estratégia competitiva vitoriosa irá manter a empresa no mercado, visando se eternizar. Um estudo do Instituto Brasileiro de Geografia e Estatística (IBGE) sobre demografia das empresas brasileiras constata que em torno de 67% das empresas com mais de 10 empregados assalariados criadas em 2010 sobreviveram por cinco anos (IBGE, 2015). Portanto, um terço das empresas com mais de 10 empregados teve suas atividades encerradas.

Estratégia é um tema de administração e negócios que tem suas origens tanto na área militar quanto na percepção de que, para sobreviverem em mercados competitivos, as empresas devem considerar que cada concorrente tomará decisões para fortalecer e aumentar sua participação nesse mercado. Por mais que existam teorias, práticas e estudos sobre os dilemas da cooperação e competição entre empresas, conforme Gnyawali e colaboradores (2016) e Nalebuff e Brandenburger (1996), sabemos que a prática dominante é a de competição acirrada.

Por que, dentro de um mesmo setor, certas empresas apresentam lucratividade acima da média da indústria? As estratégias das empresas vão se refletir nos seus próprios resultados, na sua performance ao longo do tempo. Segundo Hill, Schiling e Jones (2017), uma estratégia pode ser definida como um conjunto específico de decisões e ações realizadas pela alta administração, também denominada cúpula estratégica da empresa, em um ambiente de informações limitadas.

O assunto estratégia organizacional começou a ser considerado e estudado a partir da década de 1940, sendo o livro *As funções do executivo*, de Chester Barnard, um marco no assunto. Segundo Mahoney (2002), a obra de Barnard constitui a principal contribuição intelectual para a teoria organizacional e econômica já escrita por um gerente. Logo em seguida, Peter Drucker, considerado pela revista *Business Week* como "*the man who created management*", lançou seus primeiros livros sobre estudos estratégicos. Atribui-se a Drucker a visão de que o objetivo das organizações é servir aos clientes e, assim, aumentar sua sobrevivência no longo prazo (Byrne, 2005; Cohen, 2013). No ambiente competitivo, é pouco efetiva a organização que apresenta um resultado positivo significativo, ou seja, um lucro alto, mas que não se mantém com o passar do tempo. As questões ligadas à sobrevivência e ao desempenho das empresas, na forma de um conjunto de decisões e ações, formam a gestão estratégica.

Nas décadas seguintes, os estudos sobre estratégia seguem em diferentes caminhos. Surge a "visão baseada em recursos", que explica o crescimento das empresas com base nos recursos disponíveis e na estrutura de gestão usada para coordenar o uso desses recursos (Kretzer e Menezes, 2006). Nos anos 1980, aparecem os estudos de Porter, com o modelo das cinco forças que atuam na indústria e as estratégias competitivas genéricas.

A matriz de classificação de Igor Ansoff (1984), também denominada matriz produto/mercado, é usada para identificar e classificar oportunidades de crescimento e criação de estratégias competitivas, e está apresentada na figura 6. São quatro estratégias previstas, sendo que para cada uma delas serão necessários projetos, sejam os ligados à criação ou desenvolvimento do mercado, sejam aqueles ligados ao desenvolvimento ou aprimoramento de produtos.

Para que a estratégia escolhida afete de forma positiva o desempenho da empresa, é necessário que os projetos selecionados sejam efetivamente realizados. Também é fundamental que a execução da estratégia seja acompanhada e monitorada, o que nem sempre acontece, pois, segundo pesquisa de Mankins e Steele (2005), apenas cerca de 60% das estratégias pretendidas nas empresas são efetivamente realizadas, e nem sempre as empresas comparam regularmente o desempenho com seus objetivos estratégicos.

Figura 6
Matriz de classificação de Ansoff

		Produtos	
Segmentos de mercado		Existentes	Novos
	Existentes	Penetração no mercado	Desenvolvimento de produtos
	Novos	Desenvolvimento do mercado	Diversificação de produtos

Fonte: adaptada de Hill, Schiling e Jones (2017).

A literatura de estratégia e de novos negócios ressalta a importância do plano de negócios (*business case*) como elemento fundamental para apoio à decisão de investimento. Um bom plano de negócios não é garantia total de que a nova empresa sobreviverá, mas apresenta análises, simulações e projeções de fluxo de caixa da empresa para diferentes cenários. O plano de negócios também descreve as estratégicas competitivas para obtenção e crescimento do mercado. Seguem alguns exemplos de ações estratégicas:

- buscar segmentos com taxas de crescimento acima da média, nos quais a base de clientes está em expansão;
- lançar produtos com diferencial competitivo perante a concorrência, como nova tecnologia, novo *design* ou assistência pós-venda diferenciada;
- utilizar uma estratégia de preço baixo, por meio de automação industrial que possibilita redução de custos, buscando penetração em novos segmentos de mercado.

Vencidas as dificuldades iniciais, muitas empresas se estabelecem e obtêm participações sólidas em seus setores de atuação, passando a integrar o conjunto de concorrentes estabelecidos. Para cada setor, existirão forças de diferentes intensidades entre os concorrentes. O chamado grau ou intensidade de concorrência é uma das cinco forças do modelo estratégico de Michael Porter (1990).

Cada mudança nos itens aqui discutidos provavelmente irá levar à necessidade de novos produtos, novos mercados, novos processos de trabalho, novas tecnologias, entre outras possibilidades. Para cada mudança, um novo projeto.

Existem diferentes entendimentos e visões do tema estratégia empresarial. Mintzberg (2010) apresenta um extenso estudo sobre o tema, e classificou a produção acadêmica de estratégias em 10 escolas ou linhas de pensamento, sintetizadas no quadro 3. Na sua relação com o gerenciamento de projetos, a estratégia é vista como um processo formal e analítico, alinhado à análise de mercado, dentro das abordagens prescritivas mencionadas no quadro 3. Estratégia é, então, uma decisão da empresa, baseada no entendimento de que o objetivo da empresa é a sobrevivência no longo prazo. Para escolher qual direção seguir, a empresa precisa, inicialmente, saber onde está, ou seja, qual é a situação atual da organização. O princípio da escassez de recursos é o pilar dos estudos e teorias da economia, pois tanto nas empresas privadas quanto nas organizações públicas os recursos para gasto em projetos são limitados. Portanto, a decisão estratégica deve levar em consideração a otimização dos recursos disponíveis e o alinhamento das ações em direção a uma situação futura identificada e exequível.

Quadro 3
Escolas do pensamento estratégico

Natureza	Escola	Processo estratégico como
Prescritiva	1. *Design* 2. Planejamento 3. Posicionamento	Concepção Formalização Análise mercadológica
Descritiva explicativa	4. Empreendedora 5. Cognitiva 6. De aprendizado 7. Do poder 8. Cultural 9. Ambiental	Visão Mentalização Conhecimento emergente Negociação Processo coletivo Reação e adaptação
Integrativa	10. Da configuração	Transformação

Fonte: adaptado de Mintzberg (2010).

O primeiro passo é a apresentação da situação atual da empresa por meio dos indicadores de desempenho, também denominados *key performance indicators* ou KPIs (Slack et al., 2013; Parmenter, 2015). A literatura sobre o assunto é vasta, bem como os critérios de categorização. Vale ressaltar também que um KPI não fornece informações suficientes para uma análise completa, pois a organização deve considerar os valores históricos de cada indicador, a fim de verificar sua evolução ao longo do tempo.

Além disso, deve-se também estimar os valores desejados, os quais, para serem atingidos, irão nortear as iniciativas estratégicas e, por consequência, os novos projetos. Existem diferentes classificações de categorias de indicadores; aqui vamos separá-los em quatro tipos: financeira, de capacidade, de competitividade e de qualidade, conforme o quadro 4.

Quadro 4
Indicadores de desempenho e respectivas categorias

Indicador	Categoria	Descrição
Faturamento	1	Receita bruta de todas as vendas no exercício.
Lucro líquido	1	Diferença entre receitas totais e despesas totais.
Endividamento	1	Participação de capital de terceiros.
Capacidade instalada	2	Potencial total de produção ou de prestação de serviço.
Linha de produtos	2	Extensão da linha de produtos ou serviços oferecidos.
Abrangência geográfica	2	Locais onde a empresa atua.
Colaboradores	2	Quantidade de mão de obra direta.
Rede de distribuição	2	Porte, abrangência e parcerias nas redes de distribuição.
Participação no mercado	3	Fatia do mercado em que a empresa atua – *market share*.
Satisfação dos clientes	3	Medida da satisfação dos clientes atuais e potenciais.
Consciência de marca	3	Medida da lembrança da marca pelos consumidores – *brand recall*.
Índice de reclamações	4	Quantidade de reclamações de clientes num dado período.
Índice de defeitos	4	Quantidade de itens rejeitados após manufatura.
Satisfação dos colaboradores	4	Resultado da pesquisa interna de satisfação.

A partir daí, a empresa inicia seu processo decisório estratégico. Qual a direção que a cúpula deseja que a empresa siga? A análise dos KPIs e as próprias informações financeiras permitirão a obtenção de uma informação fundamental: qual a disponibilidade de recursos para novos projetos? Surge a decisão de como financiar as iniciativas estratégicas: por meio de financiamento externo, de agências de fomento, com a abertura ou aumento do capital aberto, por meio de recursos próprios ou mesmo a partir da desmobilização de ativos já existentes.

Na linha da última opção, temos o exemplo do Museu de Arte Moderna do Rio de Janeiro, o MAM, uma instituição privada sem fins lucrativos com altas despesas de custeio (Gobbi, 2018). Em março de 2018, o presidente do MAM anunciou a decisão de vender uma de suas obras, a tela "nº 16", de Jackson Pollock, avaliada em US$ 25 milhões. A escolha se justifica, pois a tela não se enquadra nas coleções de arte brasileira moderna e contemporânea, que é a orientação estratégica para formação do acervo do museu.

Os indicadores financeiros representam o resultado, a consequência de um planejamento estratégico vitorioso. Para tal, os outros três conjuntos de indicadores serão a base para as decisões estratégias, cujos resultados irão se refletir no resultado financeiro.

Os indicadores de capacidade refletem a infraestrutura disponível, em termos de equipamentos, linhas de produção, pessoas, abrangência geográfica e redes de distribuição da empresa. O número de salas de aula e de professores em uma universidade, a disponibilidade de assentos em voos comerciais e a quantidade de destinos atendidos em uma empresa de transportes aéreos, a quantidade de fábricas e respectivas linhas de produtos em uma empresa do setor farmacêutico são exemplos de indicadores de capacidade.

Os projetos que visam aumentar a capacidade das empresas são, geralmente, realizados após decisões de expansão dos negócios, nos quais as estimativas de crescimento do mercado e movimentação dos concorrentes devem ser consideradas. A crise econômica que se instalou no Brasil a partir de 2013 gerou decorrências para os três setores mencionados. A redução de matrículas no ensino superior gerou uma onda de fusões e aquisições, e algumas escolas desativaram unidades, dado o excesso de oferta no setor. Empresas aéreas devolveram aviões ou simplesmente adiaram entregas, como a LATAM, que havia contratado a aquisição de 27 novos *airbus* A-350 no ano de 2009, quando havia previsão de crescimento da economia em 4% ao ano. Com a retração do mercado, a empresa decidiu postergar as entregas e repassar os novos aviões para empresas estrangeiras (Martins, 2016). Na indústria farmacêutica, empresas que trabalhavam com três turnos reduziram para dois, dispensando uma quantidade significativa de colaboradores.

O terceiro conjunto é formado pelos indicadores de competitividade, que mostram o desempenho e o posicionamento relativo da empresa no setor em que atua. Qual é o nível de consciência e lembrança da marca pelos consumidores? Qual é a participação no mercado? Como tem evoluído a participação? A empresa já foi líder no passado e hoje está na disputa pelo terceiro lugar? Por exemplo, em um estudo sobre o setor vinícola, Sarturi et al. (2016) mencionam que o *market share* dos vinhos brasileiros no mercado doméstico tem sido reduzido para os concorrentes chilenos, mesmo nos segmentos de vinhos de baixo ou médio custo.

Projetos com o objetivo de aumentar a competitividade podem incluir investimento em novas tecnologias de produto ou serviço; desenvolvimento, recuperação ou mesmo criação de marcas; extensão da linha de produtos, reposicionamento estratégico de produtos ou serviços; campanhas de marketing que associem a marca a ações sociais, culturais ou esportivas, entre outros.

Concluindo, o último conjunto é o dos indicadores de qualidade, a qual se reflete tanto na estrutura interna da organização quanto nas suas relações externas, com os clientes e o mercado. Empresas de manufatura normalmente possuem sistemas formais de gestão da qualidade no conjunto de seus processos de gestão, mas, na prática, como os clientes têm se relacionado com a qualidade? Como é o suporte pós-venda? A organização possui um setor de ouvidoria disponível para o público? Projetos que visam melhorar a qualidade das empresas tiveram grande crescimento nas décadas de 1980 e 1990, em parte decorrente da introdução de técnicas japonesas (qualidade total, *kanban*, *lean*), como veremos mais à frente, mas também pela disseminação das metodologias de qualidade total por meio da família de normas ISO 9000.

Um plano estratégico visa detalhar os objetivos a serem alcançados, estimando prazos e custos, e representando a direção na qual a cúpula estratégica da empresa quer conduzir a organização. Seguem alguns exemplos, todos eles levando a novos projetos:

- investir na capacitação de pessoas, com projetos de seleção, formação, treinamento e redução de índices de absenteísmo e *turnover*. Trata-se de uma busca de melhoria na qualidade por meio da excelência da mão de obra;
- investir na capacidade de produção, por meio da aquisição de bens de capital que possibilitem aumento da capacidade instalada, além da intensificação da automação industrial e do uso de tecnologias limpas e sustentáveis;
- investir no desenvolvimento de novas linhas de produtos inovadores como estratégia para aumentar a fatia de mercado e gerar novos desejos no mercado consumidor.

Portanto, a operacionalização de uma estratégia se executa por meio de um portfólio de projetos de mudança organizacional, pois os projetos irão gerar alterações na estrutura e nos processos da empresa. Para atingir novos mercados, o desenho organizacional, ou seja, o organograma deverá ser alterado.

A figura 7 ilustra, a partir dos atributos estratégicos da organização, a transposição de estratégia em projetos. A estratégia do negócio parte dos atributos competitivos da organização, a partir dos quais surge o processo mediador, no qual a empresa formaliza seu plano estratégico, que se desdobra no portfólio de projetos. A execução da estratégia se consubstancia na condução dos projetos, para os quais os elementos se integram: estratégia, a própria organização, os processos de operações e de projetos, as ferramentas de gestão e a cultura organizacional.

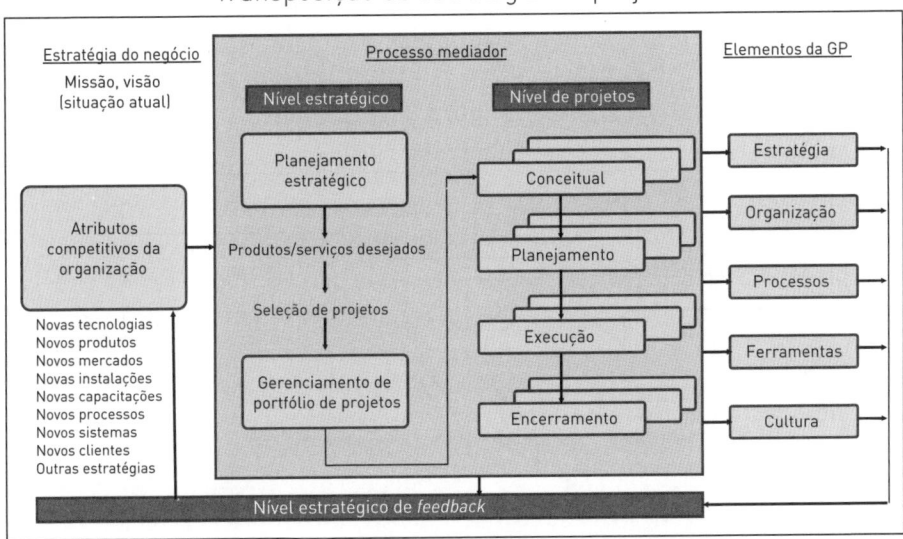

Figura 7
Transposição de estratégia em projetos

E as estratégias passadas? Em qualquer momento, as organizações são resultados de ações e decisões estratégicas do passado, as quais contribuíram para definir um padrão. Nessa linha, surgem afirmativas do tipo: "A empresa ACME possui uma estratégia de diferenciação", ou "O Grupo XPTO cresceu devido à estratégia de aquisições de concorrentes", ou mesmo "As empresas ABCD são conhecidas pela estratégia de atendimento diferenciado para grandes clientes".

O reconhecimento, por parte do mercado, do posicionamento estratégico é um dos melhores indicadores de sucesso. A posição deve ser continuamente reforçada por meio do portfólio de projetos e também por um sistema de comunicação eficaz. No entanto, em determinados momentos as organizações são surpreendidas por mudanças ambientais, que podem ocorrer no campo das tecnologias, no surgimento de novos concorrentes, na mudança da legislação, entre outros fatores.

Com relação à formação da estratégia, o debate se dá entre estratégias pretendidas, deliberadas, não realizadas, emergentes e realizadas. Mintzberg (2010) afirma que às estratégias advindas de um planejamento formal se somam as "estratégias emergentes", ou seja, aquelas que vão sendo criadas sem uma justificativa ou estudo prévio. O resultado final inclui a parcela das estratégias pretendidas que foram efetivamente implementadas (as estratégias realizadas) e as estratégias emergentes, acrescidas ao longo do percurso, conforme a figura 8. Nem tudo que for decidido será efetivamente implementado; portanto restarão algumas "estratégias não realizadas", na forma de projetos interrompidos ou sequer iniciados.

Figura 8
Tipos de estratégias

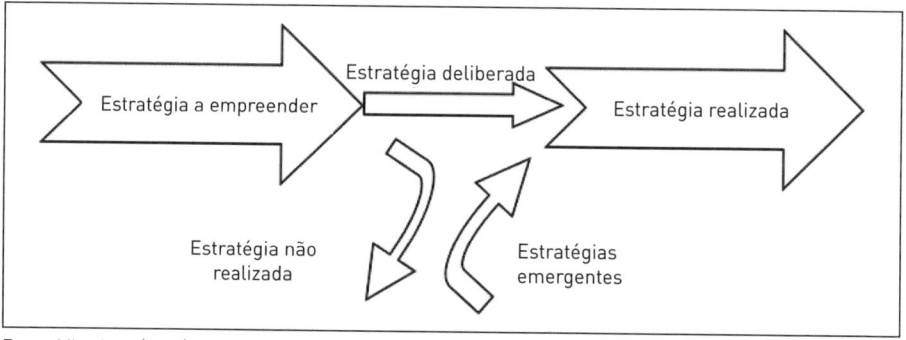

Fonte: Mintzberg (2010).

Já a figura 9 apresenta a visão de Loch e Kavadias (2012) a respeito das relações entre estratégias e projetos, em uma aplicação dos conceitos de ecologia organizacional. Eles analisam a evolução da implementação das estratégias organizacionais por meio de projetos, em dois níveis – nível organizacional e nível dos projetos –, sendo que cada um deles é composto por três estágios evolutivos descritos na ecologia organizacional: variação, seleção e retenção. O ciclo operacional atua no nível do gerente de projetos, por meio da criação de novas soluções para os problemas da organização a partir das ideias surgidas dentro dos diferentes setores e áreas de conhecimento.

CONCEITOS E DEFINIÇÕES

Figura 9
Visão evolucionária dos projetos em dois níveis

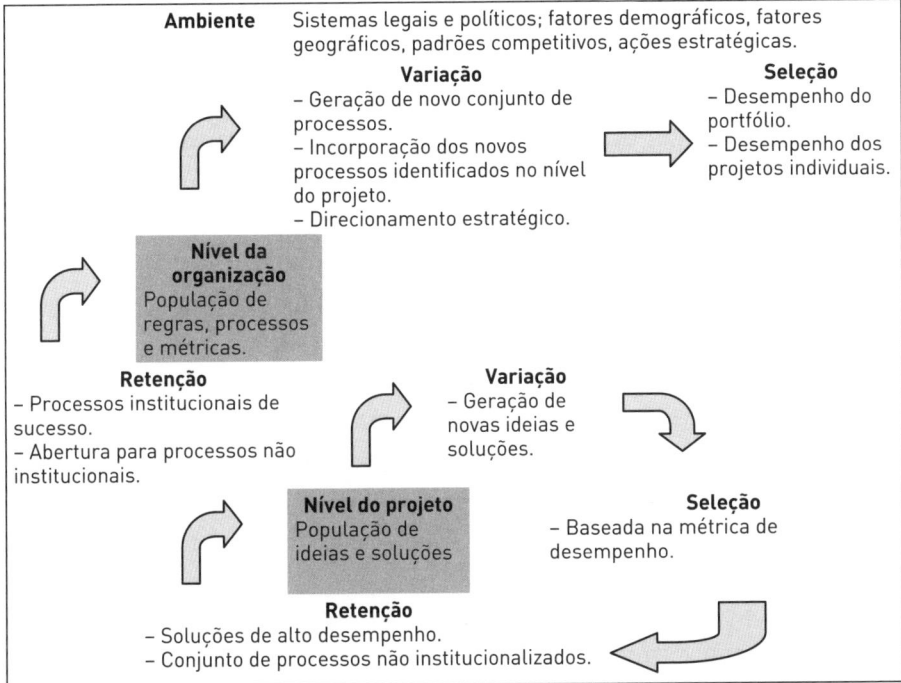

Ambiente	Sistemas legais e políticos; fatores demográficos, fatores geográficos, padrões competitivos, ações estratégicas.
Variação	**Seleção**
– Geração de novo conjunto de processos. – Incorporação dos novos processos identificados no nível do projeto. – Direcionamento estratégico.	– Desempenho do portfólio. – Desempenho dos projetos individuais.
Nível da organização População de regras, processos e métricas.	
Retenção	**Variação**
– Processos institucionais de sucesso. – Abertura para processos não institucionais.	– Geração de novas ideias e soluções.
Nível do projeto População de ideias e soluções	**Seleção** – Baseada na métrica de desempenho.
Retenção	
– Soluções de alto desempenho. – Conjunto de processos não institucionalizados.	

Fonte: adaptada de Loch e Cavadias (2012).

Seria um processo de baixo para cima, que acompanha a sequência usual de geração de ideias, seleção, e retenção dos resultados de sucesso por meio de artefatos, protótipos ou novas tecnologias. No nível da cúpula, encontram-se os processos e rotinas institucionalizados que refletem o modo pelo qual a organização opera. Nesse patamar, os processos podem tanto surgir internamente quanto por similaridade com práticas de mercado. Os dois níveis de evolução interagem: práticas de gestão dos projetos podem influenciar o nível organizacional por meio da institucionalização de processos e estratégias de sucesso.

Governança de projetos, programas e portfólio

O conceito de governança vem ao encontro da busca da sustentabilidade e perenidade de uma organização dentro de um contexto ético e socialmente responsável, segundo as boas práticas da gestão. O objetivo é o resguardo dos interesses de todos os *stakeholders*, incluindo a sociedade e o meio ambiente. A definição de governança corporativa compreende os processos relacionados ao poder de controle de uma organização, no que tange às normas, leis, políticas, processos, costumes, e relações desses com as partes interessadas (Barcaui, 2017).

No caso da governança aplicada à gerência de projetos, programas e portfólio, o propósito é o mesmo, visto que a adoção de boas práticas de governança não só facilita a transparência na gestão como também aumenta suas chances de sucesso. Compreende as estruturas de decisão, no sentido do entendimento de quem são os responsáveis ou árbitros relativos às decisões tomadas, qual a estrutura organizacional enredada e quais os processos que suportam suas deliberações.

Governança corporativa é tema recente no campo de estudos de administração e gestão, tendo surgido com essa denominação a partir da década de 1990. Sua origem teórica remonta aos conceitos da teoria da agência, a qual analisa as relações entre os participantes de uma relação com dois elementos: o principal e o agente. Posner (2000) a define como um relacionamento no qual um elemento (principal) é beneficiado quando outro elemento (agente) desempenha uma tarefa para o primeiro. Como se trata de pessoas ou grupos distintos, é usual que existam divergências de interesses.

Segundo Müller (2016), os conceitos de governança têm origem na filosofia neoliberal de Michel Foucalt (1926-1984), na qual os indivíduos não são tutelados diretamente pelo Estado, mas sim por forças sutis da sociedade. Governança busca, então, um código de conduta, e a governança organizacional é uma forma de autorregulação em que o regulador é parte do sistema sob regulação.

As estruturas de governança se solidificaram a partir da constatação, por acionistas de grandes corporações dos Estados Unidos, de que havia necessidade de novos mecanismos de controle que os protegessem contra eventuais abusos das cúpulas estratégicas das empresas, da passividade de muitos conselhos de administração e, principalmente, dos conflitos e omissões por parte de auditorias externas. Muitas corporações estavam usando práticas e decisões de gestão que não visavam à maximização do valor para o acionista. Ou seja, foi uma constatação do desequilíbrio de informações entre o principal, no caso desde os investidores de grande porte até os acionistas minoritários, e os agentes, os gestores na alta administração das corporações. O caso que tornou esse problema de conhecimento do grande público foi o da Enron Corporation, uma empresa de energia que era mencionada como um exemplo de empresa inovadora, audaciosa, repleta de projetos de sucesso (Li, 2010). Após manipular balanços, esconder dívidas e realizar fraudes em conivência com empresas de auditoria externa, a descoberta do caso afetou os mercados no mundo inteiro, tendo ocasionado quebra nas bolsas de valores. Tanto a Enron quanto as empresas de auditoria que lhe prestavam serviço e os bancos envolvidos foram objeto de investigações, as quais contribuíram para a criação da Lei Sarbanes-Oxley, em 2002, conforme DeFond e Francis (2005).

É nesse contexto que a governança corporativa surge, a fim de resolver ou minimizar conflitos de interesses entre acionistas, administradores, controladores, governo e auditores. Para resolver questões como profissionalização da gestão e separação entre propriedade e gestão, aprovação, registro e documentação das decisões de investimentos e suas implicações na estrutura e no mercado. O termo está associado a vocábulos diferentes e complementares, como governo, gestão e controle, e pressupõe a criação e manutenção de uma estrutura organizacional que permita um processo decisório com ações gerenciais baseadas na ética e na transparência. No Brasil, o antigo Instituto Brasileiro de Conselheiros de Administração se transformou e passou a ser denominado Instituto Brasileiro de Governança Corporativa (IBGC), assumindo a responsabilidade de elaborar o código brasileiro das melhores práticas de governança corporativa. Do próprio IBGC temos a definição de governança corporativa:

> Governança corporativa é o sistema pelo qual as empresas e demais organizações são dirigidas, monitoradas e incentivadas, envolvendo os relacionamentos entre sócios, conselho de administração, diretoria, órgãos de fiscalização e controle e demais partes interessadas [IBGC, s.d.].

As boas práticas de governança corporativa convertem princípios básicos em recomendações objetivas, alinhando interesses com a finalidade de preservar e otimizar o valor econômico de longo prazo, facilitando seu acesso a recursos e contribuindo para a qualidade da gestão da organização, sua longevidade e o bem comum. A governança se baseia em quatro conceitos: transparência (*disclosure*), equidade (*fairness*), prestação de contas (*accountability*) e conformidade com a legislação e práticas éticas (*compliance*) (IBGC, s.d.). Steinberg (2003) ressalta que o termo "governança" busca dar aos grandes investidores e acionistas minoritários uma percepção do acompanhamento da gestão e, consequentemente, das decisões da empresa. Too e Weaver (2014) apresentam um modelo de governança corporativa, conforme a figura 10.

Figura 10
Diagrama de governança

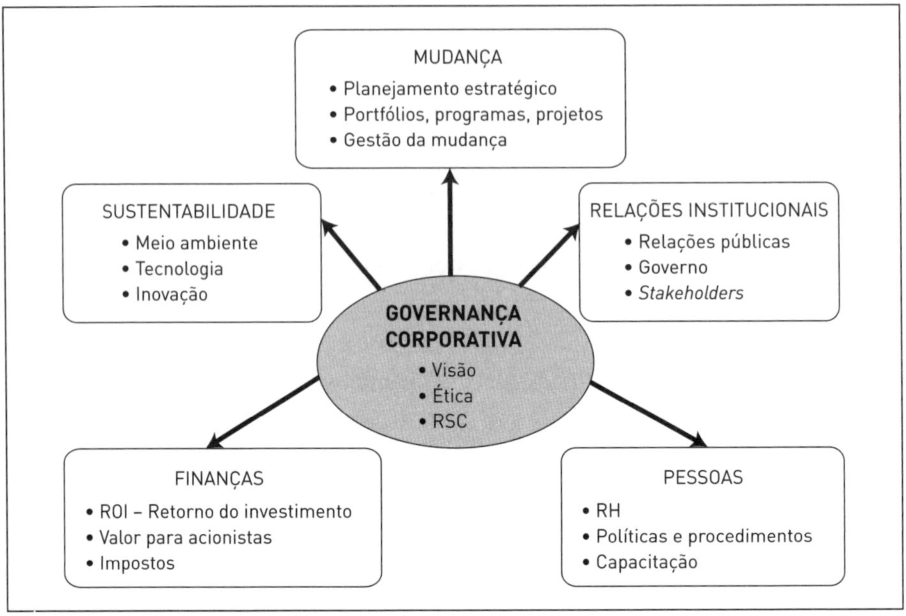

```
                    MUDANÇA
                • Planejamento estratégico
                • Portfólios, programas, projetos
                • Gestão da mudança

SUSTENTABILIDADE                          RELAÇÕES INSTITUCIONAIS
• Meio ambiente                           • Relações públicas
• Tecnologia                              • Governo
• Inovação                                • Stakeholders
                    GOVERNANÇA
                    CORPORATIVA
                    • Visão
                    • Ética
                    • RSC

    FINANÇAS                                  PESSOAS
• ROI – Retorno do investimento           • RH
• Valor para acionistas                   • Políticas e procedimentos
• Impostos                                • Capacitação
```

Fonte: adaptada de Too e Weaver (2014).

No centro encontram-se os princípios fundamentais da organização, como visão, ética e responsabilidade social. A partir deles, surgem cinco vertentes da governança, que, segundo os próprios autores, não devem operar isoladas, pois uma falha de governança em uma delas irá afetar toda a organização. Eles exemplificam com uma situação hipotética, na qual uma empresa conduz demissões sem atender aos preceitos legais e éticos. Tal ação pode vir a afetar a imagem da organização, com consequências até na sua participação de mercado, por exemplo, a queda abrupta de reputação e do valor da rede social Facebook, no caso das *fake news*, que levou a uma perda de US$ 40 bilhões em alguns dias (Jay, 2018). Sendo assim, a governança se inicia pelas relações institucionais com o mercado financeiro, governo, comunidades locais e outros *stakeholders* relevantes.

Em seguida, surge a estrutura de governança da mudança, com o planejamento estratégico, portfólios, programas, projetos, seus impactos na estrutura, nos processos e nos benefícios alcançados. A governança das pessoas inclui condições de trabalho, planos de cargos, motivação, liderança, segurança, capacitação e políticas de igualdade e inclusão. A governança financeira inclui o valor para os acionistas, o retorno sobre o investimento, auditorias, balanços, além de uma política ética nas questões de impostos e taxas. Concluindo, a governança de viabilidade e sustentabilidade se preocupa com inovação, desenvolvimento e aplicação de tecnologias adequadas e sustentáveis, seus efeitos no ambiente, ações de logística reversa, entre outras. É fundamental lembrar que estruturas e processos de governança são os mecanismos para se atingir os resultados, mas eles sozinhos não asseguram uma governança (Too e Weaver, 2014).

E quanto à governança de projetos? Segundo Müller (2016), ela é responsabilidade da cúpula estratégica, sendo iniciada pela definição e estabelecimento de metas para os projetos, programas e portfólios da organização, a fim de que seus objetivos estratégicos sejam atingidos. Para tal, são necessárias duas definições subsequentes: primeiro definir o modelo pelo qual os projetos, programas e portfólios serão administrados, incluindo os meios de priorizar recursos escassos entre projetos que por eles competem. Isso seria a governança de projetos. Em segundo lugar, desenvolver competências de gestão corporativa de projetos para que programas e portfólios possam ser conduzidos com sucesso, incluindo o possível estabelecimento de escritórios de gerenciamento de projetos. Isso constituiria a governança do gerenciamento de projetos. Concluindo, deve-se controlar o progresso na implantação desses processos e tomar ações corretivas em caso de desvio do plano.

Too e Weaver (2014) estudaram esse tipo de governança a partir de um diagrama hierárquico que parte da governança corporativa até a governança de projetos em si, representado na figura 11.

O conselho de gestão e a cúpula estratégica definem a estratégia da empresa, na realidade um plano estratégico, o qual será realizado com base na estrutura de governança de projetos em vigor. Com o aumento da frequência e da importância dos projetos, começaram a surgir, na década de 1990, os escritórios de projetos, conforme veremos em detalhe mais à frente, que passaram a ter, entre o leque de possibilidades de suas funções, a manutenção, o acompanhamento, a assessoria e o controle dos projetos no nível operacional. Os escritórios foram e são partes das estruturas de governança. Nesse ponto, tanto a literatura acadêmica quanto a prática de gerenciamento reconhecem a importância de uma gestão estruturada dos múltiplos projetos como parte fundamental do alinhamento da gestão do portfólio com a estratégia corporativa. Os escritórios têm participação na estrutura de governança de projetos, tanto no auxílio à definição dos processos de governança e seleção do portfólio quanto na relação com patrocinadores e no acompanhamento dos programas e projetos selecionados.

Figura 11
Governança de projetos

[Figura: Diagrama de governança de projetos, adaptado de Too e Weaver (2014). Mostra níveis: Conselho de Gestão (Governança Corporativa), Cúpula Estratégica (Estratégia), Gerência Sênior (Governança de Projetos), Gestão de Projetos e Programas (EGP estratégico, Processos, Patrocinadores, Seleção do portfólio, Programas selecionados, Projetos selecionados). À direita, chaves indicam Governança, Gestão e Projetos.]

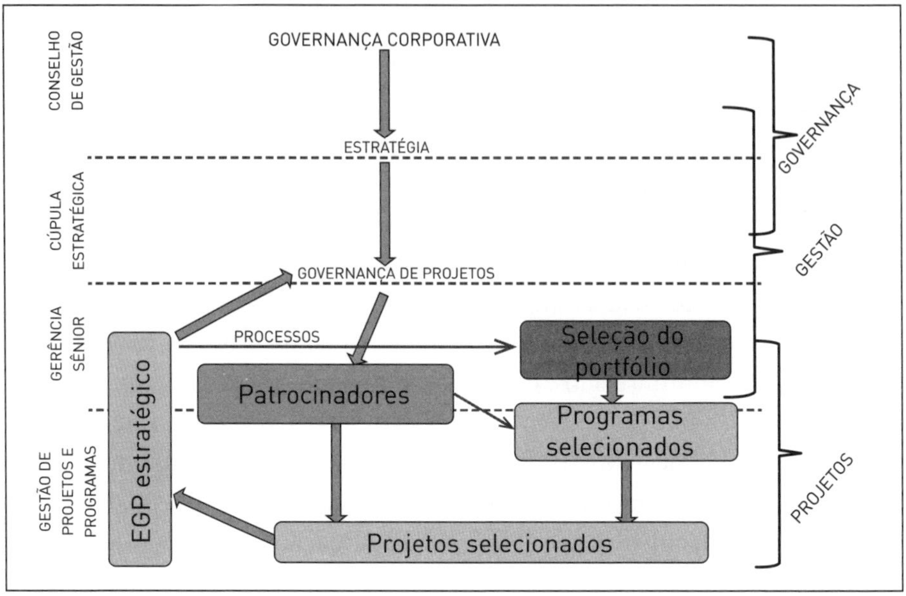

Fonte: adaptada de Too e Weaver (2014).

O quadro 5 apresenta alguns dos documentos de referência utilizados em gerenciamento de portfólio, sendo que três deles foram concebidos em instituições já descritas. O Standard DIN 69909 foi publicado pelo Deutsches Institut für Normung, a organização alemã associada à ISO que atua na padronização de certificação de processos, incluídos os processos de governança de projetos. Em comum, os quatro documentos fornecem para as empresas a terminologia e as etapas para operação e gestão de um sistema de governança de projetos.

Uma boa governança de projetos vai atuar também para que sejam implantadas ferramentas de *compliance*. Segundo Assi (2013), *compliance* é a ferramenta de governança corporativa de sistemas, processos, regras e procedimentos para gerenciar uma organização, estando aí incluída a gestão dos projetos, programas e portfólio. Sua tradução para a língua portuguesa é "conformidade", mas o termo em inglês está disseminado em nosso ambiente de negócios. Estar em conformidade pressupõe o atendimento à legislação, em todos os seus aspectos, tais como contábeis, fiscais, trabalhistas, ambientais e jurídicos. Antes disso, a organização deve buscar conformidade nos seus processos internos por meio de um documento ou código de ética.

CONCEITOS E DEFINIÇÕES

Quadro 5
Documentos de referência para gerenciamento de portfólio

Nome	Organismo	Descrição
Standard 69909 multi-project management: management of project portfolios, programs and projects (DIN, 2015)	Deutsches Institut für Normung (DIN)	Documento de referência para gestão de múltiplos projetos, com descrição dos elementos e processos envolvidos.
MoP – Management of portfolios: an executive guide to portfolio management (OGC, 2012)	Office of Government Commerce (OGC)	Expande o conceito de portfólio e inclui mudança organizacional e gestão de benefícios.
Governance of portfolios, programs, and projects: a practice guide (PMI, 2013)	Project Management Institute (PMI)	Guia prático para padrões de governança de projetos, programas e portfólios.
Direction change: A guide to governance of project management (APM, 2011)	Association for Project Management (APM)	Escrito para influenciar diretores a adotar práticas de governança de programas e projetos, provendo alinhamento entre as partes.

Assi (2013) apresenta uma lista inicial de temas a serem cobertos pelo código de ética em uma organização que busque vencer os desafios da gestão de *compliance*, que estão apresentados no quadro 6.

Quadro 6
Assuntos de um código de ética

Acesso às redes sociais	Direito à privacidade	Propinas
Assédio sexual	Doações	Recebimento de presentes
Atividades políticas	Informações privilegiadas	Relação com a comunidade
Confidencialidade pessoal	Meio ambiente	Segurança no trabalho
Conflito de interesses	Nepotismo	Trabalho infantil
Discriminação de oportunidades	Pagamentos impróprios	Uso de álcool e drogas

Fonte: adaptado de Assi (2013).

A seguir, apresentamos um modelo de alinhamento estratégico do gerenciamento do portfólio de projetos, adaptado de Tavares (2015), com os elementos representados na figura 12.

A partir do planejamento estratégico, a empresa irá seguir um direcionamento, o qual se desdobra no gerenciamento do portfólio (GPP) e no gerenciamento individual de cada projeto (GPI). Para que o alinhamento estratégico seja efetivo, são necessários três elementos adicionais: o alinhamento organizacional, o gerenciamento de riscos e a formalização do processo. No gerenciamento individual dos projetos, são previstos elementos de decisão (*gates*, representados na figura como G1, G2 e G3) nos quais os resultados são avaliados e as decisões de seguir ou não com os projetos devem ser tomadas.

Figura 12
Alinhamento estratégico do portfólio de projetos

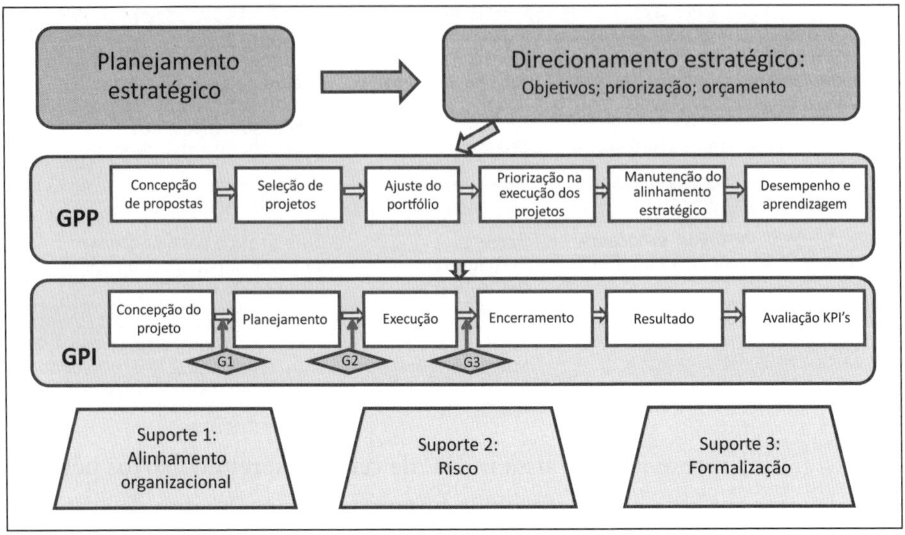

| Planejamento estratégico | ⟹ | Direcionamento estratégico: Objetivos; priorização; orçamento |

GPP: Concepção de propostas → Seleção de projetos → Ajuste do portfólio → Priorização na execução dos projetos → Manutenção do alinhamento estratégico → Desempenho e aprendizagem

GPI: Concepção do projeto → Planejamento →(G1) Execução →(G2) Encerramento (G3) → Resultado → Avaliação KPI's

Suporte 1: Alinhamento organizacional | Suporte 2: Risco | Suporte 3: Formalização

Fonte: adaptada de Tavares (2015).

O início do ciclo ocorre no direcionamento estratégico, o qual normalmente tem periodicidade anual. Como a estratégia deliberada se expressa como um conjunto de intenções de mudança, inicialmente deve-se desdobrar as estratégias geradas no planejamento em objetivos estratégicos, com participação das lideranças de todos os níveis da organização, incluindo os gerentes de projeto e de portfólio. Esse desdobramento inclui o estabelecimento de uma sequência de priorização dos objetivos estratégicos. Deve ser definido o limite orçamentário, com limites de competência e fluxo de aprovação do portfólio e dos projetos, com visão de longo prazo e detalhamento do ano subsequente. Assim, pode-se aprovar o portfólio para execução no ano subsequente, o qual poderá ser composto de projetos anuais e plurianuais. Ainda caberá a definição das categorias de investimentos com base nos objetivos estratégicos.

Nesse momento, cabe uma indagação importante. Como estamos tratando do alinhamento entre planejamento estratégico e gerenciamento de projetos, programas e portfólios, como tratar os projetos não estratégicos? Para tal é necessário definir o que seriam projetos "não estratégicos". Em princípio, pode-se subdividi-los em duas subcategorias: projetos em oposição às estratégias deliberadas e outros projetos. Vamos a um exemplo: uma organização do setor alimentício, após extensa pesquisa de mercado, toma uma decisão estratégica de ampliar sua linha de alimentos congelados prontos para o consumo. A pesquisa de mercado confirmou que os consumidores desejam mais opções de alimentos congelados prontos, no estilo refeição completa. Para tal, foi definido um portfólio, composto de programas e projetos que incluem a criação de uma nova fábrica. Caso, no mesmo período, a empresa resolva também criar projetos para expansão das fábricas de outras linhas, por exemplo, produtos embutidos de carne, este será um projeto contrário ao alinhamento estratégico. Algumas vezes essa disfunção acontece por decisões questionáveis da própria cúpula estratégica. Por outro lado, a empresa terá outros projetos, como alterações nas embalagens para atender às exigências da Anvisa (Agência Nacional de Vigilância Sanitária), a organização da comemoração de final de ano, a renovação da frota de caminhões, entre outros. Na realidade os "outros" projetos visam manter ou atender às exigências de conformidade (*compliance*) da organização.

A operacionalização da estratégia se dará em duas dimensões: a do gerenciamento do portfólio do projeto (GPP) e a do gerenciamento dos projetos individuais (GPI). A estruturação do GPP inicia-se com a padronização de critérios e metodologias para comparação entre os projetos nas categorias. Esses critérios podem ser diferentes para classificações distintas.

Exemplificando: no mesmo plano estratégico de uma empresa da indústria química estão incluídos projetos de capacitação de recursos humanos, a serem iniciados com engenheiros químicos e técnicos industriais, e projetos de busca de novos clientes corporativos de grande porte, visando a uma expansão da linha de produtos. Tanto a capacitação de pessoal quanto a busca de novos clientes e mercados farão parte do portfólio, mas em categorias distintas. Nesse momento, devem ser incentivadas ideias de projetos aderentes aos objetivos estratégicos. Assim, caberá estabelecer um processo de seleção de projetos com participação multifuncional e com o gerente de portfólio auxiliando na seleção final. Devem também ser definidos os critérios e métodos de balanceamento do portfólio para seleção dos projetos e os critérios para a sequência ótima de execução dos projetos aprovados. Em paralelo, são delineados os indicadores de desempenho para o portfólio, considerando o avanço físico e financeiro, cabendo avaliar a possibilidade de uso do gerenciamento do valor agregado – ferramenta que veremos mais à frente.

Ao longo do ano, deve-se manter o alinhamento estratégico do portfólio por meio de verificações periódicas da aderência à estratégia. Mudanças no posicionamento dos concorrentes, na tecnologia, na legislação e na própria empresa fazem surgir estratégias emergentes que poderão demandar cancelamentos, prorrogações ou inclusões de novos projetos. O monitoramento e controle do portfólio com base nos indicadores de desempenho estabelecidos ainda será parte do GPP.

O GPI inicia-se pela definição do ciclo de vida dos projetos, em que serão incluídos eventos de decisão (*gates*) entre as fases, com base nas decisões técnicas e estratégicas. Cabe assegurar o alinhamento estratégico do projeto, após sua seleção, por meio da execução em *gates* decisórios. Os procedimentos de *compliance* podem prever a garantia da correlação do projeto com o objetivo estratégico vinculado, por meio de um documento que formalize como será feito. Com isso é possível definir os indicadores de desempenho como medida do atendimento ao objetivo estratégico proposto. De acordo com os procedimentos do escritório, os projetos individuais serão monitorados e controlados, e a organização deverá definir um processo para seu eventual cancelamento. Visando à melhoria contínua e ao aprimoramento dos processos de atendimento das conformidades, conclui-se com a formalização das análises críticas regulares para aprimoramento do GPI, especialmente para o alinhamento estratégico desse gerenciamento para realização das metas.

O processo prevê três elementos de suporte, sendo o primeiro deles o alinhamento organizacional para atendimento das necessidades do GPP. Para tal, os gerentes de projetos devem participar do desdobramento das estratégias em objetivos estratégicos. O alinhamento pressupõe a definição do posicionamento organizacional do gerente de portfólio na estrutura formal da organização. Os processos de gestão incluirão a coleta e disseminação das informações por todas as áreas envolvidas, com qualidade e nos prazos requeridos, necessárias para os processos da gerência de projetos, programas e do portfólio. Com as informações necessárias, poderão ser estabelecidas metas de desempenho compartilhadas e individuais associadas aos desempenhos dos projetos, dos programas e do portfólio. O alinhamento estratégico deve possibilitar a informalidade nas relações verticais e horizontais, de modo a acelerar o processo decisório, especialmente decisões que envolvem conflitos de prioridade na alocação de recursos.

O segundo elemento de suporte é o gerenciamento de riscos, tanto dos projetos individuais quanto de programas e portfólio, bem como a integração entre eles, para os riscos técnicos e para os riscos do atendimento pelo projeto do objetivo estratégico que busca suprir. Essa formalização contribui para uma cultura de identificação, prevenção e monitoramento dos riscos dos projetos, programas e portfólio, aumentando a transparência e a capacidade de enfrentamento do risco.

O último elemento de suporte é a formalização, que deve ocorrer no nível adequado à complexidade dos projetos, visando aumentar a qualidade da informação, da alocação de recursos e da cooperação cruzada entre projetos e programas, garantindo com isso o aumento do desempenho do portfólio e, consequentemente, de seu alinhamento estratégico.

Ciclo de vida de projetos

Conforme comentado, projetos possuem a peculiaridade da finitude. Dentro dessa limitação de tempo, não é incomum que sejam divididos e representados em fases, até porque fica muito mais fácil planejar e controlar cada fase em função de suas características e necessidades específicas. Uma fase, por sua vez, representa um conjunto de atividades relacionadas de maneira lógica, que resulta na conclusão de uma ou mais entregas. O ciclo de vida de um projeto representa essa série de fases pelas quais um projeto passa desde o início até seu fim.

Como os projetos apresentam características bem diferenciadas entre si, não é incomum que ostentem ciclos de vida díspares em função da organização, do segmento, da metodologia utilizada, ou de uma combinação desses fatores. Por essa razão, não existe um modelo único para representar todo e qualquer ciclo de vida de projeto. Seu número de fases, por exemplo, vai depender diretamente do tipo de projeto que estiver sendo empreendido. A criação de um novo automóvel pode levar três anos desde a concepção até ser lançado no mercado. Um aplicativo pode levar apenas algumas semanas e um medicamento, mais de 20 anos, de forma a incluir todos os testes necessários. Em resumo, cada contexto demanda um ciclo distinto e em conformidade com sua natureza.

Feita essa consideração, se formos pensar em um ciclo de vida genérico para representar as fases de um projeto em um nível macro, poderíamos imaginar cinco marcos importantes a serem considerados: (1) um momento de trabalho anterior ao projeto, (2) o início do projeto propriamente dito, (3) o planejamento detalhado, (4) a execução do projeto e (5) sua conclusão, conforme a figura 13.

O trabalho anterior ao projeto simboliza uma fase pregressa ao início propriamente dito do projeto, que pressupõe uma avaliação quanto às razões de empreendê-lo. Esse estudo leva à montagem de um plano de negócios ou *business case*, que deve conter a análise de viabilidade técnico-econômica-ambiental que sugere e ampara a decisão de investir (ou não) em determinado projeto. Além disso, pode gerar outro documento, informando os benefícios esperados e como estes estão alinhados com o planejamento estratégico, as métricas a serem utilizadas para sua medição e demais informações pertinentes para decisão de tocar o projeto.

Figura 13
Ciclo de vida genérico de um projeto

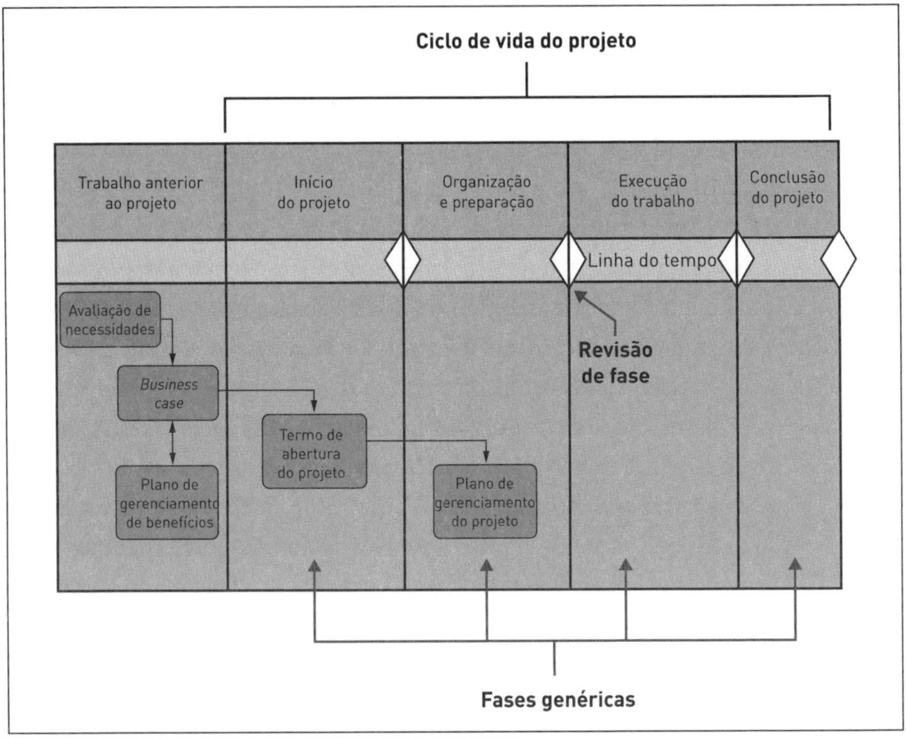

[Figura: Ciclo de vida do projeto, com as fases genéricas: Trabalho anterior ao projeto, Início do projeto, Organização e preparação, Execução do trabalho, Conclusão do projeto. Elementos: Avaliação de necessidades, Business case, Plano de gerenciamento de benefícios, Termo de abertura do projeto, Plano de gerenciamento do projeto, Revisão de fase, Linha do tempo.]

Fonte: PMI (2017a:30).

Uma vez tomada a decisão de seguir a frente com o projeto, inclusive na comparação com as demais possibilidades do portfólio, o patrocinador emite o termo de abertura (TAP) correspondente, autorizando o projeto e designando um gerente para o mesmo, o que exprime o início do projeto propriamente dito. Esse momento, muitas vezes negligenciado, ou mesmo realizado às pressas, constitui a base para uma condução melhor do projeto. Nessa fase de definição de expectativas, procuramos abordar como evitar atropelos e levantar o máximo de informação possível para a fase de planejamento, que vem a seguir.

A fase de organização e preparação é aquela em que o planejamento mais a fundo é realizado, incluindo todas as considerações e preocupações relativas a todas as áreas de conhecimento, conforme veremos mais à frente no livro. Como dito por Winston Churchill (1874-1965), "aqueles que planejam obtêm melhores resultados do que aqueles que não planejam, ainda que raramente sejam aderentes ao planejado" (Churchill, s.d.).

Essa fase pode ser considerada a "espinha dorsal" do ponto de vista do gerenciamento de projetos segundo as melhores práticas. Em tese, quanto melhor for gasto o tempo em planejamento, menos problemas de execução o gerente deverá enfrentar. É incrível e, ao mesmo tempo curioso, como culturalmente muitas vezes somos forçados a ter tempo para corrigir problemas, mas não gostamos de passar muito tempo planejando, fenômeno que por si só já aumenta os riscos relativos ao projeto.

A execução do trabalho é a parte do ciclo de vida em que o projeto é entregue de fato. É nessa etapa que a maioria dos problemas ocorre e é também durante a execução que desvios em relação ao previsto podem aparecer. É, sem dúvida, a época de maior concentração de atividades e recursos do projeto, na qual também é esperado maior dispêndio em relação aos custos. O cronograma do projeto representa essa parte do ciclo de vida que está relacionada às entregas propriamente ditas e normalmente é dividido em etapas. Essa linha do tempo pode ter "n" etapas, de acordo com as características e necessidades do projeto, e será explorada mais à frente no livro, quando falarmos da gerência de cronograma em projetos.

O fechamento ou a conclusão do projeto também é outro momento muitas vezes desprestigiado, mas que tem papel fundamental na manutenção do conhecimento dentro da organização e para projetos futuros. Aprender com o projeto e suas lições é algo a ser feito a cada etapa do ciclo de vida. Entretanto, o final é quando toda a análise pode ser feita com mais informação e mais gabarito, dado que podemos comparar o previsto com o realizado, o que foi feito de bom, o que não gostaríamos de repetir e quais foram as surpresas que despontaram. A equipe também pode ser desmobilizada ou preparar o plano de entrega para a nova equipe que estará assumindo após a conclusão do projeto (exemplo: equipe de garantia). São feitos o fechamento contábil e o batimento de todas as contas do projeto, assim como são entregues todos os termos de aceites, tanto do cliente para o fornecedor quanto deste para seus terceirizados, além de ser uma fase comemorativa, dado que determina o acontecimento do fim esperado daquele empreendimento.

Pode acontecer de essa fase final compreender também o que alguns projetos denominam "operação estendida". Para explicar melhor o conceito, podemos pensar na montagem de uma nova fábrica. A equipe de projeto passa um ano montando a fábrica e, depois desse tempo, vai transmitir a operação da fábrica para o cliente e sua equipe, que vão de fato operá-la. É de bom grado que se tenha um tempo de intersecção entre o término do projeto e os primeiros meses de operação, no qual a equipe do projeto possa literalmente ensinar ao cliente como os equipamentos funcionam, assegurar que os sistemas e componentes estejam corretamente compreendidos e testados, de forma a fazer uma passagem segura e tranquila para o cliente a partir do momento em que ele for operar a fábrica sozinho. Também chamado de momento *turn key*, visto que o cliente passa a "virar a chave" e operar por si só o produto do projeto desenvolvido.

Como foi explicitado, cada ciclo de vida vai variar de acordo com a necessidade do produto esperado do projeto. No entanto, permanece uma dúvida recorrente no mercado quanto ao grau de planejamento a ser empregado quando estamos falando da venda de um projeto para um cliente externo. O instrumento mais utilizado para venda é uma proposta, que deve ser confeccionada pelo fornecedor. De modo sumário, uma proposta nada mais é do que a descrição do escopo da solução pretendida pelo cliente com um determinado preço associado. Mais tarde, se tudo der certo, essa proposta vira um contrato e acrescenta termos e condições ao documento que foi preparado. O preço pode ser constituído de diversas formas, mas via de regra é calculado em função do custo estimado do projeto.

Ocorre que, habitualmente, clientes não gostam de esperar muito para receber uma proposta. Sendo assim, os fornecedores são estimulados a preparar o mais rapidamente possível as propostas a serem apresentadas. Mas, para que se possa entender corretamente a solução demandada, estimar seus custos, considerar determinada faixa de lucro que leve a um preço e entregar um documento formatado com todas essas informações, é necessário certo tempo. Se a proposta não for entregue no prazo demandado, certamente o cliente irá reclamar (ou até mesmo buscar outro fornecedor). Por outro lado, se a proposta for entregue rapidamente, pode ser que o entendimento da solução esperada não tenha sido completo e, por conseguinte, a estimativa dos prazos e dos custos também não, aumentando os riscos, levando a um preço errôneo para cima ou para baixo e impactando o projeto como um todo. Qual seria a solução para esse paradoxo?

Na verdade, não existe uma medida certa para a quantidade de planejamento a ser posta em prática. Procura-se pensar em todas as variáveis possíveis antes da confecção de uma proposta, mas nem sempre isso é possível com o tempo que é disponibilizado. É sabido que todo projeto tem um caráter único, entretanto uma coisa é desenvolver um projeto com base em algo já realizado anteriormente, como montar uma nova campanha de marketing depois de já ter feito várias. Para esses casos, em que se dispõe de mais lições aprendidas de projetos passados, é possível estabelecer mais analogias e a experiência é maior, permitindo estimativas mais rápidas.

Outra circunstância é começar algo completamente inovador, que nunca foi feito ou pensado antes, a partir do zero. Para esses cenários, recomenda-se que a organização do projeto seja feita com o máximo de zelo e devoção, de forma a proporcionar uma proposta mais congruente, coesa e substancial. Em alguns casos, pode ser melhor negar a participação em um projeto do que partir para sua execução sem a devida preparação.

Não devemos confundir o ciclo de vida do projeto com o do produto. O ciclo de vida do produto não tem um fim planejado e predeterminado como o do projeto. O ciclo do projeto pode refletir uma etapa específica da cadeia produtiva, tal como o lançamento do produto ou uma melhoria em determinado passo de seu processo de fabricação. Quando o produto é lançado ou quando a melhoria é instituída, o ciclo de vida do projeto termina, mas o do produto continua (Meredith e Mantel, 2012).

Outra fonte comum de equívocos é a confusão causada entre ciclo de vida de projeto e os grupos de processos de gerenciamento de projetos. O PMI (2017a) preconiza cinco grupos de processos:

- iniciação: processos para definir um novo projeto ou uma nova fase;
- planejamento: processos utilizados para definir as ações necessárias para alcançar os objetivos para os quais o projeto foi empreendido;
- execução: processos empregados para concluir o trabalho definido no planejamento e satisfazer os requisitos do projeto;
- controle: processos que servem para acompanhar, analisar e controlar o progresso e desempenho do projeto, além de identificar eventuais necessidade de mudanças;
- encerramento: processos praticados para concluir uma fase, projeto ou contrato.

Apesar das designações parecidas com as do ciclo de vida, esses cinco grupos de processos não são fases. Os processos interagem dentro de cada fase, na medida do necessário, podendo recair em três categorias: processos utilizados uma vez ou em pontos predefinidos do projeto; processos que são executados periodicamente, conforme necessário; e processos que são realizados continuamente ao longo do projeto. A figura 14 demonstra um possível exemplo de interações entre esses grupos de processos no que diz respeito ao nível de esforço consumido em relação ao tempo de uma fase ou do projeto como um todo.

Figura 14
Exemplo de interação entre os grupos de processos de gerenciamento de projetos

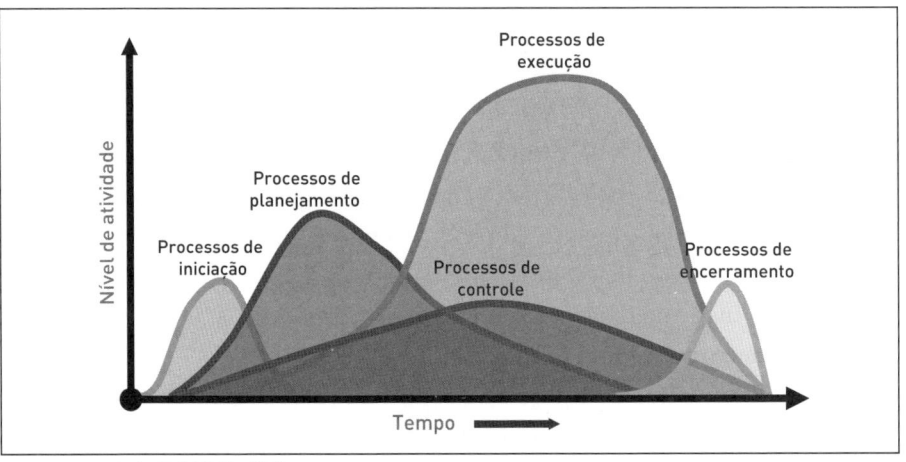

Fonte: adaptada de PMI (2017a:555).

A título de ilustração, é possível encontrar no anexo VI deste livro uma lista com os 49 processos sugeridos pelo PMI (2017a), os respectivos grupos de processos e suas relações com as áreas de conhecimento em gerenciamento de projetos, objeto de estudo do nosso próximo capítulo.

3
Áreas de conhecimento

Este capítulo pode ser considerado a espinha dorsal técnica desta obra, uma vez que aborda as facetas e particularidades das áreas de conhecimento em gerenciamento de projetos, incluindo: escopo, cronograma, custos, qualidade, *stakeholders*, recursos, comunicação, riscos, aquisições e integração. São explicados alguns dos seus principais processos, técnicas e ferramentas que, harmonizados, constituem a essência procedural e metodológica da gestão de projetos.

Podemos ter distintas concepções sobre quais seriam os domínios inerentes à gerência de projetos, dependendo do ângulo que se pretenda examinar. Devemos considerar um projeto em função do seu ciclo de vida analisando-o de forma linear e sequencial, mas podemos também pensar nos grupos de processos enredados na gestão de projetos. As diversas metodologias de gerenciamento levam em conta essa consideração e procuram se adaptar da melhor forma, em função também do segmento, do tipo de organização e sua maturidade em gerenciamento de projetos, entre outras questões.

Seguindo o mesmo raciocínio, variadas instituições oferecem diferentes intepretações das áreas de conhecimento em gerência de projetos, conforme visto na primeira parte do livro. No entanto, o objetivo em geral é o mesmo: difundir e expandir as boas práticas de gerenciamento de projetos. Assim, dependendo da referência adotada, podemos pensar também na gerência de projetos em função de suas áreas de conhecimento, definidas por suas aplicações, relacionadas entre si e presentes na maioria dos projetos. Um dos conceitos mais difundidos nesse sentido é proveniente do *Guia do conhecimento em gerenciamento de projetos (Guia PMBOK)* do PMI (2017a), e por isso resolvemos adotá-lo como paradigma técnico neste livro. Segundo o PMI, existiriam 10 áreas de conhecimento em gerenciamento de projetos:

- gerência de escopo em projetos;
- gerência de cronograma em projetos;
- gerência de custos em projetos;
- gerência da qualidade em projetos;
- gerência de *stakeholders* em projetos;
- gerência da comunicação em projetos;
- gerência de recursos em projetos;
- gerência de riscos em projetos;
- gerência de aquisições em projetos;
- gerência da integração em projetos.

A figura 15 representa as 10 áreas de conhecimento e suas múltiplas interconexões, dado que um projeto é constituído justamente por essa interação ao longo do seu ciclo de vida. Vamos entrar no detalhe de cada área, mas é imprescindível lembrar o caráter genérico dessas 10 áreas de conhecimento no que diz respeito à sua aplicação em todo e qualquer projeto. Em outras palavras, é preciso deixar claro que outras áreas de conhecimento específicas podem ter de ser igualmente agregadas em função da necessidade e da característica de cada projeto, por exemplo, áreas de saúde, segurança, meio ambiente, financeira, *claims* etc. Além disso, optamos pela estratégia de explorar as áreas de conhecimento na ordem exibida, de forma a que todas possam ser conhecidas e, posteriormente, alinhavadas na área de gerência de integração em projetos, que apresentaremos por último, neste capítulo.

Não custa lembrar que, quando nos referimos às áreas de conhecimento, não estamos falando de um organograma em que uma pessoa ou um grupo é responsável por uma área. Até podemos ter projetos que necessitem dessa configuração, mas não é o mais comum. Estamos falando de áreas a serem planejadas e controladas pelo gerente de projeto e sua equipe. Significa que todas as áreas interagem entre si e são gerenciadas concomitantemente. Não são departamentos, mas sim, como o nome sugere, áreas de preocupação que devem ser gerenciadas de forma síncrona, na medida da necessidade do projeto e de acordo com seu ciclo de vida. Sua junção na área de integração constitui o planejamento, o controle e a gerência do projeto como um todo. Questões como o que fazer quando o projeto está atrasado, se devemos colocar mais pessoas, terceirizar as atividades do projeto ou diminuir a qualidade devem ter toda e qualquer alternativa analisada pelo prisma da integração das áreas, como veremos no detalhamento que faremos de cada uma delas mais à frente neste capítulo.

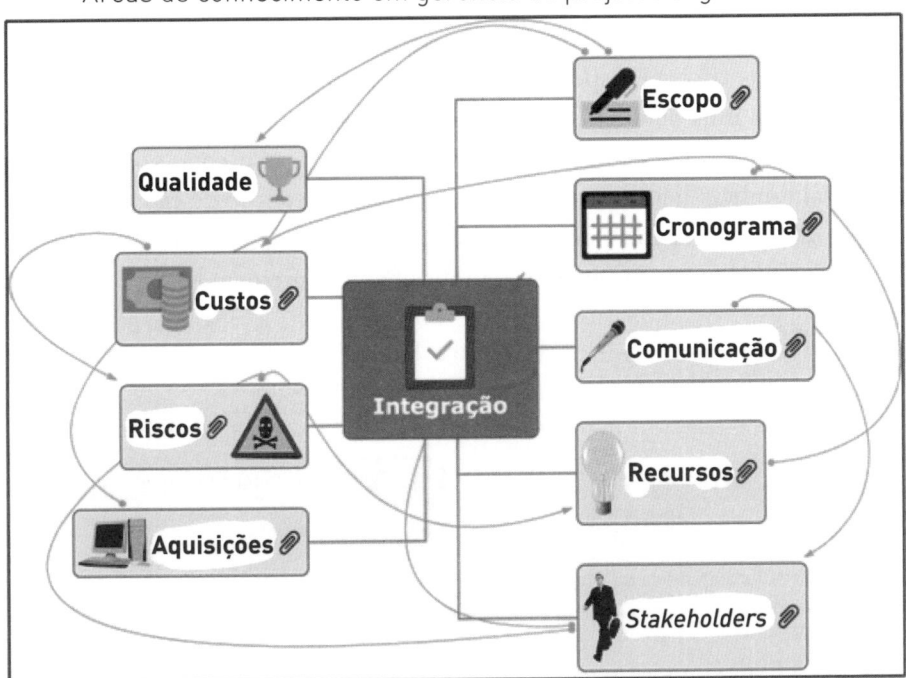

Figura 15
Áreas de conhecimento em gerência de projetos segundo PMI

[Figura: diagrama com "Integração" ao centro e as áreas: Qualidade, Custos, Riscos, Aquisições, Escopo, Cronograma, Comunicação, Recursos, Stakeholders]

As áreas de conhecimento também pressupõem seus próprios processos, que se enquadram dentro dos grupos de processos estudados previamente. Foge ao intuito deste livro abordar processo a processo conforme proposto pelo *Guia PMBOK* (PMI, 2017a). Entretanto, algumas das funções, ferramentas e processos considerados primordiais serão devidamente apresentados de forma a instrumentalizar o leitor da maneira mais adequada.

Gerência de escopo

O primeiro item a ser estruturado em todo projeto é seu escopo. Dito de maneira bem objetiva, sem entendermos claramente o que deve ser feito não podemos estimar o tempo, os custos, os riscos, nem fazer qualquer consideração sobre o produto a ser entregue, dado que não conhecemos a totalidade das suas propriedades. A gerência de escopo objetiva justamente garantir que o projeto entregará tudo aquilo que foi combinado entre as partes. Mais ainda, pretende também assegurar que essa entrega contenha tão somente aquilo que foi acordado, nada mais, nada menos.

Para tanto, é mandatório que tomemos conhecimento de todos os requisitos pertinentes às entregas esperadas do projeto, que façamos a tradução desses requisitos em uma detalhada definição do escopo a ser entregue, além de um efetivo controle sobre possíveis alterações em relação ao escopo pretendido. É essencial também o acompanhamento da devida aceitação de cada entrega, à proporção que o escopo esteja sendo completado. Os principais cuidados na gerência de escopo do projeto estão graficamente representados na figura 16.

Figura 16
Gerência de escopo em projetos

ESCOPO
- Aceitação
- Gerência de mudanças
- Estrutura analítica do projeto (EAP)
- Coleta de requisitos
- Definição do escopo

Uma reflexão importante diz respeito à diferença entre o escopo do produto e o escopo do projeto em si. O escopo do produto sugere o conjunto dos requisitos físicos, técnicos, funcionais e de desempenho que o produto do projeto deve demonstrar para satisfazer a expectativa do cliente. Já o escopo do projeto representa a forma pela qual vamos executar o trabalho para entregar o resultado esperado. Compreende o trabalho que precisa ser feito para entrega desse resultado, de acordo com as especificações feitas, definindo as premissas, as restrições e, principalmente, os limites do que será de fato entregue. Colocado de outra forma, uma coisa é o resultado final, o que será entregue (escopo do produto), outra coisa é o trabalho necessário para criar esse resultado ou como será entregue (escopo do projeto). Em uma casa, os quartos, a sala, o banheiro e a cozinha constituem o escopo do produto, já a terraplanagem e a fundação podem ser consideradas escopo do projeto, pois sem elas não seria possível chegar ao resultado final.

Em outro exemplo, podemos idealizar o projeto de uma viagem de férias para o Egito. O escopo do produto, de forma resumida, especifica que a viagem deve sair do Brasil para o continente africano, incluindo um cruzeiro de quatro dias pelo rio Nilo, atravessando as cidades de Luxor, Edfu e Aswan com o devido registro fotográfico e a volta para o Brasil são e salvo. O escopo do projeto vai incluir passaportes e vistos, deve especificar que a viagem tem de ser feita no mês de julho, não pode durar mais do que 20 dias e que qualquer despesa com alimentação ou compras a bordo da embarcação não está incluída no escopo do projeto. Também não está incluída a criação de um *blog* durante a viagem. A figura 17 representa de forma objetiva a relação entre requisitos, escopo do produto e escopo do projeto.

Figura 17
Fluxo da definição do escopo

Requisitos ➡ Escopo do produto ➡ Escopo do projeto

Outra consideração importante quando nos referimos ao escopo é que nem sempre é tão simples chegar a um consenso sobre o que o cliente deseja, por mais inusitada que essa afirmação possa parecer. Quanto mais tangível for o produto, melhor ou mais facilitada tende a ser sua especificação. Por essa razão, durante o levantamento de requisitos, dependendo do tipo de projeto, pode-se fazer uso de uma técnica muito conhecida denominada prototipagem. Esse método visa coletar percepções e respostas sobre os requisitos de um produto antes de partir efetivamente para sua construção. A modelagem permite que os *stakeholders* experimentem o produto ou parte dele, mesmo que todas as suas funções ainda não estejam implementadas. Os projetos que se prestam à prototipagem permitem acompanhar o desenvolvimento progressivo do projeto de forma evolutiva, facilitando o recebimento de *feedbacks* a respeito dos requisitos.

Uma vez levantados os requisitos relativos ao resultado final esperado, podemos partir para a definição do escopo do projeto em si. Para entender melhor esse processo, imagine o projeto da montagem de um *food truck*. Aparentemente, a ideia geral de um caminhão que vende comida é de fácil compreensão por meio do senso comum. No entanto, para que o escopo do projeto do *food truck* possa ser de fato desenvolvido, os requisitos precisam ser detalhados, tais como: o tipo de veículo a ser adaptado, tamanho, marca, modelo; os suprimentos a serem utilizados (eletrodomésticos, mobiliário, utensílios, fornecedores etc.); a definição do cardápio; a legalização do negócio e a própria planta do caminhão, entre outros itens.

Todas essas entregas devem ser especificadas no nível de detalhe para maximizar as chances de sucesso na entrega do resultado final. É por essa razão que coletar, documentar e gerenciar os requisitos é um processo que deve abranger todos os *stakeholders* do projeto (não somente o cliente). No exemplo dado, os *chefs* que estarão colocando a mão na massa dentro do *food truck* devem também opinar sobre a planta baixa do caminhão, dado que serão eles que estarão se movimentando o tempo todo dentro do veículo.

Do ponto de vista do escopo do projeto, o gerente terá de se preocupar também com a definição do que estaria fora do escopo, as chamadas exclusões. Tão importante quanto dizer o que está dentro do escopo é informar explicitamente também o que está fora. Logo, devemos fazer um exercício de pensar nos itens que poderiam estar relacionados ao escopo, mas que não serão entregues. No caso do *food truck*, essas exclusões poderiam envolver: estacionamento privativo, serviço de entrega, banheiro para clientes etc. As razões para essas supressões podem ser as mais diversas: o item pode não ser factível para entrega, pode ser custoso demais, eventualmente não se possui o recurso necessário para desenvolvimento daquele item, planeja-se aprimorar aquele item mais tarde e oferecer como aditivo ao projeto, entre outras legítimas razões.

Devem ser documentadas também as prováveis premissas e restrições presentes na definição do escopo. Premissas são hipóteses ou suposições assumidas como verdadeiras em função da falta de informação. Muitas vezes, irremediavelmente, podemos e devemos assumir premissas porque é muito difícil no princípio do planejamento conhecer todas as variáveis necessárias para definição completa do escopo. Em função disso, não estaria incorreto afirmar que premissas constituem potenciais fontes de riscos para o projeto como um todo. Já as restrições, como o nome sugere, são limitações internas ou externas ao projeto que acabam diminuindo de alguma forma as opções da equipe de gerenciamento. Datas ou cláusulas contratuais são restrições extremamente frequentes.

Como o leitor pode imaginar, todo esse esforço de planejamento deve ser devidamente formalizado. Seu registro é feito em um documento que recebe várias denominações no mercado, sendo a mais comum delas "declaração de escopo". O conteúdo da declaração também pode variar, mas, em geral, é composto de: justificativa do projeto, objetivos e benefícios esperados, lista de entregas do projeto, premissas adotadas, restrições percebidas, exclusões, critérios de aceitação para cada produto a ser entregue e um espaço para assinatura tanto do cliente que irá receber aquele projeto quanto do gerente que irá fornecê-lo.

ÁREAS DE CONHECIMENTO

Entretanto, não é fácil começar a escrever uma declaração de escopo, ainda mais em se tratando de um projeto que envolva altas doses de inovação, criatividade, engenhosidade. Sendo assim, recomenda-se o uso de uma ferramenta básica, essencial, fácil de usar e, ao mesmo tempo, crítica para todo esforço de planejamento do projeto: a estrutura analítica do projeto (EAP) ou *work breakdown structure* (WBS).

Como se sabe, "uma imagem vale mais do que mil palavras"; logo, a função da EAP é representar o escopo do projeto graficamente. Isso significa que todos os produtos ou "entregáveis" do projeto devem estar presentes em seu desenho, que se traduz em uma espécie de árvore desenhada de cima para baixo, na qual cada nível constitui uma decomposição do nível imediatamente superior em componentes mais facilmente administráveis. Esse processo deve ser realizado durante o planejamento do escopo do projeto, mas também revisitado durante sua execução, uma vez que a EAP pode sofrer mudanças ou ajustes em função das diversas circunstâncias a que um projeto está submetido.

A figura 18 representa o primeiro nível da decomposição da EAP do projeto de *food truck*. O pacote "gerenciamento do projeto" foi incluído como escopo do projeto (e não do produto), uma vez que devemos identificar os subprodutos necessários aos macroprocessos da gerência de projetos, incluindo o próprio plano, reuniões, relatórios e demais entregáveis do gerenciamento.

Figura 18
Primeiro nível da decomposição da EAP

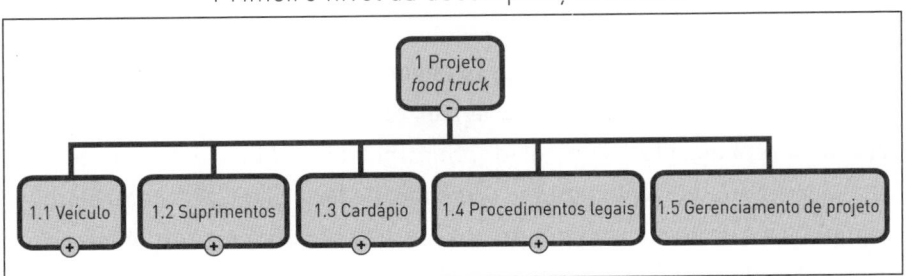

Na medida da necessidade do planejamento, torna-se importante a decomposição do primeiro nível da EAP em níveis inferiores, de modo a compreender de forma pormenorizada as entregas do projeto até seu nível de pacote de trabalho, conforme a figura 19.

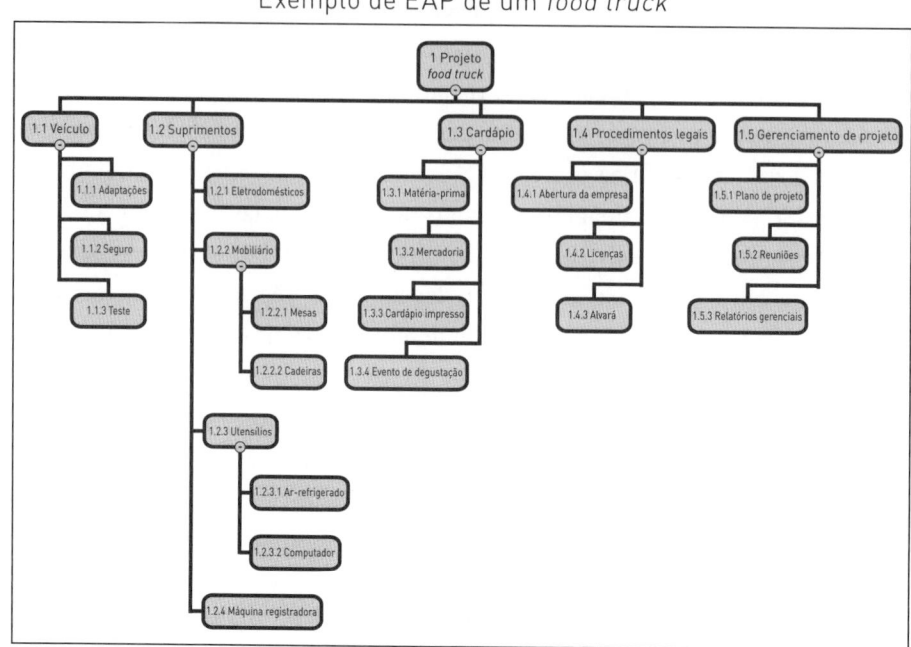

Figura 19
Exemplo de EAP de um *food truck*

```
1 Projeto food truck
├── 1.1 Veículo
│   ├── 1.1.1 Adaptações
│   ├── 1.1.2 Seguro
│   └── 1.1.3 Teste
├── 1.2 Suprimentos
│   ├── 1.2.1 Eletrodomésticos
│   ├── 1.2.2 Mobiliário
│   │   ├── 1.2.2.1 Mesas
│   │   └── 1.2.2.2 Cadeiras
│   ├── 1.2.3 Utensílios
│   │   ├── 1.2.3.1 Ar-refrigerado
│   │   └── 1.2.3.2 Computador
│   └── 1.2.4 Máquina registradora
├── 1.3 Cardápio
│   ├── 1.3.1 Matéria-prima
│   ├── 1.3.2 Mercadoria
│   ├── 1.3.3 Cardápio impresso
│   └── 1.3.4 Evento de degustação
├── 1.4 Procedimentos legais
│   ├── 1.4.1 Abertura da empresa
│   ├── 1.4.2 Licenças
│   └── 1.4.3 Alvará
└── 1.5 Gerenciamento de projeto
    ├── 1.5.1 Plano de projeto
    ├── 1.5.2 Reuniões
    └── 1.5.3 Relatórios gerenciais
```

Note que não existe uma resposta certa única para o desenho dessa estrutura, mas nunca é demais ressaltar que a EAP não é um organograma e não pressupõe necessariamente uma divisão em etapas no tempo. Trata-se do desenho do escopo ou do conjunto de entregas do projeto dispostas de maneira hierarquizada.

Cada pacote deve ser numerado sequencialmente de forma a ser identificado, e os pacotes do último nível são chamados de pacotes de trabalho, uma vez que essas serão as unidades que agruparão as atividades em que o trabalho será de fato planejado e controlado. Significa dizer que a decomposição da EAP deve ir até o nível em que se pretende, de fato, planejar e controlar, por exemplo, em termos de escopo, prazo e custos. No exemplo do *food truck* um dos pacotes de trabalho seria "1.2.4 Máquina registradora". Se decompomos um pacote em outro nível mais baixo, é porque pretendemos subdividi-lo em dois ou mais.

Evidentemente que a perspectiva quanto ao entendimento de cada pacote e ao grau de controle que se deseja obter influi diretamente na quantidade de pacotes e, consequentemente, na sua estrutura hierárquica. Mas o exercício de desenhar a EAP vale para qualquer tipo de projeto, independentemente do resultado esperado. Sua montagem funciona como uma espécie de espinha dorsal para o planejamento do projeto como um todo. Isso porque todos os demais itens de planejamento, entre eles a preparação do cronograma, a estimativa de custos, identificação de riscos vão depender do quão benfeita e coerente estiver a EAP, que poderia estar representada também de forma "indentada", da seguinte forma:

1 *Food truck*
   1.1 Veículo
      1.1.1 Adaptações
      1.1.2 Seguro
      1.1.3 Teste
   1.2 Suprimentos
      1.2.1 Eletrodomésticos
      1.2.2 Mobiliário
         1.2.2.1 Mesas
         1.2.2.2 Cadeiras
      1.2.3 Utensílios
         1.2.3.1 Ar-refrigerado
         1.2.3.2 Computador
      1.2.4 Máquina registradora
   1.3 Cardápio
      1.3.1 Matéria-prima
      1.3.2 Mercadoria
      1.3.3 Cardápio impresso
      1.3.4 Evento de degustação
   1.4 Procedimentos legais
      1.4.1 Abertura da empresa
      1.4.2 Licenças
      1.4.3 Alvará
   1.5 Gerenciamento do projeto
      1.5.1 Plano de projeto
      1.5.2 Reuniões
      1.5.3 Relatórios gerenciais

Esse tipo de prática é muito comum em projetos de engenharia civil, por meio de um documento intitulado "memorial descritivo", e pode facilitar a visão dos entregáveis quando o desenho da EAP for muito grande ou com muitos níveis diferentes. Opcionalmente, é possível pensarmos na construção de um dicionário específico para EAP, que forneceria informações detalhadas sobre cada pacote de trabalho, incluindo: identificador da entrega, descrição, responsável, atividades associadas, recursos necessários, estimativa de custos, critérios de aceitação, entre outras. Entretanto, na grande maioria dos casos, até para que se possa moderar e racionalizar a quantidade de diferentes documentos utilizados, sugere-se que essa informação conste diretamente da declaração de escopo. Com base na EAP, a preparação da declaração de escopo fica facilitada, uma vez que se tem a visão do todo do que se pretende realizar. É possível encontrar um exemplo de declaração de escopo no anexo I deste livro. Autores como Pressly (2012) e Hougan (2002) discutem o que deve ser preparado antes: se a EAP ou a declaração de escopo.

Na grande maioria dos casos, ambas podem ser preparadas e atualizadas juntas, dado que são documentos complementares com intenso intercâmbio de informações. Mesmo com todo o cuidado durante o planejamento do escopo, nada é mais perene do que as mudanças que ele sofrerá. Significa que todo *stakeholder* do projeto pode sugerir mudanças de escopo a qualquer momento, mudanças essas que podem variar em função de gosto, circunstância, legislação, em uma combinação infinita de possibilidades. Claro que quanto mais adiante no ciclo de vida, maior tende a ser o impacto e o inconveniente dessa alteração no projeto. Em época de planejamento, é mais fácil acatar as mudanças, mas quando parte do projeto já está implantado, é provável que seja mais difícil ou mais custosa sua implantação. Conhecida como "calcanhar de aquiles" do gerente de projeto, as mudanças podem ser muito bem-vindas se devidamente gerenciadas.

A figura 20 representa o fluxo do processo de gerência de mudanças, que tende a se repetir diversas vezes ao longo do projeto e que deve ser implantado para garantir que as mudanças sejam devidamente tratadas à medida que ocorram. O processo começa com uma requisição formal de mudança (anexo II), que deve partir do solicitante para a equipe de gerência de projetos.

ÁREAS DE CONHECIMENTO

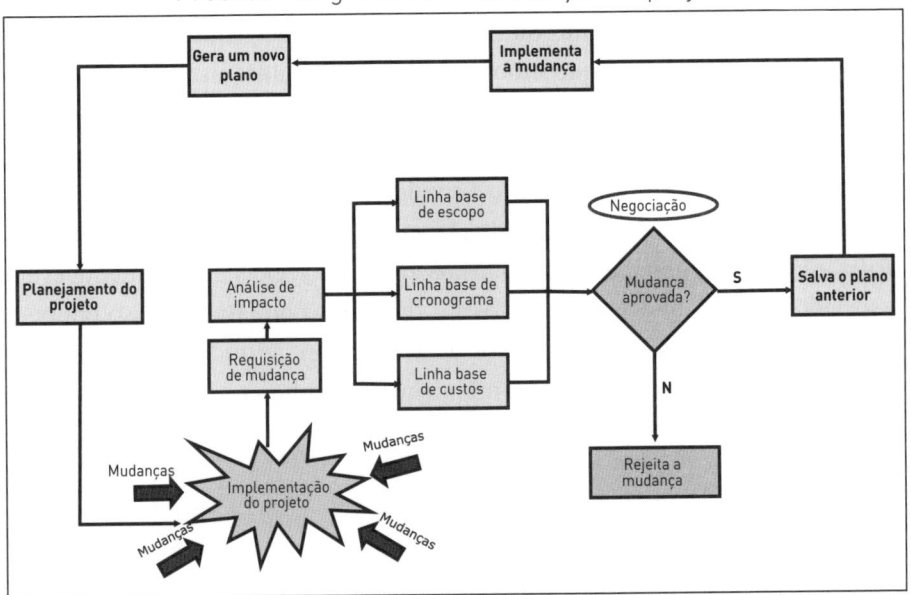

Figura 20
Processo de gerência de mudanças no projeto

A partir do pedido formal, o gerente e sua equipe analisam o pedido quanto aos mais diversos aspectos do projeto. Em primeiro lugar, a mudança é factível e possível de ser feita? Até que ponto a alteração solicitada altera o cronograma ou os custos do projeto? O cliente pretende arcar com essa nova perspectiva introduzida pela alteração? Dependendo das respostas a essas perguntas, a mudança poderá ou não ser aprovada. Se não for, o projeto segue como estava planejado. Caso seja aprovada, devemos: (1) salvar todo planejamento antigo (normalmente em controle de versões) com fins históricos e de rastreamento, (2) gerar um novo planejamento com base na realidade imposta pela mudança solicitada e (3) implementar a mudança. Quanto à aprovação da mudança, essa pode ser feita apenas pelo gerente do projeto ou por uma equipe, caso haja necessidade de aprofundamento técnico quanto ao teor da alteração. Mas pode ser necessária também a aprovação por um "comitê de mudança", que pode envolver tanto a equipe do fornecedor quanto a equipe do cliente. Isso porque não é incomum que durante o processo de gerência de mudanças haja muita negociação entre as partes interessadas para deliberação de questões que vão desde a origem da mudança, se ela fazia ou não parte do escopo original, até valores e prazos implicados.

Uma vez que o projeto siga sua execução, é natural que o cliente queira validar o escopo sendo entregue. Essa validação é processada no documento denominado "termo de aceite" ou simplesmente "aceite" (anexo III). Essa formalização é necessária porque simboliza que uma grande entrega foi realizada ou que ocorreu o atingimento de uma fase ou marco importante do projeto. É como se o cliente estivesse comprovando que aquele determinado resultado foi atingido. Esse processo de aceitação é fundamental não só porque atesta que o trabalho foi completado, mas também porque propicia uma sensação positiva de realização para a equipe de projeto. Mais ainda, os aceites normalmente estão associados aos recebimentos relativos a cada entrega ou fase. Por isso também a preocupação em estipular critérios de aceite bem definidos e objetivos, de forma a facilitar a consonância quanto ao que foi pedido no escopo e o que foi efetivamente recebido.

Gerência de cronograma

Uma das restrições mais comuns enfrentada por todo e qualquer gerente de projeto é, sem dúvida, em relação ao prazo final. As boas práticas sugerem que seja feito um planejamento detalhado quanto a cada atividade até que se chegue à montagem do cronograma em si. Ressalta-se que o desejável é partir da definição do escopo e dos pacotes da EAP para depois estruturar que atividades serão elencadas, qual sua duração, seu sequenciamento, e finalmente chegar ao cronograma idealizado para o projeto. Na prática, em muitos casos, tanto a data final do projeto quanto a data de entrega de grandes marcos acabam sendo predefinidas pelo cliente, e o gerente do projeto tenta fazer o melhor para se adaptar.

Mesmo considerando esse rotineiro revés, o desafio é tentar seguir com a aplicação das boas práticas, de forma que o cronograma seja montado da maneira mais acurada possível, passando segurança e conforto a todos os *stakeholders* do projeto. Outra observação é que o método de elaboração do cronograma final pode variar também em função da filosofia de gerenciamento adotada. A equipe de trabalho pode optar por trabalhar com corrente crítica (*critical chain project management* – CCPM), métodos ágeis ou caminho crítico. O método da corrente crítica, baseado na teoria das restrições (Goldratt, 1992), apesar de extremamente inovador, não foi alvo de explanações neste livro dada sua relativamente baixa aplicação nas organizações, segundo Luiz, Souza e Luiz (2017) e Barcaui e

Quelhas, (2004). A doutrina dos métodos ágeis será objeto de considerações em capítulos mais à frente e o método do caminho crítico continua sendo a principal abordagem adotada na tratativa de cronogramas. Nesse sentido, os principais processos relacionados à gerência do cronograma estão explorados na figura 21.

Figura 21
Gerência de cronograma do projeto

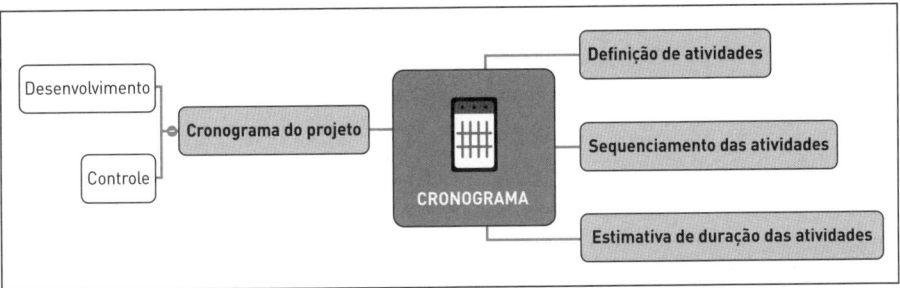

[Figura: diagrama com "Desenvolvimento" e "Controle" conectados a "Cronograma do projeto", que se conecta a "CRONOGRAMA", ramificando em "Definição de atividades", "Sequenciamento das atividades" e "Estimativa de duração das atividades".]

O primeiro passo resulta da definição de atividades do cronograma. É necessário elencar, a partir da EAP e da declaração de escopo, quais as atividades farão parte do cronograma do projeto. O PMI (2017a:185) recomenda que cada pacote de trabalho da EAP seja decomposto em atividades menores necessárias para produção das entregas do projeto (figura 22). Porém não é incomum que alguns gerentes de projeto prefiram traduzir o último nível da EAP diretamente em seus cronogramas, gerando o que seria um cronograma com base nos pacotes de trabalho e não nas atividades em si. Esse grau de precisão gerencial na definição das atividades pode variar com uma série de fatores, mas é importante frisar que, quanto mais esmiuçada a EAP e quanto mais detalhada a quantidade de atividades, maior o grau de exatidão; ao mesmo tempo, maior o esforço de controle que o gerente de projetos terá de exercer sobre o cronograma. Como regra geral, se a maturidade da organização para gerência de projetos for baixa, recomenda-se manter em um nível reduzido de entregas e, por consequência, de atividades.

Uma vez que a lista de atividades do projeto esteja determinada, o próximo passo é a definição de sua sequência lógica. Em linguagem bem clara, devemos decidir o relacionamento entre as atividades e suas dependências, culminando na geração do que chamamos de diagrama de rede. O correto sequenciamento das atividades faz toda a diferença em relação à visualização das etapas do projeto e também quanto à coerência da relação entre elas.

Figura 22
Decomposição da EAP em atividades

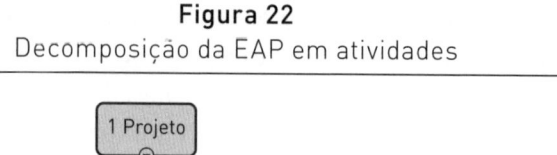

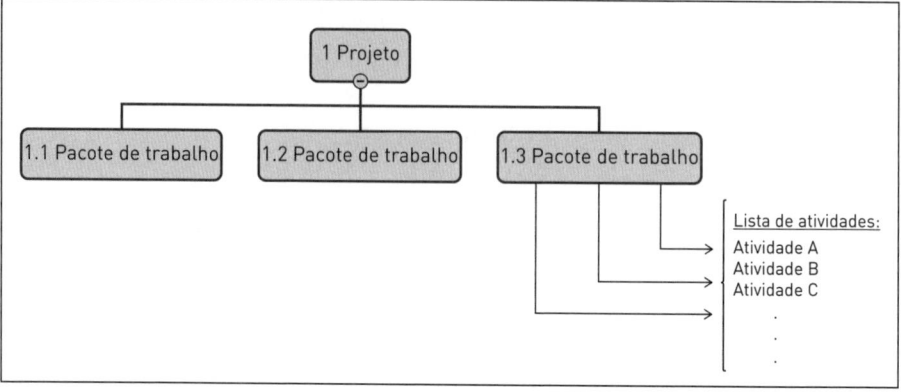

Cabe argumentar que é extremamente comum, natural e profícuo o uso de algum *software* para gerenciamento de cronogramas em projeto. No apêndice do livro, foram listadas algumas referências para gerenciamento não só do cronograma, mas do projeto como um todo. Todavia cabe lembrar também que mais importante que o uso de qualquer ferramenta é o domínio sobre o conceito que está sendo representado. A implantação desse conceito pode ser feita em uma série de ferramentas diferentes ou sem ferramenta alguma, contanto que o gerente saiba o que está fazendo. Em outras palavras, o uso de uma ferramenta computacional não é obrigatório e não é determinante de sucesso, mas indiscutivelmente facilita sobremaneira a administração do projeto.

Uma vez feita essa observação e de posse da lista de atividades do projeto, o gerente, sua equipe e todos os demais *stakeholders* do projeto devem se reunir para planejar e deliberar sobre o sequenciamento de atividades. Com o time reunido, a primeira ponderação a ser feita é quanto ao tipo de relação de precedência entre as atividades. Existem quatro tipos de relação de dependência possíveis entre atividades:

- término-início (*finish-to-start*, TI ou FS): a atividade sucessora só começa após o término da atividade predecessora;
- início-início (*start-to-start*, II ou SS): a atividade sucessora só começa após o início da atividade predecessora;
- término-término (*finish-to-finish*, TT ou FF): a atividade sucessora só termina após o término da atividade predecessora;

- início-término (*start-to-finish*, IT ou SF): a atividade sucessora só termina após o início da atividade predecessora.

A grande maioria dos diagramas de rede trabalha com relacionamento do tipo FS, ou seja, para que a atividade sucessora inicie, é preciso que haja o término da(s) atividade(s) predecessora(s). Exemplificando, a atividade "escrever o artigo" só pode iniciar depois que a atividade "instalar o editor de texto" estiver completa. Além disso, podemos classificar também o tipo de dependência quanto aos seus atributos:

- obrigatórias (*hard-logic*): são aquelas oriundas de exigência legal ou inerentes à natureza das próprias atividades. Exemplo: só podemos pintar uma parede se ela já tiver sido construída;
- arbitrárias (*soft-logic*): são aquelas que obedecem a uma lógica preferencial, eventualmente baseada nas melhores práticas de uma determinada área. Como exemplo, pode-se polemizar sobre o que deve ser feito primeiramente em uma reforma, se o encanamento ou a parte elétrica;
- externas: são dependências que envolvem a relação de atividades do projeto com atividades externas ao mesmo. Como exemplo, para início da montagem de uma nova indústria, são requisitados diversos tipos de licenças ambientais. O Instituto Brasileiro do Meio Ambiente e dos Recursos Naturais Renováveis (Ibama), órgão responsável pela emissão das licenças, é externo ao projeto. Mas o gerente de projetos, se quiser obter as licenças prévias de instalação e operação, deverá considerar atividades como audiências, análises e pareceres do órgão para que o projeto possa ir adiante.

A figura 23 representa o diagrama de rede de uma festa ponderado com poucas atividades para fins didáticos. Repare que tanto as atividades que têm de acontecer em paralelo quanto as que têm de ocorrer em sequência encontram-se devidamente representadas no desenho, também denominado diagrama de precedências.

O que está sendo colocado na rede de precedências é justamente a ordem de dependência entre as atividades. Por exemplo, está sendo dito que a atividade "contratar bufê" depende tanto de "levantar orçamento" quanto de "fazer a lista de convidados". Já "contratar vídeo" e "contratar fotografia" podem ser executadas em paralelo, e assim por diante.

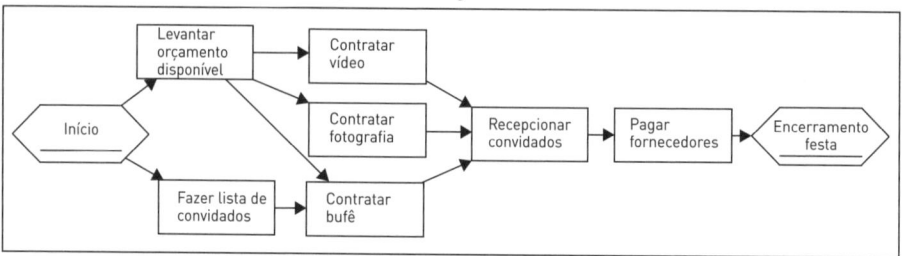

Figura 23
Exemplo de diagrama de rede

```
Início → Levantar orçamento disponível → Contratar vídeo → Recepcionar convidados → Pagar fornecedores → Encerramento festa
      → Contratar fotografia →
      → Fazer lista de convidados → Contratar bufê →
```

Uma vez que a EAP tenha sido desenvolvida e as atividades do projeto estejam discriminadas, todo e qualquer projeto é passível de representação a partir de um diagrama de rede, que servirá como molde para elaboração do cronograma. Não obstante, antes disso é obrigatório que se faça a estimativa de duração das atividades para determinar a quantidade de períodos necessários para execução de cada atividade do projeto. A intenção é tentar responder quanto tempo durará cada atividade com o maior grau de precisão possível.

Esse é um aspecto particularmente penoso do planejamento, dado que múltiplas variáveis influenciam essa estimativa. A mais primária delas é o tipo de recurso sendo considerado para atividade, uma vez que competência, experiência e produtividade variam de pessoa para pessoa. Além disso, não podemos esquecer a curva de aprendizagem, uma vez que a proficiência em determinada tarefa tende a aumentar com a repetição e o passar do tempo.

Seguindo esse raciocínio, podemos estimar as atividades de nossa festa com base em uma estimativa determinista de duração, como sugere o método do caminho crítico (CPM). Mas podemos também sofisticar um pouco e incorporar a perspectiva de riscos ao planejamento do projeto, realizando uma estimativa em três pontos por atividade, como sugere a técnica PERT: otimista (o), pessimista (p) e mais provável (m).

Constata-se pelo gráfico da figura 24 que a estimativa de duração no formato PERT tende a ser maior do que no formato CPM em função da incorporação do risco na estimativa, dada a premissa do uso de uma média ponderada, que faz com que as possibilidades de duração da atividade sejam mais esmiuçadas. O maior peso é colocado na estimativa mais provável na fórmula: (o + 4m + p) / 6, mas essa ponderação também pode ser alterada.

Tanto no CPM quanto no PERT, podemos e devemos fazer uso da opinião de especialistas e de informações históricas de projetos análogos ao que estamos desenvolvendo, para proporcionar maior acurácia às nossas estimativas.

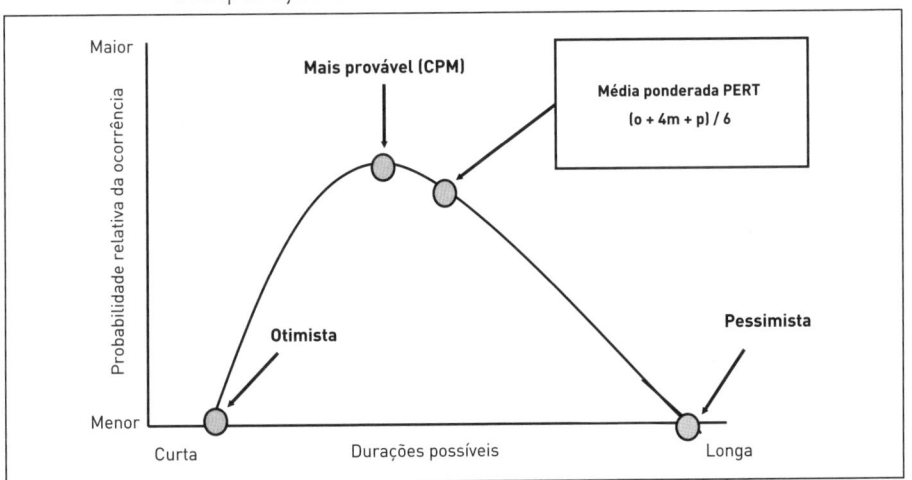

Figura 24
Comparação entre as estimativas CPM e PERT

[Gráfico: eixo vertical "Probabilidade relativa da ocorrência" (Menor a Maior), eixo horizontal "Durações possíveis" (Curta a Longa). Pontos marcados: "Otimista" (Curta), "Mais provável (CPM)" no pico, "Média ponderada PERT (o + 4m + p) / 6" próximo ao pico, "Pessimista" (Longa).]

A junção do planejamento do sequenciamento de atividades com suas estimativas nos permite calcular o que chamamos de caminho crítico do projeto. O caminho crítico corresponde ao maior caminho na rede de precedência ou o menor espaço de tempo em que o projeto pode terminar. Significa dizer que qualquer atraso em qualquer uma das atividades do caminho crítico leva a um atraso no projeto como um todo. Por isso a designação "crítico".

Em nosso exemplo, as tarefas "fazer lista de convidados", "contratar bufê", "recepcionar convidados" e "pagar fornecedores" são consideradas atividades críticas e aparecem em negrito na figura 25, dado que não possuem espaço para atraso e zero possibilidade de folga em sua execução. Vendo por outro ângulo, as atividades não presentes no caminho crítico ("levantar orçamento", "contratar vídeo" e "contratar fotografia") ainda permitem alguma folga em sua execução por não serem atividades críticas ao andamento do projeto.

Uma vez o diagrama de rede montado, as durações das atividades estipuladas e clareza no caminho crítico do projeto, podemos partir para o desenvolvimento do cronograma em si. Esse processo nada mais é do que posicionar o diagrama de rede dentro de um calendário, que precisa também ser previamente combinado de forma a elucidar os períodos de trabalho a serem considerados, incluindo a quantidade de horas a serem respeitadas por dia e a decisão ou não da incorporação de fins de semana e feriados, conforme figura 26.

Figura 25
Caminho crítico do projeto

Levantar orçamento disponível	Contratar vídeo	Recepcionar convidados
1 dia 0%	2 dias 0%	1 dia 0%
25/10/17 25/10/17	26/10/17 27/10/17	07/11/17 07/11/17

Início
25/10/17

Contratar fotografia
3 dias 0%
26/10/17 30/10/17

Pagar fornecedores
2 dias 0%
08/11/17 09/11/17

Fazer lista de convidados	Contratar bufê
2 dias 0%	7 dias 0%
25/10/17 26/10/17	27/10/17 06/11/17

Encerramento da festa
09/11/17

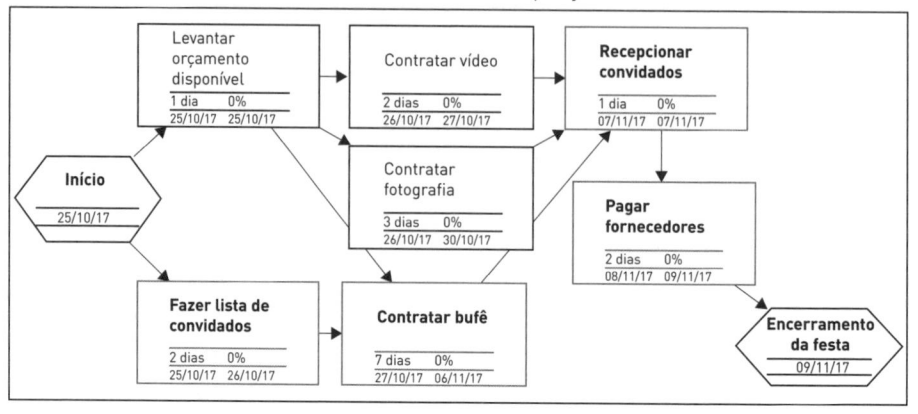

Figura 26
Exemplo de cronograma completo

	Nome da tarefa	Duração	Início
0	Projeto Festa	12 dias	Qua 25/10/17
1	Início	0 dias	Qua 25/10/17
2	Levantar orçamento disponível	1 dia	Qua 25/10/17
3	Fazer lista de convidados	2 dias	Qua 25/10/17
4	Contratar Buffet	7 dias	Sex 27/10/17
5	Contratar Vídeo	2 dias	Qui 26/10/17
6	Contratar Fotografia	3 dias	Qui 26/10/17
7	Recepcionar Convidados	1 dia	Sex 03/11/17
8	Pagar fornecedores	2 dias	Sáb 04/11/17
9	Encerramento da Festa	0 dias	Dom 05/11/17

Nesse cronograma final elaborado, vemos o encerramento do projeto festa representado por um losango. Essa é a representação clássica de um marco (*milestone*) de projeto. Um marco é uma data fixa que não tem nem duração nem recursos associados. Está presente para denotar um momento importante, uma fase completa, uma grande entrega ou o próprio fim do projeto, como no caso do nosso exemplo.

Existem também as chamadas modificações nas relações lógicas entre atividades que permitem uma aceleração (*lead*) ou um atraso (*lag*) nas atividades sucessoras. No caso da nossa festa, o evento propriamente dito não será realizado no dia seguinte às contratações, mas sim 15 dias após o término da contratação do bufê, que está no caminho crítico. Esse atraso não está relacionado à atividade em si, mas a uma demanda inerente à natureza do projeto.

Esse caso em particular é interessante porque ajuda a explicar a diferença entre duração de projeto e tempo decorrido. A duração considera apenas os períodos efetivamente trabalhados, não incluindo períodos de descanso ou interrompidos. Se somarmos as durações das atividades do caminho crítico de nosso projeto, veremos que a duração estimada é de 12 dias, mas o tempo decorrido poderá ser maior caso a festa não ocorra imediatamente após as contratações. Supondo que a festa seja realizada somente 15 dias após as contratações, podemos somar esses 15 dias e determinar o tempo decorrido do projeto (*elapsed time*), que deverá ser de 27 dias (12 dias da duração normal das atividades do caminho crítico somados ao tempo de espera de 15 dias para o dia da festa), conforme a figura 27. Como vemos, apesar de serem usados como sinônimos, a duração de uma atividade não é necessariamente igual ao seu tempo decorrido.

Figura 27
Exemplo de cronograma com data deslocada

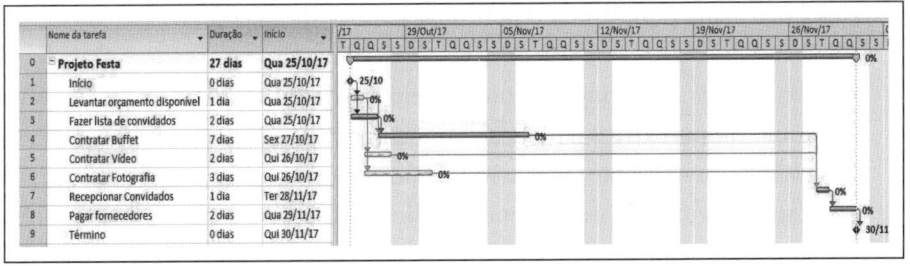

	Nome da tarefa	Duração	Início
0	Projeto Festa	27 dias	Qua 25/10/17
1	Início	0 dias	Qua 25/10/17
2	Levantar orçamento disponível	1 dia	Qua 25/10/17
3	Fazer lista de convidados	2 dias	Qua 25/10/17
4	Contratar Buffet	7 dias	Sex 27/10/17
5	Contratar Vídeo	2 dias	Qui 26/10/17
6	Contratar Fotografia	3 dias	Qui 26/10/17
7	Recepcionar Convidados	1 dia	Ter 28/11/17
8	Pagar fornecedores	2 dias	Qua 29/11/17
9	Término	0 dias	Qui 30/11/17

O caminho crítico também poderia ser definido como o caminho de atividades com menor folga. Normalmente, a folga das atividades do caminho crítico é zero, dado que não temos espaço para atrasos em sua execução. Entretanto, muitas vezes, por conta de restrições de datas impostas por algum *stakeholder* do projeto, somos obrigados a tentar terminar em datas absolutamente prescritas e compulsórias, e que podem ser anteriores à data final planejada em nosso cronograma. Ou seja, a folga do projeto passaria a ser negativa já em sua largada. Quando isso acontece, a recomendação é ainda seguir as boas práticas de planejamento para que: (1) o cronograma documente adequadamente as durações e datas previstas; (2) se tenha uma linha de base de comparação que o gerente de projeto possa usar entre o cronograma corretamente planejado e aquele estipulado arbitrariamente; e (3) se possa entender depois, ao final do projeto, as razões de eventuais discrepâncias entre o previsto e o realizado.

Dependendo da quantidade de atividades e da estrutura do diagrama de rede, podemos ter mais de um caminho crítico no projeto. Não só isso é possível, como em projetos muito extensos, como os de infraestrutura de grandes obras, podemos chegar literalmente a milhares de atividades interligadas em projetos, subprojetos e programas, o que torna a análise e acompanhamento do caminho crítico uma responsabilidade ainda maior para o gerente de projetos (Wilson, 2003).

Ainda em sua fase de planejamento, quando o gerente entende que precisa acelerar o cronograma de alguma forma, ele pode fazer uso de alguns artifícios em relação ao projeto. Primeiramente, nunca é demais lembrar que qualquer ação visando aceleração do cronograma deve ser focada no caminho crítico, dado que este determina a duração do projeto como um todo. Uma vez identificado o caminho crítico, o gerente pode optar por diminuir o escopo de trabalho, caso isso venha a ser acordado com o cliente. Normalmente a redução do escopo acarreta a redução do prazo do projeto. Mas supondo que essa alternativa não seja viável e que as atividades do caminho crítico já se encontrem otimizadas ao máximo, o gerente pode ainda tentar duas conhecidas técnicas.

- Compressão (*crashing*) – Consiste em adicionar mais recursos ou mais tempo (horas extras) para acelerar a entrega das atividades críticas. Essa opção é interessante, mas não se pode perder de vista que a colocação de mais recursos normalmente implica mais custos para o projeto. Além disso, nem sempre a colocação de mais recursos implica necessariamente a antecipação do cronograma. Existe um limite para a inserção de recursos em determinada atividade, uma vez que, a partir de determinado ponto, passa-se a ter uma perda e não um ganho de produtividade. Esse fenômeno é conhecido como lei dos rendimentos decrescentes ou lei das proporções variáveis.
- Paralelismo (*fast-tracking*) – Técnica que sugere que atividades diagramadas em sequência possam ser opcionalmente colocadas em paralelo. Supondo que o planejamento do diagrama de rede tenha sido feito da maneira mais competente possível, essa opção pode gerar risco e retrabalho, dado que se duas ou mais atividades pudessem ter sido planejadas em paralelo (e não sequencialmente), já o teriam sido originalmente.

Outro ponto importante a ser lembrado pelo gerente está relacionado à otimização dos recursos do projeto. Como os recursos de qualquer natureza em geral são escassos, torna-se relevante evitar picos e vales de utilização, tentando manter certo nivelamento dos mesmos ao longo do cronograma do ciclo de vida do projeto. Para tanto, é razoável pensar na utilização das folgas positivas das atividades não críticas do projeto, tentando proceder com um deslocamento de recursos dessas atividades para aquelas que são, de fato, críticas. Para que essa possibilidade seja viável, o profissional que executa uma atividade não crítica (logo, com folga disponível) deve ser capaz de fazer também uma atividade crítica. Se ele não tiver habilidade necessária em ambas as atividades, essa opção se torna impraticável. Além disso, ao fazer esses deslocamentos, o gerente de projetos precisa tomar cuidado porque o próprio caminho crítico pode ser alterado.

De posse do cronograma desenvolvido, o gerente passa a controlar o que se denomina "linha de base" (*baseline*) do cronograma do projeto. Nada mais é do que a versão aprovada do cronograma do projeto, que só pode ser alterada em três situações bem específicas: (1) consoante uma requisição de mudança de escopo aprovada, (2) em função de uma dependência externa ou do cliente do projeto (ainda assim devendo ser negociada com a equipe do projeto), (3) devido a uma causa de força maior relativa a eventos imprevisíveis e inevitáveis que provoquem efeitos desagradáveis, mas que não gerem responsabilidade legal, tais como fenômenos da natureza, guerras, entre outros. Caso uma mudança na linha de base seja imprescindível, a boa prática sugere salvar a linha de base anterior e gerar uma versão nova para acompanhamento atualizado do projeto.

Durante todo o controle do cronograma do projeto, a linha de base é a referência máxima do gerente para comparações entre o que foi previsto e o que está sendo efetivamente realizado. Existe uma miríade de análises e relatórios passíveis de serem estudados pelo gerente de projetos, incluindo análise de valor agregado, tendências, gráfico de evolução regressiva, análise de desempenho, entre muitas outras. O primordial, tanto do ponto de vista do planejamento quanto do controle do cronograma, é não perder de vista a necessidade dos *stakeholders* em relação aos prazos. Conforme dito, acomodar expectativas em relação às datas do projeto não é missão trivial, mas esse é um desafio do gerente.

Gerência de custos

Outra famosa e aflitiva restrição em quase todo projeto é relativa aos custos a serem considerados. Incorrer em custos é perfeitamente normal e faz parte do cotidiano de qualquer gerente de projeto; entretanto, no melhor estilo da escola clássica da administração, é preciso cuidar para que a estimativa de custos seja a mais realista possível, e o controle, o mais esmerado e cuidadoso. Gerenciar custos significa garantir os recursos essenciais para completar todas as atividades do projeto. Logo, possui enraizada ligação com as áreas de escopo e cronograma, além do elo com todas as demais áreas de conhecimento, tais como recursos e riscos. A figura 28 demonstra os principais processos relativos à gerência de custos.

Figura 28
Gerência de custos do projeto

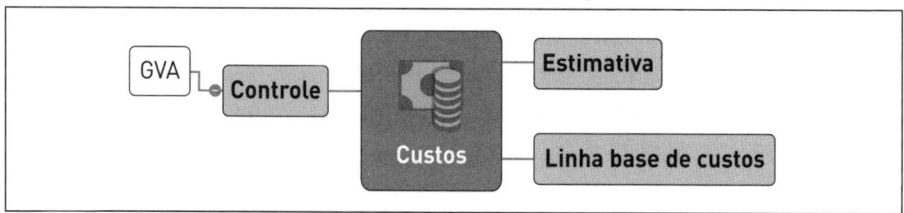

O ato de planejamento de custos deve levar em consideração questões básicas, mas relevantes para a gerência do projeto, e envolve quais serão as unidades de medidas a serem utilizadas, o nível de precisão e arredondamento, os limites de controle e as regras para medição de desempenho. É necessário definir até que ponto podemos considerar que o projeto está acima ou abaixo do desempenho planejado e até que ponto as partes interessadas o consideram aceitável. Será que um estouro de orçamento de 5% deve levantar uma bandeira vermelha? Essas decisões devem ser tomadas antes da estimativa de custos em si, porque uma vez que a linha de base de custos seja desenvolvida, o gerente passará a efetuar o controle com base nas regras preestabelecidas.

A estimativa de custos pretende levantar os recursos monetários necessários para completude do projeto, segundo Stewart (1991). Trata-se de um processo majoritariamente realizado no início do projeto, mas, assim como quase tudo em gerenciamento de projetos, deve ser revisado e refinado na medida da necessidade e de acordo com a progressão de suas fases. Uma mudança de escopo pode alterar os custos, uma resposta a um risco identificado pode alterar a estimativa de custos também, entre outras possibilidades. Como a própria expressão sugere, trata-se de uma *estimativa*, feita com base nas informações disponíveis até aquele determinado momento. Quanto mais o ciclo de vida do projeto evolui, maior tende a ser a exatidão das estimativas porque as variáveis que o afetam vão se tornando mais conhecidas.

A estimativa de custos do projeto pode ser feita de diversas maneiras ou até de forma mista. Uma das técnicas consiste em fazer uma estimativa de forma análoga, com base em projetos anteriores de características e porte semelhantes. A comparação geraria a base de valores para a estimativa do projeto. Outra técnica seria a estimativa paramétrica, que basicamente faz uso de dados conhecidos sobre a unidade trabalhada com base em histórico (exemplo: se um pintor pinta 10 m^2 de parede por dia, espera-se que, em cinco dias, 50 m^2 sejam pintados). Uma das técnicas de estimativa mais recomendadas (Sigurdsen, 2000; Jainendrakumar, 2015) é a estimativa é a *bottom-up*, que estima o custo de cada pacote de trabalho a partir da EAP, fazendo o somatório no pacote imediatamente superior, até o pacote de nível zero, que dá origem ao nome do projeto, conforme o exemplo da criação de um *website* na figura 29.

Figura 29
Estimativa *bottom-up* da EAP

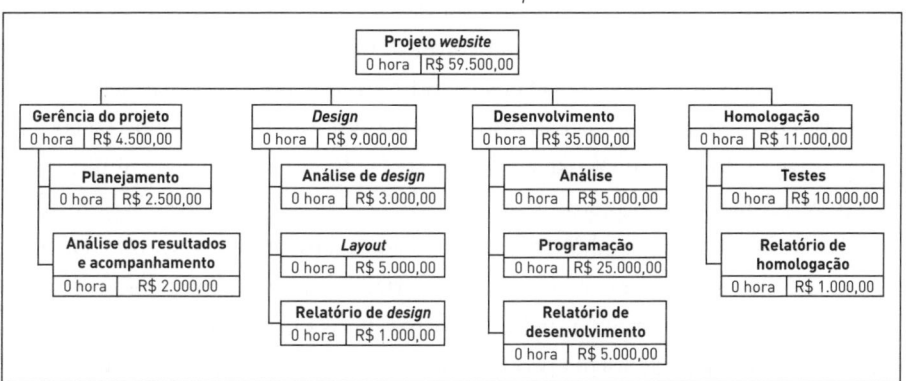

Projeto website			
0 hora	R$ 59.500,00		

Gerência do projeto	Design	Desenvolvimento	Homologação
0 hora R$ 4.500,00	0 hora R$ 9.000,00	0 hora R$ 35.000,00	0 hora R$ 11.000,00
Planejamento 0 hora R$ 2.500,00	**Análise de design** 0 hora R$ 3.000,00	**Análise** 0 hora R$ 5.000,00	**Testes** 0 hora R$ 10.000,00
Análise dos resultados e acompanhamento 0 hora R$ 2.000,00	**Layout** 0 hora R$ 5.000,00	**Programação** 0 hora R$ 25.000,00	**Relatório de homologação** 0 hora R$ 1.000,00
	Relatório de design 0 hora R$ 1.000,00	**Relatório de desenvolvimento** 0 hora R$ 5.000,00	

Os valores adotados estão em reais e foram presumidos apenas com fins explicativos, mas ressalta-se que a lógica da estimativa dos custos do projeto como um todo resulta da soma, de baixo para cima na EAP, dos custos de todos os pacotes de trabalho. Obviamente, espera-se que essa estimativa seja realizada de maneira cuidadosa pelo gerente e sua equipe. Os recursos a serem estimados podem incluir: mão de obra, material, *software*, *hardware*, serviços, logística, assim como também provisão para inflação, custos financeiros, entre outros.

A questão sobre quem deve participar do processo de estimativa vai depender da natureza do projeto (Rad, 2002). Se for um empreendimento interno da organização, é interessante que não só o gerente e sua equipe, mas também o próprio cliente participem da estimativa do projeto. No entanto, em se tratando de um projeto a ser vendido e a depender do tipo de contrato a ser estabelecido, o cliente não participa do esforço de estimativa, devendo receber apenas o preço do projeto a ser realizado já com o percentual de lucro embutido.

Cabe também lembrar a diferença entre custo e despesa. Os custos estão ligados diretamente ao desenvolvimento do projeto (matéria-prima, mão de obra, energia). Já as despesas são de caráter geral, de difícil vinculação ao projeto propriamente dito. Estão ligadas à manutenção da estrutura da organização, mas não estão relacionadas explicitamente ao projeto, incluindo itens tais como: material de escritório, salários da administração, entre outros; são as denominadas "despesas de custeio".

Normalmente são elencados os custos diretos do projeto e também os custos indiretos (também denominados *overhead*), caso necessário. Segundo Wernke (2004), os primeiros são aqueles diretamente relacionados ao projeto em questão, podendo ser rastreados até o produto. Já os indiretos são aqueles que incidem em mais de um projeto do portfólio ou não estão relacionados à execução de nenhum projeto, como energia e impostos, por exemplo. No caso da criação do *website*, as contas de luz e água são custos indiretos que podem ou não ser rateados pelo projeto, dependendo da estrutura de custos adotada pela organização. Já a programação do *site*, que nesse caso pode ter sido até terceirizada, é um custo direto relacionado ao projeto.

Outra classificação também diz respeito aos custos fixos e variáveis. Os fixos são aqueles que sofrem pouca ou nenhuma variação em seu valor ao longo do ciclo de vida do projeto, como aluguel e impostos. Já os custos variáveis são aqueles que se transformam de forma proporcional e direta em função de mudanças na produção, intensidade do trabalho ou volume de recursos envolvidos, tais como matéria-prima e mão de obra (AACEI, 2018).

Em grandes organizações, duas expressões relativas às despesas também são recorrentes e merecem um esclarecimento: as siglas Capex, de *capital expenditure*, e Opex, de *operational expenditure*. Capex significa despesas de capitais ou investimentos em bens de capital, sendo sua análise uma das medidas para cálculo de retorno sobre o investimento em determinado projeto. Toda aquisição de equipamentos e instalações está ligada a um Capex; logo, frequentemente constituem investimentos de longo prazo. Se a vida útil do bem for acima de um ano fiscal, a organização deve depreciar ou amortizar essa despesa com a finalidade de distribuir o valor pago sobre a vida útil do bem tangível ou intangível adquirido. As despesas Opex têm foco em dispêndios operacionais e no investimento em manutenção de equipamentos. Dito de outra forma, são aqueles gastos cotidianos de uma organização. As despesas Capex são fixas, já as Opex tendem a ser variáveis, dado que é mais difícil estimar a necessidade de manutenção de um equipamento. A título de ilustração, quando se decide por um serviço terceirizado em vez da compra de determinado equipamento, está sendo feita uma substituição de Capex por Opex.

Outro conceito fundamental na gerência de custos são os chamados *sunk costs* (custos afundados). São aqueles custos que não poderão mais ser recuperados de forma alguma e que, portanto, não devem influenciar na decisão de gastos futuros (Garland, 1990). Em nosso exemplo, vamos supor que iniciamos a construção do *website* e já incorremos em R$ 30 mil entre atividades de análise, gerência e programação. Só que, por alguma razão, todo o material desenvolvido se perdeu e não havia *backup*. Pelos cálculos do gerente de projeto, mais R$ 40 mil serão necessários para retomar e finalizar o desenvolvimento. Nesse momento, se optarmos por desistir do projeto, esses custos serão perdas. Mas a decisão do patrocinador de continuar ou não o projeto não deve levar em conta os R$ 30 mil gastos, porque esse valor não pode mais ser recuperado. De fato, o julgamento deveria levar em conta o estudo de viabilidade realizado no momento da iniciação do projeto para verificar se o novo valor a ser gasto ainda se justifica em termos de investimento.

Feito esse pequeno adendo sobre a tipologia dos custos que incorrem em um projeto e uma vez realizada a estimativa de custos com base na EAP, é impreterível a análise do fluxo de desembolso ao longo do cronograma. Em outras palavras, a estimativa de gastos do projeto deve ser feita considerando quando as entregas de cada pacote serão realizadas. O produto dessa análise é a linha de base de custos do projeto; a partir da qual o desempenho do projeto será medido e controlado, representando o orçamento aprovado do projeto no decorrer do tempo.

Nessa linha de base, devemos incluir reservas para contingências, que, como veremos mais à frente, são reservas financeiras para os riscos identificados no planejamento do projeto. Ao mesmo tempo, não devemos considerar as chamadas reservas gerenciais, que são valores estipulados para riscos que nem sequer o gerente conhece no momento do planejamento. As reservas gerenciais normalmente constituem um percentual do orçamento estipulado para riscos desconhecidos (e, portanto, não identificados), de acordo com a prática da organização e com uso a ser autorizado pelo patrocinador.

Cada pacote da EAP gera um valor estimado planejado por pacote de trabalho. Para facilitar, estamos considerando que essa estimativa já contempla também as reservas de contingência feitas pelo gerente de projeto. A soma das estimativas indica o orçamento no término do projeto (ONT), conforme a tabela 1.

Tabela 1
Estimativa de custos do projeto

EAP	Custo planejado por pacote EAP	Valor planejado acumulado (VP)
Planejamento	2.500,00	2.500,00
Análise dos resultados e acompanhamento	2.000,00	4.500,00
Análise do *design*	3.000,00	7.500,00
Layout	5.000,00	12.500,00
Relatório do *design*	1.000,00	13.500,00
Análise	5.000,00	18.500,00
Programação	25.000,00	43.500,00
Relatório de desenvolvimento	5.000,00	48.500,00
Testes	10.000,00	58.500,00
Relatório de homologação	1.000,00	59.500,00
	ONT =	59.500,00

Na medida em que analisamos os valores planejados (VP) de forma cumulativa, produzimos uma linha de base de custos do projeto, denominada "Curva-S", em função do formato que o valor planejado acumulado assume ao longo do tempo. É contra essa linha que o gerente do projeto faz sua análise reiterada do previsto contra o que está sendo realizado, conforme demonstrado na figura 30.

Figura 30
"Curva S" do projeto

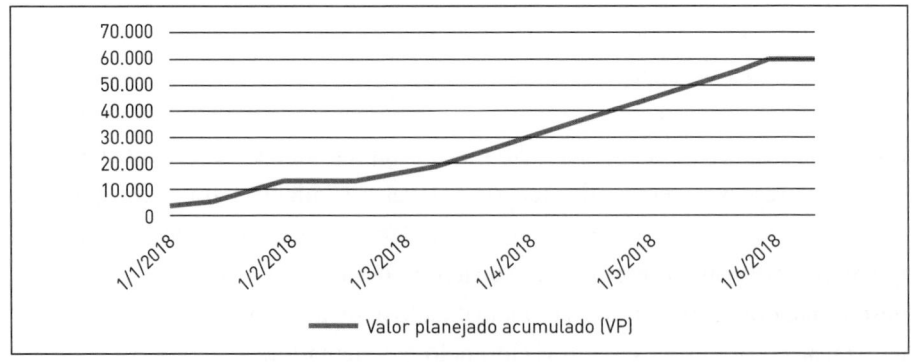

Entre as técnicas e ferramentas de controle mais conhecidas, está a análise simples dos custos previstos contra o realizado. Ou seja, dos custos sendo despendidos contra os valores planejados inicialmente. Entretanto, apesar de se tratar de uma comparação pertinente, pode não ser a mais adequada, e vamos tentar explicar a razão. Em nosso projeto, o gerente estimou gastar até 10/3/2018, o valor total de 18.500,00. Esse seria o valor planejado (VP) acumulado até essa data, também chamada de data base.

Suponhamos que, por alguma razão, o custo real (CR) até esse momento tenha sido de 27 mil. Essa primeira perspectiva oferece uma visão bem pessimista do projeto; afinal, estamos acima do orçamento em 8.500,00. No entanto, é preciso entender também o que foi realizado até aquela data. Em outras palavras, o que já foi entregue em termos de escopo e qual o valor agregado (VA) ao projeto até então. Imaginemos que o gerente conseguiu entregar todo o escopo do projeto até essa data. Isso significaria que, mesmo estando acima do orçamento previsto, ele teria feito um grande trabalho, adiantando o projeto. Poder-se-ia argumentar que, mesmo assim, o planejamento teria sido muito malfeito, e eventualmente seria verdade. Mas o fato é que a comparação simples do VP com o CR não significa muita coisa. É preciso conhecer também o VA, a soma do valor planejado do trabalho concluído. De posse desses três aspectos, passamos a ter uma análise mais precisa do projeto, denominada análise de valor agregado ou *earned value analysis* (EVA), inclusive passando a monitorar seu andamento com o gerenciamento do valor agregado (GVA).

A tabela 2 simula o andamento do projeto até o dia 10/3/2018, incluindo: o custo por pacote da EAP, o valor planejado acumulado, o custo real, o CR acumulado, o valor agregado (com base no percentual completo de cada pacote) e o VA acumulado.

Segundo Fleming e Koppelman (2005), a maior virtude do GVA é que ele integra ao mesmo tempo a linha de base de escopo, de cronograma e de custos de modo a formar a linha de base de desempenho do projeto (*performance baseline*). É por meio dessa linha de base que o gerente pode monitorar, de forma muito mais eficaz, o andamento do projeto e até mesmo fazer previsões do que pode ocorrer com base em apenas três variáveis já descritas:

- VP: valor planejado;
- CR: custo real;
- VA: valor agregado.

Tabela 2
Simulação do andamento do projeto

EAP	Custo planejado por pacote EAP	Valor planejado acumulado (VP)	Custo real (CR)	Custo real (CR) acumulado	Valor agregado (VA)	% completo de cada pacote	Valor agregado (VA) acumulado
Planejamento	2.500,00	2.500,00	2.500,00	2.500,00	2.500,00	100	2.500,00
Análise dos resultados e acompanhamento	2.000,00	4.500,00	3.500,00	6.000,00	2.000,00	100	4.500,00
Análise do *design*	3.000,00	7.500,00	4.000,00	10.000,00	2.250,00	75	6.750,00
Layout	5.000,00	12.500,00	6.000,00	16.000,00	2.500,00	50	9.250,00
Relatório do *design*	1.000,00	13.500,00	3.000,00	19.000,00	250,00	25	9.500,00
Análise	5.000,00	**18.500,00**	8.000,00	**27.000,00**	2.500,00	50	**12.000,00**
Programação	25.000,00	43.500,00					
Relatório de desenvolvimento	5.000,00	48.500,00					
Testes	10.000,00	58.500,00					
Relatório de homologação	1.000,00	59.500,00					
		ONT = 59.500,00					

O VP é calculado levando em consideração as estimativas de desembolso de cada pacote ao longo do tempo em uma visão financeira do projeto. Pode ser importante para o gerente de projetos a visão contábil também dos gastos do orçamento, uma vez que essa informa quanto será desembolsado em cada pacote em função do tipo de custos, conforme vimos anteriormente. Mas, de qualquer forma, o planejamento para a estimativa detalhada do valor planejado (VP) ao longo do tempo é obrigação do gerente de projetos, assim como o do orçamento no término (ONT).

O valor do CR é o próprio custo incorrido no trabalho executado até a data base. Mas como obter o VA? Esse valor pode ser logrado de várias maneiras, desde a simples observação de quanto trabalho foi realizado até medições usando fórmulas e percentuais preestabelecidos. A maioria dos *softwares* de gerenciamento de projeto trabalha com o valor do pacote multiplicado pelo percentual do trabalho completo. Entretanto, esse tipo de cálculo pode trazer consigo elevado grau de subjetividade, uma vez que o anúncio dos dados pode variar em função da percepção de quem executa a tarefa. Não é incomum perguntarmos a um técnico quanto já foi feito da atividade e ele responder de forma extremamente otimista, quando, na verdade, a porcentagem completa seria menor.

Tendo essa realidade em vista, algumas empresas adotam uma fórmula fixa para minimizar esse problema. Supondo que um pacote de trabalho valha mil, a fórmula adotada pode ser com base na estimativa 50%-50%, o que significa que quando o trabalho no pacote for iniciado, já se considera que 500 foram realizados. A outra metade só seria contabilizada ao final do trabalho no mes-

ÁREAS DE CONHECIMENTO

mo pacote. O objetivo dessa técnica é acabar com o subjetivismo da percepção quanto ao andamento do trabalho. Diversas fórmulas podem ser adotadas nesse sentido: 50%-50%, 25%-75% e assim por diante, dependendo do grau de conservadorismo e da maturidade da organização para gerenciar projetos.

Outra forma de obter o VA é por meio da análise direta do que foi completado até determinado momento em determinado pacote de trabalho. Suponha que uma estrada de 500 km tenha de ser construída e o valor total do projeto é de 1 milhão. Se metade da estrada já foi feita, é razoável atribuir ao VA o valor de 500 mil, porque esse tipo de projeto permite a observação física do trabalho realizado. Alguns projetos, em função de sua natureza e característica, se prestam mais a observação direta de seus resultados; em outros, isso não é possível.

Uma vez aclimatada essa consideração sobre o VA, a análise dessas três dimensões (VP, CR, VA) de cada pacote de trabalho nos conduz a um gráfico muito útil, conveniente e informativo para o gerente de projetos (figura 31), que serve de base para a gerência do valor agregado do projeto (APM, 2013). Basta analisar o gráfico e a posição das curvas na data base para entender a situação do projeto.

Figura 31
Exemplo de análise de valor agregado

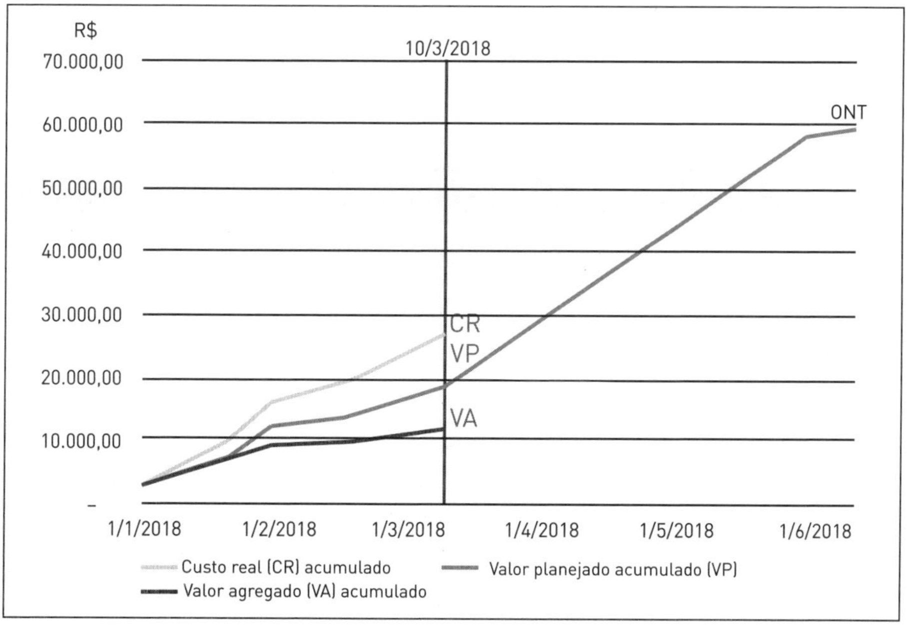

A partir da análise das curvas, é possível afirmar que nessa data base (10/3/18) o projeto está atrasado e acima do orçamento original. A curva âncora de análise é sempre a de valor agregado (VA), dado que ela indica quanto de fato foi incorporado ao projeto até então, de acordo com Fleming e Koppelman (2005). Nesse caso, o valor do que foi agregado é de apenas 12 mil em relação a um valor orçado de 18.500. Em outras palavras, quando o VA está abaixo do VP na mesma data, é um indicativo de atraso no projeto. Da mesma forma, quando o VA está abaixo do CR (nesse caso, de 27 mil), temos igualmente um indicativo de que estamos acima do orçamento. Veja que a análise do orçamento não é em relação ao VP, mas ao VA. O que importa, de fato, é o que foi agregado e não somente o que foi planejado até a data.

Claro que a análise pura do gráfico não é suficiente, porque se trata apenas de uma "foto" do que está ocorrendo em um dado momento do projeto. Essa análise precisa vir acompanhada de um estudo e consequente explicação para o atraso e estouro do orçamento. As explicações podem estar relacionadas ao aumento inesperado de alguma matéria-prima, pode ter havido o adiantamento de um pagamento ou diversos outros fatores a serem esclarecidos pelo gerente de projeto ao seu patrocinador. Essa investigação de como está o desempenho do projeto em termos de custos e cronograma pode ser feita de maneira absoluta ou por meio de índices. São diversos os medidores disponíveis, conforme demonstrado no quadro 7.

Quadro 7
Medidores do GVA

Sigla	Nome	Equação	Interpretação
VC	Variação de custos.	VC = VA − CR	> 0 → abaixo do custo planejado < 0 → acima do custo planejado = 0 → dentro do custo planejado
VPR	Variação de prazo.	VPR = VA − VP	> 0 → adiantado < 0 → atrasado = 0 → dentro do prazo
IDC	Índice de desempenho de custos.	IDC = VA / CR	> 1 → abaixo do custo planejado < 1 → acima do custo planejado = 1 → dentro do custo planejado
IDP	Índice de desempenho de prazos.	IDP = VA / VP	> 1 → adiantado < 1 → atrasado = 1 → dentro do prazo planejado

ÁREAS DE CONHECIMENTO

ENT	Estimativa no término: previsão da nova estimativa com base no andamento do projeto e na interpretação do que ainda poderá ocorrer. A fórmula a ser utilizada depende da análise do histórico e das perspectivas de futuro do projeto.	ENT = ONT / IDC	Se a previsão é de que o IDC permaneça o mesmo até o fim do projeto.
		ENT = CR + ONT – VA	Análise otimista segundo a qual o restante do projeto será executado conforme plano original. Assume que o desvio ocorrido até então foi pontual.
		ENT = CR + EPT	Se o plano inicial não for mais válido
		ENT = CR + [(ONT – VA) / IDP]	Quando se assume que o restante do projeto terá o mesmo desempenho de prazo (IDP) ocorrido até o momento.
		ENT = CR + [(ONT – VA) / IDC]	Quando se assume que o restante do projeto terá o mesmo desempenho de custos (IDC) ocorrido até o momento.
		ENT = CR + [(ONT – VA) / (IDC x IDP)]	Quando se assume que o restante do projeto terá o mesmo desempenho de prazo e custos ocorrido até o momento.
VNT	Variação ao término: diferença de custo estimada ao fim do projeto.	VNT = ONT - ENT	> 0 → abaixo do custo planejado < 0 → acima do custo planejado = 0 → dentro do custo planejado
EPT	Estimativa para terminar: custo esperado para finalizar o projeto.	EPT = ENT – CR	
IDPT	Índice de desempenho para término: projeção do desempenho de custos que deve ser atingido no trabalho restante para alcançar os objetivos de gerenciamento.	IDPT = (ONT – VA) / (ONT – CR)	Eficiência necessária para completar dentro do plano: > 1 → mais difícil de concluir < 1 → mais fácil de concluir = 1 → ideal para concluir
		IDPT = (ONT – VA) / (ENT – CR)	Eficiência necessária para completar dentro da ENT atual: > 1 → mais difícil de concluir < 1 → mais fácil de concluir = 1 → ideal para concluir

Fonte: adaptado de PMI (2017a:267).

A figura 32 resume, por meio da análise gráfica, uma perspectiva mais ampla de todas as possibilidades de utilização do GVA, com base em seu conjunto disponível de variáveis e fórmulas.

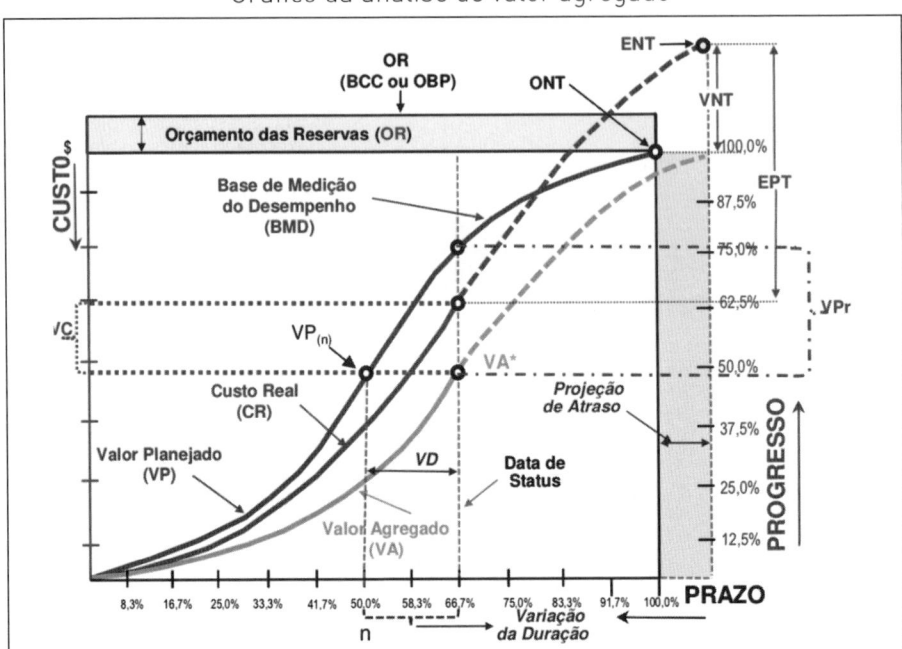

Figura 32
Gráfico da análise de valor agregado

Como observado, por meio do GVA podemos fazer não só diagnósticos precisos e integrados sobre o passado e a posição atual do projeto, como também previsões com bases no horizonte das curvas. Por conseguinte, o prognóstico do projeto se torna mais apurado, preciso e menos sujeito a divagações e subjetividades, conforme podemos observar na análise dos indicadores do projeto do *website* no quadro 8.

Quadro 8
Indicadores do projeto segundo GVA

Medidor	Nome	Fórmula	Resultado
VC	Variação de custo	VA − CR	−15.000,00
VPR	Variação de prazo	VA − VP	−6.500,00
IDC	Índice de desempenho de custo	VA / CR	0,44
IDP	Índice de desempenho de prazo	VA / VP	0,65
ENT	Estimativa no término	CR + ONT − VA	74.500,00
VNT	Variação no término	ONT − ENT	15.000,00
EPT	Estimativa para terminar	ENT − CR	47.500,00
IDPT	Índice de desempenho para terminar	(ONT − VA) / (ONT − CR)	1,46

Na análise feita no dia 10/3/2018, esse projeto havia gasto 27 mil (CR) e ainda previa um gasto de mais 15 mil (VNT). Ou seja, se o orçamento no término (ONT) original era de 59.500, passou a ser de 74.500 (ENT). Isso porque estamos assumindo um cenário otimista no qual o restante do projeto seria executado conforme o plano original.

A nova estimativa de gastos gira em torno de 47.500 (EPT), dado que o projeto está 44% (IDC) acima dos custos e com progresso de apenas 65% (IDP) em relação ao cronograma estimado. Em resumo, a chance de término dentro do plano original é muito baixa (IDPT). Um IDPT de 1,46 indica que, a partir dessa data, cada R$ 1,00 ainda não gasto deve agregar resultados de R$ 1,46.

É possível ainda realizar outra análise quanto ao progresso do projeto e à evolução de suas variações de custos e prazo, viabilizando uma perspectiva histórica ainda mais precisa para a equipe. Suponha o gráfico GVA da figura 33.

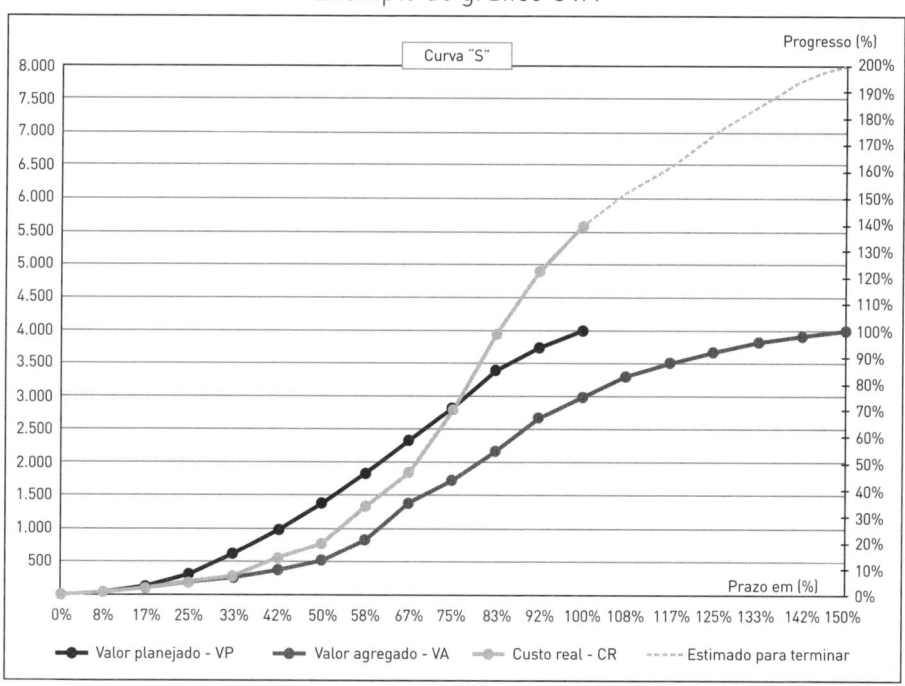

Figura 33
Exemplo de gráfico GVA

Nesse caso, temos uma evolução de indicadores que demonstra um índice de desempenho de custos (IDC) quase todo o tempo abaixo de 1,00; o que significa um gasto acima do planejado, e um índice de desempenho de prazo (IDP) que começou mal e depois se recuperou. Na figura 34, colocamos um limite superior (LS) de controle de 1,2 e um limite inferior (LI) de controle de 0,8 como pontos de referência e atenção para o gerente do projeto.

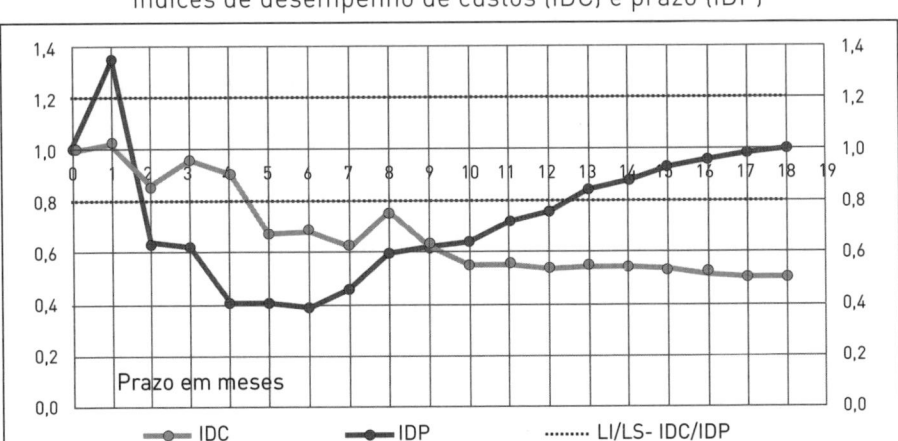

Figura 34
Índices de desempenho de custos (IDC) e prazo (IDP)

O que os leitores podem ter notado é que o IDP não considera nem o caminho crítico do projeto nem a dependência entre atividades. Isso significa que o IDP pode, eventualmente, representar uma situação positiva, mas que pode não corresponder à realidade do andamento do projeto. Outro ponto é que todo projeto que já se encontra acima do prazo planejado vai refletir um IDP tendendo a 1 até o final de sua execução, passando uma ideia errônea de que o desempenho de prazo estaria melhorando. Em ambos os casos, podemos ter uma precisão maior quanto à nova data de término do projeto, se for realizada uma revisão da duração das atividades que ainda estão em andamento e que faltam no cronograma, incluindo seus respectivos recursos.

Mesmo assumindo essas considerações, o GVA (APM, 2013) oferece toda essa imensa gama de possibilidades gráficas e de variáveis, que, se colocadas em uma planilha ou outro aplicativo, facilitam muito a vida do gerente de projetos. São análises que aparentemente poderiam ter um grau de complexidade elevado, mas que na prática são relativamente simples de serem investigadas. Obviamente, o GVA só faz sentido a partir de dados corretamente inseridos e classificados. Isso significa que o esforço de planejamento e controle compensa e precisa ser tratado de maneira compatível pelo gerente de projetos. Os ganhos são proporcionais ao seu empenho e à sua diligência.

Gerência da qualidade

A preocupação com a qualidade é algo tão essencial ao projeto quanto o é no cotidiano das empresas. Todas as áreas de conhecimento guardam relação com a área da qualidade, visto que a gestão da qualidade aborda não só a qualidade do produto do projeto, mas também do próprio desenrolar do projeto em si, inclusive alinhado à ideia de melhoria contínua dos processos da organização.

Clientes demandam produtos e serviços com atributos que satisfaçam suas necessidades e expectativas, que são expressas em especificações, como vimos na área de escopo. Essas especificações podem estar em um contrato ou ser estipuladas pela própria organização. O mais importante é lembrar que quem define a qualidade, ou seja, a aceitação do que estará sendo entregue, é sempre o cliente. A própria definição de qualidade corrobora essa perspectiva, uma vez que pode fazer uso de diversos parâmetros distintos ou complementares ligados à excelência do produto: seu valor (no sentido de seus atributos), conformidade com as especificações do projeto, regularidade, uniformidade, adequação ao uso, entre outros possíveis critérios. Todos são preceitos legítimos, mas a Associação Brasileira de Normas Técnicas (ABNT), na norma NBR ISO 8042, define a qualidade como a totalidade de propriedades e características de um produto ou serviço, que confere sua habilidade em satisfazer necessidades explícitas ou implícitas (Oliveira, 2004:79).

Do ponto de vista histórico, o movimento pela qualidade foi crescente e acompanhou a própria evolução da teoria das organizações, particularmente com o advento das revoluções industriais e das grandes guerras. O paradigma do trabalho como um todo foi alterado com as revoluções industriais em função da promoção de trabalhos mecânicos em detrimento de ofícios manuais, sendo necessário promover a inspeção e o controle de processos. Acrescentam-se ainda muitos conceitos até então intocáveis, tais como a mecanização crescente, novas aplicações tecnológicas revolucionárias, surgimento da economia de mercado, além de novas expectativas e desejos do consumidor em uma sociedade cada vez mais consumista (Rodrigues, 2014). Já as guerras impulsionaram a indústria a produzir equipamentos e utensílios bélicos de maior qualidade.

A fabricação em massa de produtos não diferenciados no início do século XX levou à busca pela padronização, visando a uma produção uniforme, com foco iniciado na indústria automobilística de Henry Ford (1863-1947). Mas não era trivial garantir que todos os produtos fabricados não apresentariam defeitos, e a inspeção da qualidade era uma atividade que demandava tempo, além de ser extremamente reativa, na medida em que não induzia a qualidade; apenas apontava falhas. Essa procura pela regularidade e a necessidade de dinamizar o controle da qualidade impulsionaram a pesquisa com técnicas estatísticas de amostragem e levaram à criação do controle estatístico da qualidade, em 1926, por Walter Shewhart (1891-1967), que especificava um método para análise de produtos não compatíveis com o padrão desejado, no que se convencionou chamar de controle estatístico do processo (CEP) ou carta de controle (figura 35). Uma vez identificados os itens de produção em não conformidade, a ideia seria definir a causa raiz do problema, de forma a estabilizar o processo.

Figura 35
Controle estatístico de processo

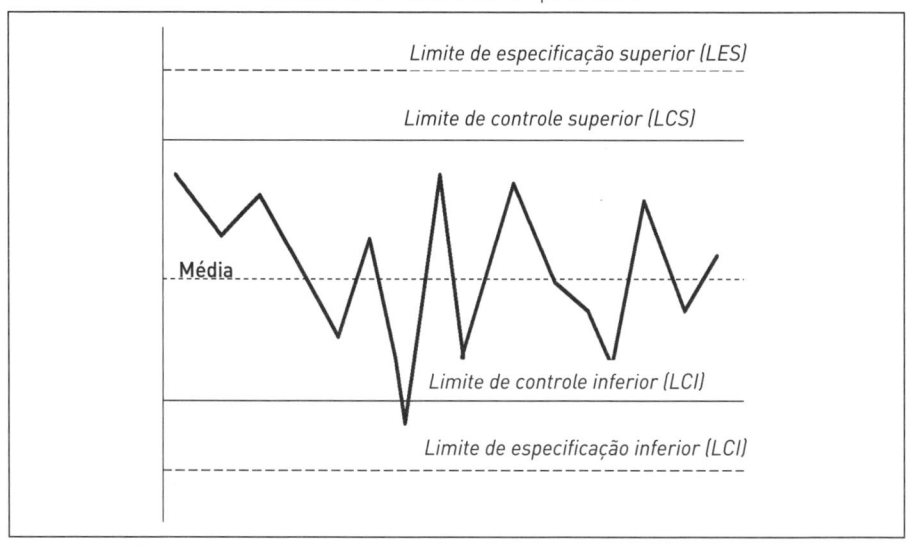

O gráfico de controle é desenhado com base em uma amostragem do processo, considerando limites inferiores e superiores aceitáveis quanto a determinada variabilidade. As variações podem ser do tipo comum, inerentes ao processo e, portanto, controladas, uma vez que a intercorrência se dá dentro do esperado e fica inclusa nos limites especificados pelo cliente ou pelo próprio fornecedor.

Mas podemos também ter causas especiais de variação, provocando um afastamento além dos limites de controle desejáveis pelo processo, demandando ações corretivas.

Shewhart, que era físico, estatístico e engenheiro, criou também o ciclo de melhoria contínua do processo, aprimorando o conceito de controle de Frederick Taylor (1856-1915), que era focado fundamentalmente no planejamento, na produção e na inspeção (*plan-do-see*). A ideia seria promover um acréscimo a esse processo, de forma que o modelo se transformasse em um sistema, à medida que os resultados obtidos alimentassem o planejamento da próxima etapa a ser seguida, alicerçado nas lições aprendidas a cada etapa.

Essa retroalimentação propiciava um aprimoramento do processo como um todo, com base na análise de problemas encontrados nas etapas anteriores. A ideia, denominada "ciclo de Shewhart", foi levada ao Japão no pós-guerra por outro estatístico, William Deming (1900-1993), e aperfeiçoada, propondo um método de produção analisado como um sistema, de forma cíclica. Assim, o modelo adotado no Japão passou a ser o PDCA (*plan-do-check-act*), com adoção extremamente disseminada em todas as organizações até os dias de hoje, conforme pode ser observado na figura 36.

Figura 36
Ciclo PDCA conforme otimizado no Japão

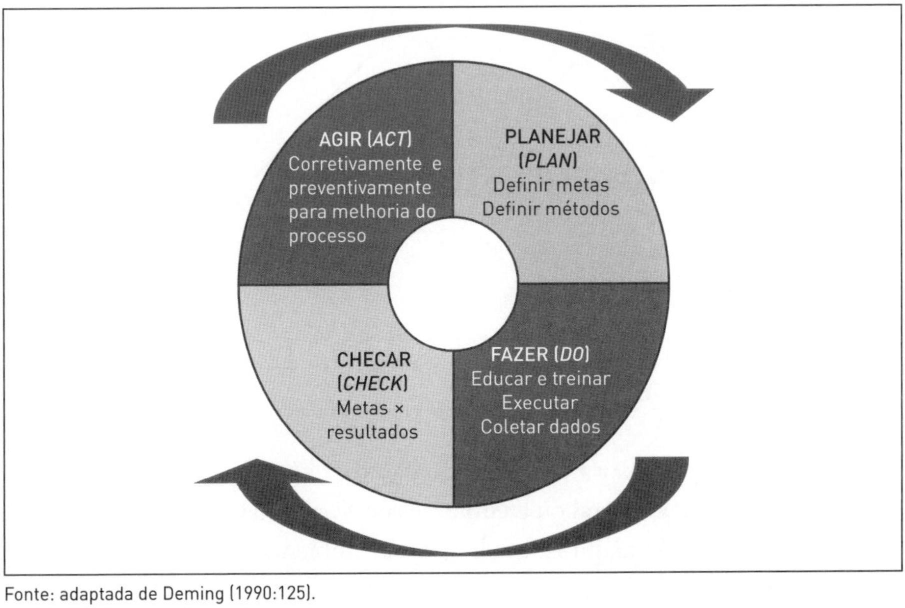

Fonte: adaptada de Deming (1990:125).

Contemporâneo de Deming, outro importante vulto na história da qualidade foi Joseph Juran (1904-2008), um romeno formado em engenharia nos Estados Unidos que definia a qualidade como adequação ao uso, tendo sido o primeiro a considerar os custos da qualidade, que classificava como: custos da conformidade (prevenção e avaliação) e custos da não conformidade (falhas internas e externas). Foi o criador da chamada trilogia da qualidade, envolvendo planejamento, controle e aprimoramento da qualidade, e adotando um enfoque preventivo, visando reduzir o nível de perdas na produção.

Com base nos pensamentos de Deming e Juran, o químico japonês Kaoru Ishikawa (1915-1989), membro da Japanese Union of Scientists and Engineers (Juse), foi o mentor dos círculos de controle da qualidade, demandando uma mudança em prol de uma mentalidade mais proativa e que visava ao envolvimento de todos os *stakeholders* da organização com a qualidade, particularmente os de alto escalão. Foi também o criador das chamadas sete ferramentas da qualidade, sendo a mais conhecida delas, batizada de diagrama de causa e efeito (também denominado diagrama de Ishikawa ou diagrama "espinha de peixe"), conforme ilustra a figura 37.

Figura 37
Diagrama de causa e efeito

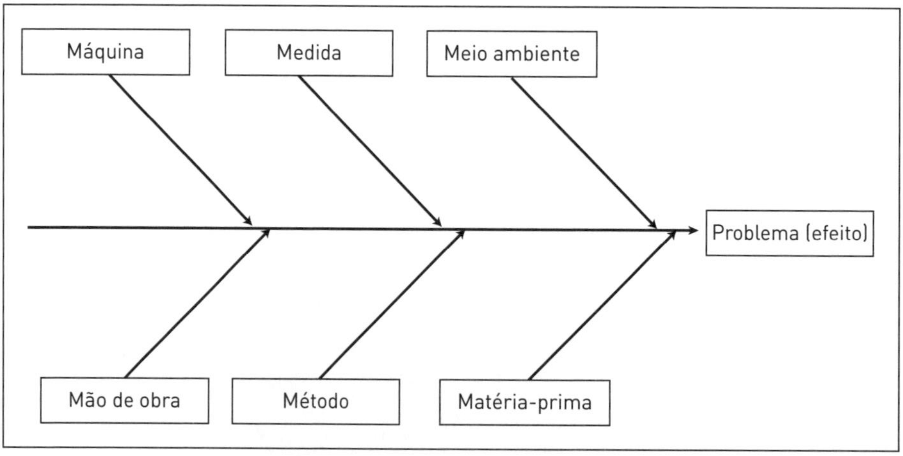

O diagrama de Ishikawa é desenhado da direita para a esquerda e permite analisar um problema central ou efeito desejado a partir das principais áreas que levariam a esse efeito: máquina, medida, meio ambiente, mão de obra, método e matéria-prima. Essas variáveis podem e devem também ser subdivididas para que possamos ter uma visão clara de cada aspecto primário e secundário que poderia acarretar o problema que desejamos corrigir. É de suma importância que todos os *stakeholders* ligados ao problema participem dessa análise, até para que os diversos pontos de vista sejam levados em consideração. Hoje em dia, a metodologia foi tão difundida que em muitas organizações, em particular nas fábricas, a adoção do diagrama pode ser vista até mesmo na parede em salas de reunião.

Philip Crosby (1926-2001), um empresário norte-americano, foi outro marcante protagonista da evolução da filosofia da qualidade. Originou o conceito de "zero defeito", no sentido da busca incessante por tentar fazer certo da primeira vez. Publicou 13 livros relativos a qualidade, sendo o mais famoso deles intitulado *Quality is free*, no qual postulava que cada centavo investido na qualidade seria um centavo gasto a menos depois em custos da não conformidade. Nesse sentido, o dinheiro não despendido na correção de problemas se traduziria em maior lucro para a organização.

Diversos outros personagens foram determinantes na história e na evolução do pensamento da qualidade, de uma época preliminar de pura inspeção, passando pela prevenção e finalmente em direção à gestão da qualidade propriamente dita. Poderíamos citar: Vilfredo Pareto (1848-1923), Shigeo Shingo (1909-1990), Genichi Taguchi (1924-2012), Armand Feigenbaum (1922-2014), entre outros, mas suas contribuições fogem ao escopo deste livro.

A escola japonesa da qualidade, entretanto, é especialmente interessante do ponto de vista do gerenciamento de projetos porque promoveu uma verdadeira revolução a partir das ideias derivadas de pensadores ocidentais. A cultura e a disciplina dos japoneses, além do foco constante no combate ao desperdício, os levaram a buscar novos meios de organizar o processo de produção (Rodrigues, 2014). A empresa Toyota, fazendo uso do chamado "sistema Toyota de produção" e depois copiada por outras organizações de diversos segmentos, serviu de base para o "sistema de produção enxuta", também chamado sistema *lean manufactoring*.

O objetivo central da produção enxuta é entregar o máximo de valor com a menor quantidade possível de recursos. Para tanto, o sistema *lean* busca de forma incessante a eliminação de desperdícios, a melhoria contínua de processos e a produção puxada. Valor é o princípio que norteia todos os outros e que representa aquilo que atende plenamente às necessidades e expectativas do cliente. Para tanto, é sugerida a eliminação de todo e qualquer desperdício em todas as etapas do processo produtivo, o que proporciona também a redução de custos e do tempo de entrega. Quanto à melhoria contínua, a expressão japonesa *kaizen* significa "mudança para melhor", simbolizando a crença de que sempre é possível aprimorar alguma das atividades do processo. Finalmente a produção puxada assinala que nada deve ser produzido sem que o cliente do processo posterior demande (puxe), o que confere flexibilidade à produção.

A filosofia *lean* levou de forma notória ao controle do desperdício, transformando o conhecido sistema JIC (*just-in-case*) em JIT (*just-in-time*). Ou seja, enquanto no JIC privilegiam-se estoques para evitar descontinuidades no sistema produtivo, no JIT o ritmo da produção é ditado pelo cliente, que puxa a produção e resulta em estoques menos carregados do que o necessário, uma vez que nada deve ser produzido, comprado ou transportado antes da hora certa.

Um dos sistemas que viabilizam e suportam o JIT é um método criado por japoneses da Toyota denominado *kanban*, que significa "cartão". Esses cartões ou etiquetas eram utilizados para indicar visualmente se o fluxo da produção poderia ou não ser continuado de estação para estação de trabalho. Nos dias de hoje, o "cartão" já foi substituído por outros sistemas de informação visual, e sua utilização tem se difundido para segmentos além das indústrias. Até mesmo empresas de prestação de serviços adotaram a metodologia *kanban*, fazendo uso de cartões adesivos com cores e tamanhos distintos ou mesmo por meio de *softwares* e aplicativos que visam explicitar informações sobre o progresso do trabalho sendo realizado. Falaremos mais sobre o pensamento *lean* e sobre *kanban* ao mencionarmos as práticas ágeis, no capítulo 4.

Outra prática muito utilizada na Toyota dentro da filosofia *lean* é o uso do A3, uma folha de 29,7 × 42 cm que assume um papel de extrema importância na medida em que cada problema a ser resolvido ou projeto que precisa ser implementado deve ser passível de ser registrado em uma única folha A3, conforme a figura 38.

Todos os detalhes do projeto, a abordagem que será utilizada, os responsáveis, as condições atuais, o plano, a estratégia de acompanhamento, tudo sintetizado em uma só folha, a fim de que todos os envolvidos enxerguem a questão por meio de uma mesma lente. A solução visual favorece a simplicidade, praticidade e foco na ação necessária, minimizando uma burocracia indesejável.

Conforme visto, os padrões ISO 10006:2003 e ISO 21500:2012 estabelecem, respectivamente, guias para aplicação da gestão da qualidade em projetos e para o processo de gerenciamento de projetos como um todo.

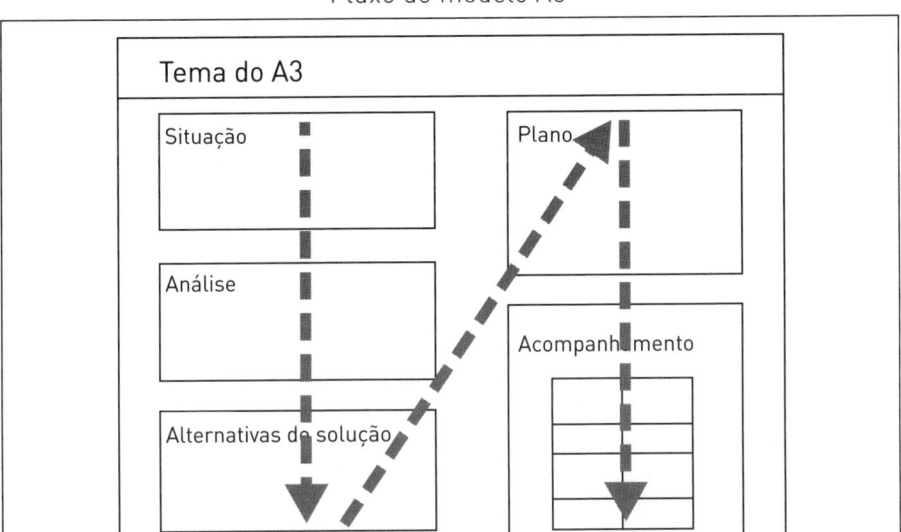

ÁREAS DE CONHECIMENTO

Figura 38
Fluxo do modelo A3

A revisão desses padrões e do *Guia PMBOK* (PMI, 2017a) sugere que as tendências em gerência da qualidade de projetos envolvem parâmetros que aproveitam os conceitos históricos da qualidade na medida em que valorizam a satisfação do cliente, a abordagem de aprimoramento contínuo, a responsabilidade gerencial de prover os recursos adequados necessários a todos do time e o reconhecimento de que a parceria com fornecedores é de característica interdependente. Logo, a cooperação, principalmente com fornecedores de longo prazo, é extremamente bem-vinda para o desenvolvimento de projetos com qualidade. Nesse sentido, os principais processos relacionados à gerência da qualidade em projetos estão exibidos na figura 39.

Figura 39
Gerência da qualidade do projeto

Uma vez que o planejamento da qualidade pode ser tanto de produto quanto de serviço, devemos imaginar que a ligação da área de qualidade com a de escopo é extremamente íntima, sincrônica e paralela. Pode incluir desde considerações básicas sobre a temperatura média esperada de um aparelho de ar-condicionado em uma sala até sofisticações relativas ao acordo de nível de serviço ou *service level agreement* (SLA) de determinada atividade a ser prestada. Quando fazemos alusão ao SLA, referimo-nos aos tempos de atendimento, disponibilidade, horários, velocidade e tudo mais que pode fazer parte de um acordo desse tipo.

Uma das questões mais recorrentes quando se começa a imaginar as possibilidades decorrentes do planejamento da qualidade é até que ponto vale a pena investir na qualidade do projeto. Uma análise custo/benefício pode ajudar sobremaneira essa investigação, levando em consideração a tipologia de custos sugerida por Juran: custos de prevenção, avaliação e falhas. O correto balanço entre os custos de prevenção e avaliação visa amenizar custos com falhas internas e externas, que normalmente são os mais dispendiosos e que mais denigrem a imagem da organização executora.

Planejar a qualidade significa identificar quais os padrões e metas relevantes de qualidade para o projeto e suas entregas, além de preparar os documentos sobre como o projeto pretende demonstrar conformidade com esses padrões. Uma vez de posse das diversas fontes de documentação do projeto, em particular seu escopo detalhado, o gerente de projetos tem à sua disposição uma série de ferramentas que o auxiliam no planejamento da qualidade.

Uma das mais comuns é a técnica de *brainstorming*, que prevê a coleta de dados em grupo de forma criativa e sem discriminação de ideias. Podemos fazer também uso de *benchmarking*, visando à comparação entre práticas utilizadas ou planejadas para o projeto com outras de empreendimentos semelhantes dentro da organização ou mesmo fora dela. Outras ferramentas, tais como fluxogramas e mapas mentais, contribuem para visualização de processos, áreas, responsabilidades, entre outras representações de dados que podem ser muito úteis durante o planejamento da qualidade ao longo do ciclo de vida do projeto. Os fluxogramas são ferramentas para mapeamento de processos simples, com símbolos padronizados (figura 40).

Já os mapas mentais pressupõem um método para organizar informações de forma visual. Podemos imaginá-lo em analogia a um diagrama de Ishikawa, só que expandido em diversas direções, de acordo com a necessidade e a imaginação de quem o está modelando, como no exemplo da proposta de pesquisa acadêmica da figura 41.

Figura 40
Exemplo de fluxograma horizontal

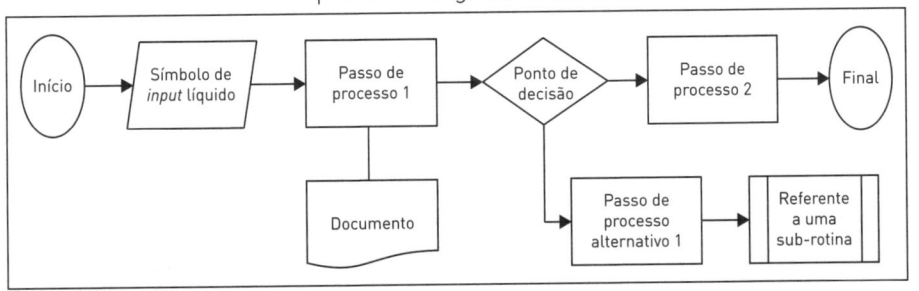

Fonte: APBMP (2013:84).

Figura 41
Exemplo de mapa mental

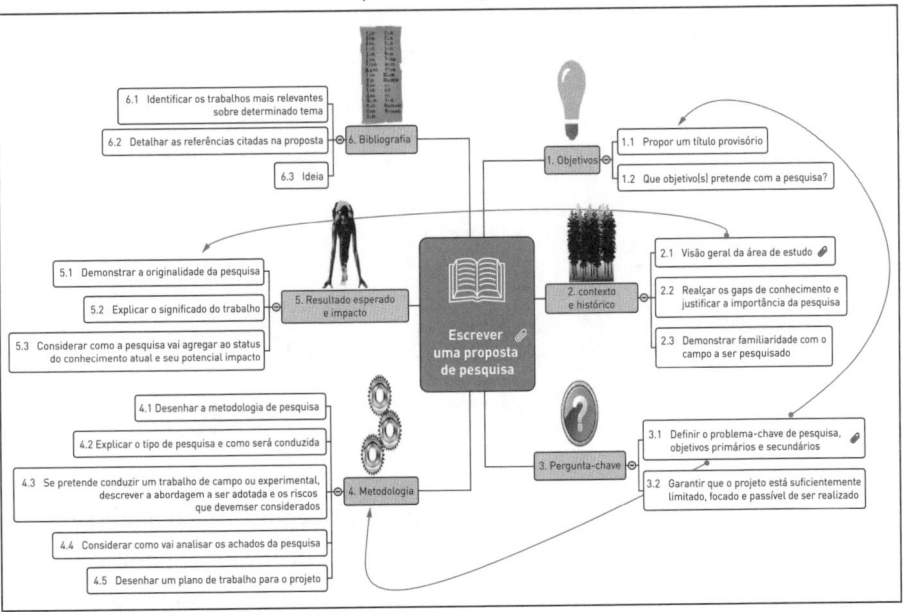

A técnica ajuda na coleta de requisitos de qualidade, mas também na concepção de divisões, subdivisões, dependências e relacionamento entre informações pertinentes ao projeto. Auxilia também na compreensão e solução de problemas, memorização e aprendizado, constituindo uma excelente ferramenta para *brainstorming*, gestão do conhecimento e do capital intelectual gerado pelo projeto.

Como exemplo de aplicação de planejamento da qualidade, podemos imaginar o projeto da criação de uma plataforma de ensino a distância em uma empresa, que pode ser desenvolvida de acordo com a EAP do projeto, conforme o quadro 9.

Quadro 9
Planejamento da qualidade de acordo com a EAP

Item EAP	Requisito	Métrica/indicador Sigla e descrição	Fórmula/método de coleta	Meta (critério de aceitação)
Plataforma de ensino a distância	Não ter erros.	NE: Número de erros.	Testes completos das funcionalidades.	NE = 0
Alavancagem do canal da empresa no YouTube	Ter mais de 15 mil visualizações do canal em três meses.	INV: Indicador de visualizações dos vídeos do canal.	Medição no canal.	INV > 15 mil
Alavancagem do canal da empresa no YouTube	Ter mais de 1.500 inscritos no canal em três meses.	INI: Indicador de número de inscritos no canal.	Medição no canal.	INI > 1.500
Alavancagem nas redes sociais	Ter mais de 1.500 inscritos no grupo do Facebook em três meses.	INF: Indicador de inscritos no Facebook.	Medição nas redes sociais.	INF > 1.500
Projeto gamificação da plataforma	Duração máxima de oito meses.	IDP: Indicador de desempenho de prazo.	IDP = VA / VP.	Variação máxima de 5%
Livro diagramado	Ter entre 130 e 170 páginas, com pelo menos uma figura a cada três páginas.	NMF: Número médio de figuras por total de páginas.	Número de figuras / número de páginas do livro. Inspeção do livro	NMF ≥ 0,33

A gerência da qualidade visa garantir que o planejamento da qualidade seja cumprido, incorporando inclusive a política de qualidade da organização, caso exista. Prevê atitudes mais proativas e preventivas como sugerido na evolução da escola da qualidade, além de ser responsabilidade de todos os *stakeholders* envolvidos no projeto. Todas as ferramentas mencionadas anteriormente podem ser igualmente utilizadas, mas um processo muito comum na gerência da qualidade são as chamadas auditorias de projetos, que normalmente são realizadas por equipes externas ao empreendimento (podendo ser interna ou externa à organização executora do projeto) de forma a assegurar total isenção ao processo. A auditoria de qualidade visa identificar se as melhores práticas estão sendo utilizadas, assim como possíveis não conformidades em relação ao planejamento de qualidade idealizado ou à política de qualidade estabelecida. Mas também se propõe ajudar na melhoria da perspectiva do projeto do ponto de vista da qualidade em todas as suas áreas de conhecimento e aumentar a produtividade da equipe. Um exemplo de instrumento de auditoria pode ser encontrado no anexo V deste livro.

O controle da qualidade objetiva monitorar os resultados da execução do planejamento da qualidade e avaliar seu desempenho. Apesar de sua característica mais reativa, comparável ao papel da inspeção explicado na história da qualidade, é de fundamental importância para o projeto como forma de medir se as entregas do projeto estão de acordo com o planejamento da qualidade realizado. Assim como a gerência da qualidade, trata-se de um processo contínuo, ao longo de todo projeto. Controlar a qualidade é analisar a adequação de um produto ou serviço ao uso, de forma a subsidiar a aceitação pelo cliente interno ou externo. Entretanto, as atividades relativas ao controle da qualidade podem variar muito dependendo do segmento, uma vez que algumas áreas incluem procedimentos específicos para esse fim no ciclo de vida do projeto, como é muito comum no setor farmacêutico, por exemplo.

Ferramentas como *checklists*, amostragens estatísticas, questionários e pesquisas são frequentemente utilizadas, assim como reuniões dos mais variados tipos, desde aquelas para aprovação de mudanças até as de retrospectiva e análise de lições aprendidas. Outra ferramenta extremamente utilizada são histogramas, que distribuem ocorrências por frequência em colunas ou barras, podendo representar defeitos por entrega, processos em não conformidade, entre outros. O diagrama de Pareto (figura 42) é um exemplo de histograma que ordena as frequências de determinadas ocorrências da maior para menor, possibilitando a priorização de problemas e suportando o princípio de Pareto, que sugere que 80% dos problemas são relativos a 20% das causas. O axioma foi proposto por Joseph Juran em homenagem ao economista, sociólogo e cientista político Vilfredo Pareto (1848-1923).

Ainda no exemplo do projeto da plataforma de ensino a distância, poderíamos montar um mapa (quadro 10), com base nos indicadores, ferramentas, responsáveis e periodicidade de análise para controle e garantia da qualidade.

Figura 42
Exemplo de diagrama de Pareto

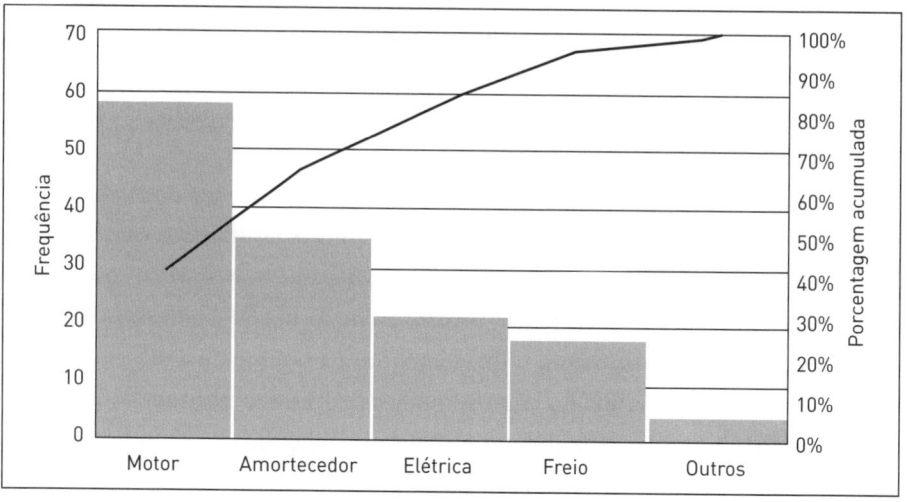

Quadro 10
Controle e garantia da qualidade

Atividade	Indicadores associados	Ferramentas a serem utilizadas	Responsável	Periodicidade
Testar a plataforma	NE	Checklist	Analista de testes	A cada entrega
Avaliar a performance do canal	INV e INI	Checklist	Coordenador do projeto	Semanal
Avaliar a performance das redes sociais	INF	Checklist	Coordenador do projeto	Semanal
Fazer a reunião de acompanhamento do projeto	IDP	Gráfico de linha	Gerente do projeto	Quinzenal
Avaliar o livro diagramado	NMF	Checklist	Coordenador do projeto	A cada versão do livro
Realizar auditoria da qualidade	Todos	Checklist e gráfico de Pareto	Gerente da qualidade	Bimestral, a partir da data de início do projeto

Fazendo uso dessas e de outras ferramentas de planejamento, gestão e controle, a gerência da qualidade em projetos viabiliza decisões sobre os padrões a serem utilizados, projeções de eventuais baterias de testes e avaliações, estabelecimento dos papéis e responsabilidades que cada *stakeholder* deverá assumir quanto à qualidade e ações previstas quanto à qualidade ao longo de todo o projeto. Nunca é demais lembrar que a qualidade é responsabilidade de todos.

Gerência de stakeholders

Como mencionado em capítulos anteriores, nunca é demais reforçar que projetos são feitos por pessoas, para pessoas, por meio de pessoas. Em função dessa realidade, é papel *sine qua non* do gerente de projetos conhecer e gerenciar os *stakeholders* que serão afetados pelo seu projeto. Poder-se-ia argumentar que isso é relativamente mais fácil de conseguir em projetos com poucas pessoas envolvidas, mas em um megaprojeto é notoriamente muito difícil conhecer todas as partes interessadas relacionadas ao empreendimento. É como se o gerente do projeto de uma hidroelétrica tivesse de conhecer todos os moradores que serão afetados pela obra naquela cidade, todos os mil membros de sua equipe, fiscais de órgãos ambientais etc. Na prática, isso não seria possível. Entretanto, pelo menos os chamados *key stakeholders*, aqueles que são a chave para o bom andamento do projeto, devem estar devidamente mapeados. Mais do que isso, devem ser analisados de perto, de forma a reforçar o engajamento daqueles que são favoráveis ao projeto e monitorar aqueles que são contrários ao seu bom andamento. Se pararmos para pensar, qualquer contribuição para o empreendimento (financeira ou não) vem de seus *stakeholders*, assim como o próprio estabelecimento de critérios para avaliação dos benefícios e do sucesso do projeto. Além disso, potenciais resistências podem causar riscos ao empreendimento, assim como o projeto também pode afetar os *stakeholders* para melhor ou para pior (Eskerod, Huemann e Savage, 2015).

Para alguns autores (Eskerod, Huemann e Savage, 2015; Cleland, 2008; Dervitsiotis, 2003), o processo de gestão de expectativas de *stakeholders* deve ser a principal preocupação do gerente de projetos. A figura 43 ilustra bem essa necessidade, na medida em que sugere que o gerente de projeto e sua equipe não só identifiquem as partes interessadas, mas tentem também detectar sua missão e determinar seus pontos fortes e fracos. Colocado de outra forma, qual a motivação, de fato, de aqueles *stakeholders* estarem ligados àquele projeto? Muitas vezes existem as chamadas "agendas escondidas" ou razões reais pelas quais pessoas ou organizações são contra determinadas iniciativas ou a favor delas. Essas razões podem ser de cunho organizacional, pessoal, podem envolver ambições, valores, educação, cultura e uma série de outras variáveis que precisam ser analisadas no detalhe para que a estratégia que cada *stakeholder* adotar seja devidamente interpretada e compreendida.

Figura 43
Gerência de *stakeholders*

- Identificar os *stakeholders*
- Levantar informações quanto aos *stakeholders*
- Identificar a missão dos *stakeholders*
- Determinar os pontos fortes e fracos dos *stakeholders*
- Identificar a estratégia dos *stakeholders*
- Prever o comportamento dos *stakeholders*
- Implementar a gerência dos *stakeholders*

(centro: Gerência de projetos)

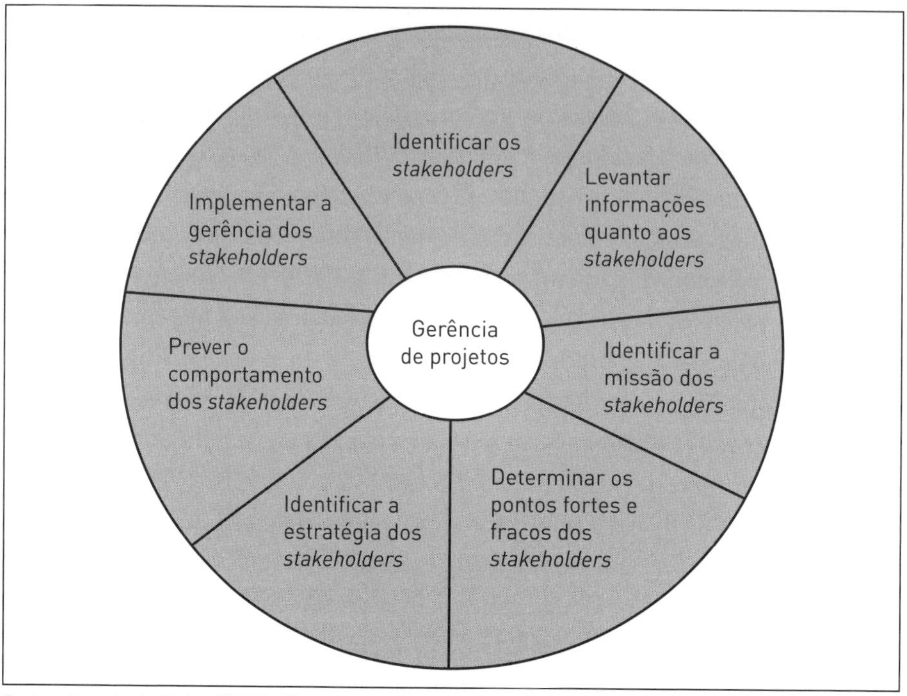

Fonte: adaptada de Cleland (2008:45).

Como exemplo, imagine um usuário que está se posicionando contra a implantação de um projeto de uma nova tecnologia, resistindo ou impondo uma série de dificuldades que visivelmente comprometem o bom andamento do mesmo. Essa reação pode representar uma atitude defensiva ou literalmente temerosa, consciente ou não, dos resultados esperados do projeto. Quem sabe, sua atividade deixará de existir e, por consequência, seu emprego? O projeto passa a representar uma ameaça para aquele *stakeholder* e seu motivo não deixa de ser legítimo.

Talvez o que falte nesse caso específico seja uma comunicação mais clara sobre os objetivos do projeto, como cada área será favorecida e como os usuários poderão usufruir melhor dos benefícios da nova tecnologia. É por isso que o processo de gerência de *stakeholders* também sugere, de maneira até ousada, que o comportamento das partes interessadas seja previsto. Por mais que pessoas, grupos ou até mesmo organizações não sejam máquinas e, portanto, sejam passíveis de certa aleatoriedade em seus atos (muitas vezes associada ao livre arbítrio), o devido trabalho de observação, escuta e análise de cada *stakeholder*, se feito de maneira cuidadosa e constante, pode ajudar a revelar padrões de comportamento que originalmente não são facilmente perceptíveis em uma análise mais superficial.

Essa gerência de *stakeholders* envolve a atenção e a preocupação constantes do gerente de projetos e de sua equipe, que dura, literalmente, desde as fases mais tenras do projeto até sua finalização. Problemas das mais diversas ordens podem ser evitados ou minimizados, uma vez que a expectativa das partes interessadas no projeto esteja compreendida e respondida adequadamente. Uma estratégia muito comum nesse sentido é fazer com que os *stakeholders* mais negativos a determinada ideia passem a ser protagonistas da mesma, vendendo sua aplicação aos demais. Vira-se o jogo e consegue-se o engajamento por meio do comprometimento dos desfavoráveis à ideia. Da mesma forma, aqueles que são positivos em relação ao projeto também podem ser impulsionados para uma contribuição maior.

Em função desses motivos que fogem a questões puramente técnicas e que, pelo contrário, estão diretamente relacionados a temas pessoais e até mesmo íntimos, é que a responsabilidade do gerente de projetos se torna ainda maior. A gerência de *stakeholders* tenta identificar as partes interessadas que podem impactar ou ser impactadas pelo projeto, examinando e tratando suas expectativas, seus efeitos no projeto e estabelecendo estratégias adequadas para seu gerenciamento e engajamento. Os principais processos estão representados na figura 44.

Figura 44
Gerência de *stakeholders* do projeto

Monitoramento — Stakeholders — Identificação
Engajamento

Como se poderia imaginar, todos esses três processos devem ser revisados ao longo do ciclo de vida do projeto e não somente no início, uma vez que novos *stakeholders* podem entrar e alguns podem sair ao longo da execução. Além disso, as possibilidades de mudanças são tantas e ocorrem de forma tão imprevisível que manter o mapa de *stakeholders* atualizado deve ser uma das principais preocupações do gerente de projetos e sua equipe.

A identificação dos *stakeholders* envolve conhecer e documentar cada parte interessada, seus interesses, ambições, relações entre si, sua influência e impacto no projeto. A documentação se faz necessária não só porque ajuda no estudo e na compreensão de cada *stakeholder* separadamente e em conjunto, mas também porque formaliza e evidencia, do ponto de vista histórico, o mapa de *stakeholders* do projeto. Em uma eventual troca de gerência ou de membros da equipe, além da tradicional troca de ideias na passagem do bastão, é sempre desejável ter documentadas as considerações do gerente ou do membro anterior da equipe sobre as pessoas ou grupos de pessoas que estão envolvidos no projeto.

Várias são as fontes para conhecimento dos *stakeholders*. O próprio TAP, o plano de projeto, o plano de negócios, documentos relativos a acordos realizados, entre outros, são fontes de informação valiosas. Entretanto, nada melhor do que conversar, escutar e se envolver com o ambiente do projeto para ter a noção próxima da realidade do que efetivamente acontece e das potenciais fontes de ameaças e oportunidades. As pessoas gostam de ser ouvidas, de ter seus anseios percebidos, de desabafar e ter a chance de se posicionar. É incrível a quantidade de problemas que poderiam ser evitados, ou pelo menos minimizados, se escutássemos e prestássemos mais atenção a nossa volta.

Reuniões são excelentes formas de ouvir e se comunicar, tanto individualmente quanto com grupos, mas contatos mais informais também são recomendados para entender eventuais opiniões e posicionamentos de maneira mais espontânea. Ressalta-se, mais uma vez, que a base de todas essas ações é o conhecimento daqueles que afetam o projeto e são afetados por ele.

Por mais inusitado que possa parecer, em muitas ocasiões o momento do cafezinho, do almoço ou mesmo do *happy hour* pode ser mais relevante do que uma reunião formal. Isso porque nesses momentos, em geral, as pessoas estão mais relaxadas, desarmadas, mais desprendidas de máscaras e libertas de posições rígidas que eventualmente são obrigadas a manter perante determinado grupo social.

A análise das partes interessadas deve produzir um mapa contendo a descrição de cada uma, informações relevantes a seu respeito (cargo, função, tempo de casa etc.), expectativas, atitudes, grau de interesse, nível de autoridade, capacidade de influência, direitos, conhecimentos, possibilidades de contribuição, entre outras características.

Podemos classificar também os *stakeholders* como primários ou secundários. Os primários são aqueles que afetam ou são afetados diretamente pelo projeto. Já os secundários podem sofrer influência indireta do projeto ou dos *stakeholders* primários ou exercê-la sobre eles. Segundo Clarkson (1995) *stakeholders* primários são aqueles que têm relações contratuais formais ou oficiais com a organização, tais como clientes, fornecedores, colaboradores, entre outros. Já os secundários são aqueles que não têm tais contratos, como a comunidade local e os governos.

O quadro 11 mostra um exemplo da identificação e classificação de *stakeholders* respectivamente, de um projeto de criação de um aplicativo que exige o teste do bafômetro de forma compulsória para motoristas entre 18 e 25 anos. O aplicativo prevê o teste antes de ligar o automóvel e, caso o motorista seja reprovado, o carro não se locomove. Note que neste projeto fictício, estaremos listando apenas alguns dos *stakeholders* principais a fim de classificá-los.

Quadro 11
Exemplo de identificação de *stakeholders*

ID	Descrição	Classificação	Relação com o projeto
1	Gerente do projeto	Primário	Responsável final pelo sucesso do projeto.
2	Patrocinador	Primário	Responsável pela aprovação do projeto e suporte de recursos financeiros.
3	*Designer*	Primário	Responsável pela parte gráfica do aplicativo.
4	Desenvolvedor sênior	Primário	Responsável pela arquitetura e desenvolvimento do aplicativo.
5	Prefeitura	Secundário	Alvará e certificados para funcionamento do negócio.
6	Denatran	Secundário	Aprovação, fiscalização, legalização do aplicativo.
7	Médico responsável	Primário	Acompanhamento médico do projeto.
8	Motoristas de táxi	Secundário	Observadores da movimentação.
9	Motoristas jovens	Primário	Uso do aplicativo.
10	Familiares de motoristas jovens	Secundário	Expectativa do uso do aplicativo por parte de seus familiares mais jovens.

Essa lista pode ter quantas linhas forem necessárias, uma vez que a identificação é também inerente a cada projeto. Mas é interessante mapear também os *stakeholders* de forma gráfica, uma vez que as linhas de ação ficam bem mais claras quando visualizamos o posicionamento de cada parte interessada segundo algum tipo de categorização.

A classificação na matriz poder x interesse (figura 45) pode suscitar, indicar ou ao menos oferecer uma ótica de ação quanto aos *stakeholders* do projeto.

Figura 45
Matriz poder × interesse

	Baixo INTERESSE	Alto
PODER Alto	SATISFAZER	GERENCIAR DE PERTO
PODER Baixo	MONITORAR	MANTER INFORMADO

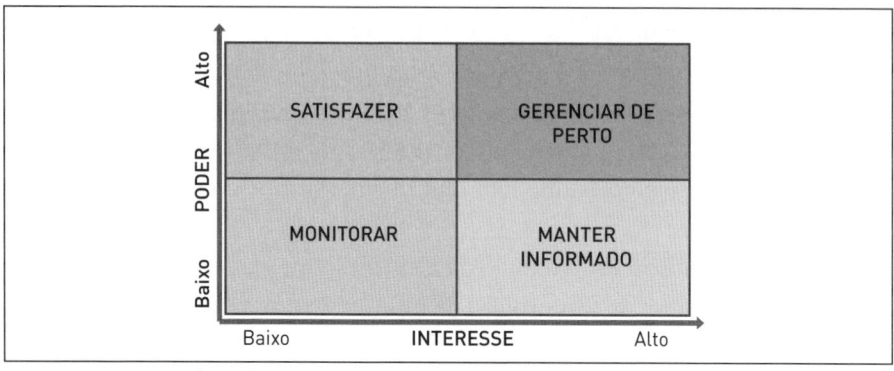

Fonte: adaptada de PMI (2017a).

Aqueles de mais alta influência e baixo interesse devemos manter satisfeitos. Já aqueles com baixa influência e alto interesse, necessitamos manter informados, dado que precisam saber o que está acontecendo, ainda que tenhamos de ter cuidado com o excesso de comunicação. Os de mais baixa influência e interesse necessitam apenas ser monitorados, mas aqueles tanto com alto interesse quanto com alta influência precisam ser gerenciados de perto, com "lente de aumento". São aqueles com os quais se torna extremamente desejável manter um contato pessoal, um relacionamento mais próximo.

Se adaptarmos a matriz poder x interesse para o caso de nosso projeto do aplicativo com teste do bafômetro, poderíamos ter um desenho mais ou menos como na figura 46.

Figura 46
Exemplo aplicado de matriz poder × interesse

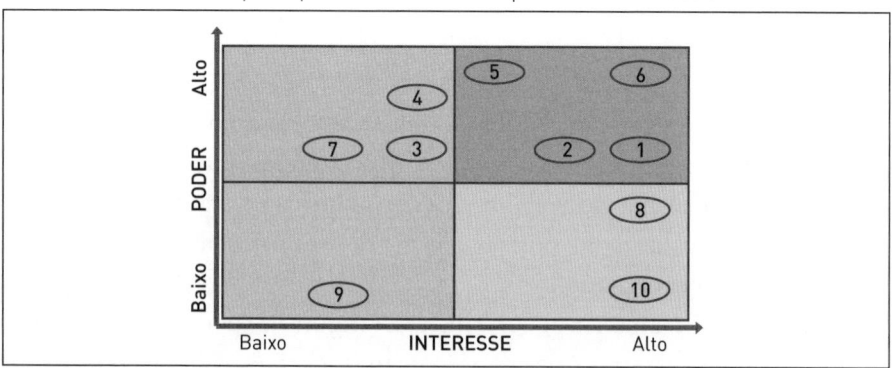

Da mesma forma, conforme a figura 47, *stakeholders* com alta influência e a favor do projeto atuam colaborando, são aliados do projeto e podem ser usados como fontes de poder.

Figura 47
Matriz influência × posicionamento

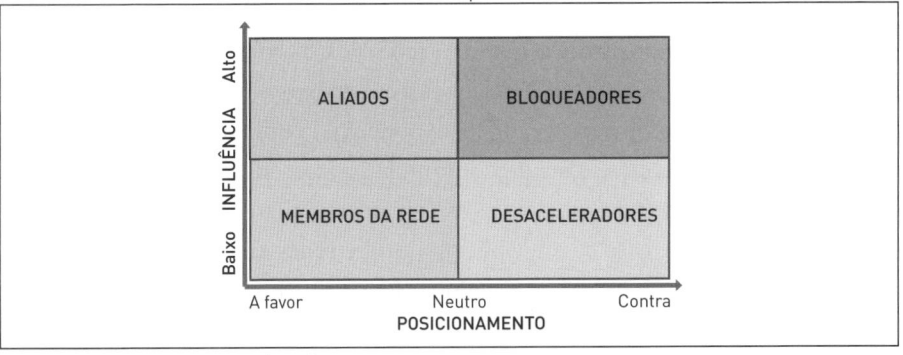

Fonte: adaptada de Nolan e Kolb (1987).

Aqueles com alta influência, mas com interesses contrários ao projeto acabam atuando como verdadeiros bloqueadores, devendo ser isolados ou tratados em processos de negociação. Os desaceleradores são aqueles contra o projeto e que também apresentam baixo grau de influência, devendo ser alvo de negociação. Finalmente, as partes interessadas com baixa influência, mas que são favoráveis ao projeto, denominamos "membros da rede", dado que constituem uma base de apoio ao projeto.

Na transposição para o perfil dos nossos *stakeholders* identificados, teríamos um gráfico supostamente parecido com o da figura 48.

Figura 48
Exemplo aplicado de matriz influência × posicionamento

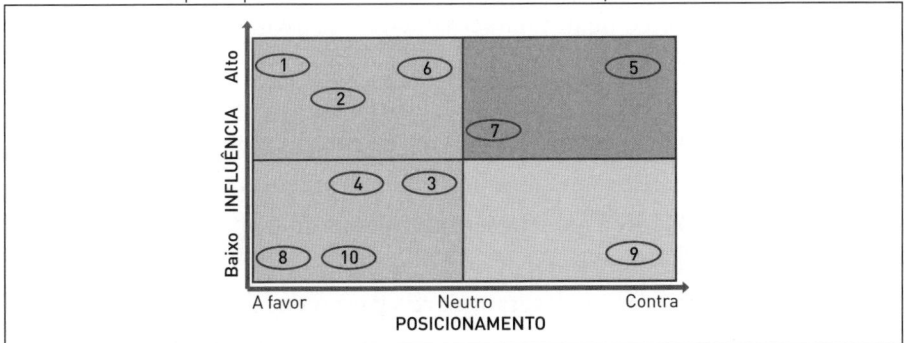

Cabe ressaltar que essas análises podem e devem ser realizadas ao longo da execução do projeto porque a classificação dos diversos *stakeholders* pode mudar de acordo com o andamento dos trabalhos. A magia e o desafio de lidarmos com pessoas residem exatamente na sua propriedade de mutação em função de suas expectativas e interesses. Pode ser, inclusive, necessário priorizar as partes interessadas, caso o projeto tenha um grande número de *stakeholders*.

Outro detalhe importante é que não são só os *stakeholders* individuais que devem ser identificados, mas também aqueles em grupos ou mesmo organizações. A complexidade dos relacionamentos é exponencial em relação ao tamanho do grupo, e mesmo as tecnologias de comunicação a serem utilizadas devem ser cuidadosamente planejadas porque os *stakeholders* tendem a se organizar em redes. Os desafios nesse caso se multiplicam porque redes acabam sendo entidades autônomas com visões, expectativas e objetivos próprios. O conhecimento e o entendimento do projeto são espalhados pelos nodos, criando matizes intrincados de relacionamentos, segundo Boutillier (2012).

Os autores Salam e Noguchi (2006) indicam o uso do conceito de "4Rs" na análise de *stakeholders* (*rights, responsibilities, revenue, relationships*). A noção é utilizada para analisar as partes interessadas, demonstrando a interdependência e as interações entre elas. Os 4Rs são descritos da seguinte forma:

- direitos – quem tem o direito de acessar ou usar algum recurso?
- responsabilidades – quem implementa as decisões, as regras e os procedimentos? Quais são os beneficiários dessas decisões, regras e procedimentos? Quem deve respeitar essas decisões, regras e procedimentos?
- receitas – quem ganha o que com acesso aos recursos e quem tem benefícios indiretos?
- relacionamentos – quais são os relacionamentos entre os *stakeholders*? Qual é o histórico de um *stakeholder* com o outro?

Essa concepção permite tomar consciência de aspectos recônditos, discretos de cada *stakeholder* e que, às vezes, o gerente de projeto acaba não conseguindo perceber em uma análise mais superficial. A interpretação oferecida pelas perguntas derivadas dos "4Rs" podem ser muito úteis no mapeamento inicial dos *stakeholders* e deve ser exercitada.

A partir da identificação, devemos partir para o engajamento dos *stakeholders*. Trata-se de tarefa constante e que pode ser ocasionalmente penosa, mas se faz necessária uma vez que, da mesma forma que na identificação, o nível de engajamento de cada parte interessada normalmente varia. É dever do gerente de projeto envolver os *stakeholders* mais representativos conforme o mapeamento realizado. Envolver as pessoas é uma competência emocional, conforme visto no capítulo 2, mas algumas ferramentas também podem ajudar no reconhecimento do nível de engajamento das partes interessadas.

Uma delas é o mapa sugerido por McElroy e Mills (2003), com foco no comprometimento dos *stakeholders*. Trata-se de um ângulo que pode ser vantajoso ao investigar o nível de engajamento que cada parte interessada tem em relação ao projeto, assim como o compromisso que se espera que tenha em determinado ponto mais à frente no ciclo de vida. Os estados possíveis são: oposição ativa, oposição passiva, neutro, suporte passivo e suporte ativo, conforme mostrado no quadro 12, que faz uso também dos mesmos *stakeholders* de nosso exemplo.

Quadro 12
Mapa de comprometimento de *stakeholders*

Stakeholder	Oposição ativa	Oposição passiva	Neutro	Suporte passivo	Suporte ativo
1					XO
2				X→→	→→O
3			X→	→→→→	→→O
4					→→O
5		X→	→→→→	→→O	
6			X→		
7			X→	→→O	
8			X→	→→O	
9	X→	→→	→	O	
10				XO	
Legenda: **X** = posição atual		**O** = posição necessária / desejada			

A matriz claramente demonstra onde o esforço gerencial deve focar. A ferramenta aumenta a consciência sobre os diferentes níveis de engajamento necessários de cada *stakeholder* e também realça que pode não ser imperativo que todas as partes interessadas devam ser classificadas como apoiadoras ativas do projeto. Outras ferramentas para mapeamento, classificação e engajamento de *stakeholders* estão disponíveis, sendo preciso analisar aquela que mais se adapta ao tamanho e complexidade do projeto em questão.

Outro ponto é que, ao longo do processo de monitoramento do engajamento dos *stakeholders*, os perfis devem ser revisados porque podem estar se alterando, e é comum que o façam. Não se pode perder de vista que as principais competências gerenciais serão postas à prova o tempo todo. Não basta ter conhecimento e habilidade; é preciso ter atitude na hora de gerenciar conflitos, negociar, observar, comunicar (principalmente escutar), saber conversar da forma correta com cada tipo de público, adaptar estratégias culturais e, fundamentalmente, manobrar a política existente nos bastidores de toda e qualquer organização. Torna-se crucial também ratificar que a diversidade das partes interessadas deve ser considerada, incluindo a racial, étnica e de gênero. Mais do que respeitada, a diversidade necessita ser abraçada, uma vez que conduz à pluralidade, flexibilidade, adaptação, tolerância e a pontos de vista distintos, um fenômeno sempre bem-vindo considerando um ambiente de expectativas heterogêneas que podem vir a ser complementares.

Feitas essas considerações, percebe-se que o sucesso do projeto está intrinsecamente ligado à satisfação de seus *stakeholders*. Portanto, uma comunicação adequada e contínua deve ser um foco importante do gerente do projeto, conforme veremos na área de conhecimento de comunicação, a seguir.

Gerência de comunicação

É quase unanimidade afirmar que a principal habilidade do gerente de projetos é a capacidade de realizar comunicações efetivas. Um "lugar-comum" na internet é a assertiva de que o PMI (2017a) teria afirmado que "90% do tempo do gerente do projeto é gasto com comunicação". Essa é mais uma lenda da internet, pois esse dado não consta do guia, mas, sem dúvida, o gerente passa a maior parte do tempo realizando atividades de comunicação, sejam formais ou informais.

O gerenciamento da comunicação trata justamente dessa disseminação da informação entre todas as partes interessadas do projeto, tanto internas quanto externas. Evidentemente, a comunicação entre a própria equipe do projeto é fundamental, mas a gerência da comunicação inclui também *stakeholders* externos, tais como governo, mídia, associações profissionais, sindicatos, fornecedores, clientes, além de *stakeholders* internos à organização executora, como outros departamentos, unidades e filiais. A figura 49 apresenta um exemplo do fluxo de comunicação entre elementos internos e externos de um projeto.

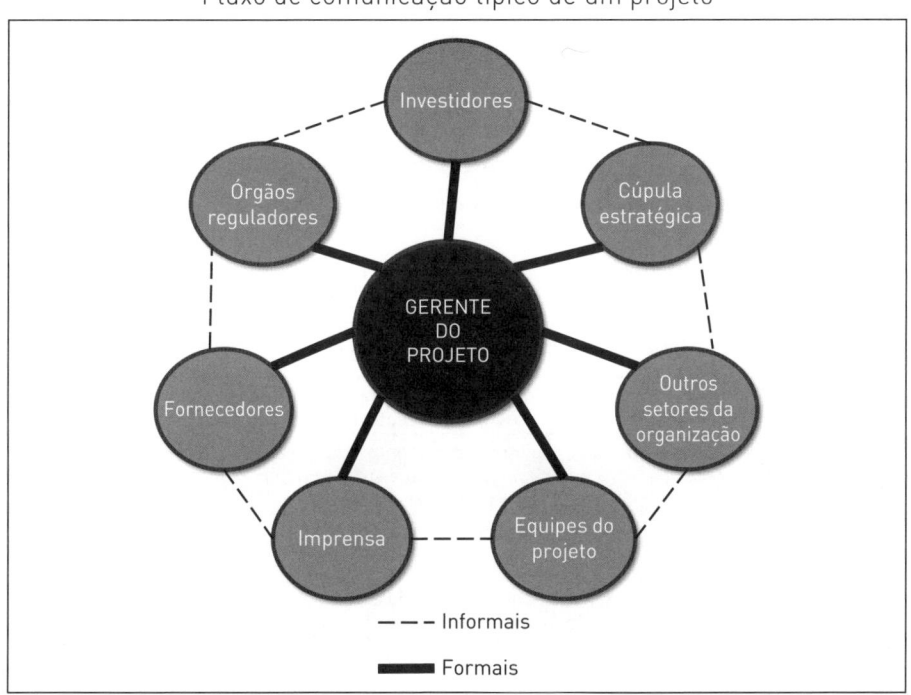

Figura 49
Fluxo de comunicação típico de um projeto

[Diagrama: Gerente do Projeto ao centro, conectado a Investidores, Cúpula estratégica, Outros setores da organização, Equipes do projeto, Imprensa, Fornecedores, Órgãos reguladores. Legenda: --- Informais; ▬ Formais]

Por essa razão, gerenciar as comunicações de um projeto é um desafio, visto que o ambiente está em constante mudança, e tanto os membros internos quanto os *stakeholders* externos trocam informações nesse ambiente. A comunicação está diretamente ligada à troca de informações, e a informação é um elemento crucial para a tomada de decisões. Vamos relembrar: todo projeto é uma enorme sequência de decisões. A partir de uma ideia (criação mental) elabora-se um estudo de viabilidade, o qual, uma vez aprovado pela cúpula estratégica, recebe recursos e se transforma em um projeto. Ou seja, projetos são criados a partir de decisões que foram tomadas com base em informações, as quais foram comunicadas (geradas) por outros setores da empresa, ou mesmo por outras empresas ou organizações.

Ao longo da sua existência, o homem vem utilizando inúmeros canais de comunicação. Na linha do tempo dos canais de comunicação, já usamos pinturas rupestres, mensageiros, códigos sonoros, códigos luminosos, correios, telégrafo elétrico, telefone, fax, *pager*, telefone celular, e meios de comunicação que utilizam a internet como canal: *e-mail*, redes corporativas, redes sociais, aplicativos de trocas de mensagens, sendo o mais usado nos dias atuais (2018) o WhatsApp. Os códigos usados estão baseados nas linguagens e idiomas praticados. A linguagem pode ser classificada em comunicação verbal e não verbal, sendo esta baseada em imagens, aromas, posturas, gestos, objetos, cores, entre outros elementos.

Antes de discorrermos sobre os processos de gerenciamento da comunicação no projeto, cabe rever os conceitos básicos sobre comunicação, identificados no quadro 13 e na figura 50.

Quadro 13
Elementos da comunicação

Emissor	É aquele que origina a mensagem, seu autor. Ele é o responsável pela geração do conteúdo e identificação do(s) receptor(es).
Receptor	É aquele a quem se destina a mensagem. Caberá a ele identificar as decisões e ações decorrentes daquela mensagem, que podem incluir o *feedback* (realimentação) para o emissor da mensagem.
Código	Modo de organização, linguagem da mensagem.
Canal	Por onde a mensagem é transmitida do emissor ao receptor.
Mensagem	É o objeto da comunicação, o conteúdo a ser informado. Pode ser considerada também a essência da informação a ser transmitida.
Feedback	Confirmação (ou não) do entendimento da mensagem.
Ruído	Distorções que fazem a mensagem perder o significado original.

Figura 50
Representação gráfica dos principais elementos da comunicação

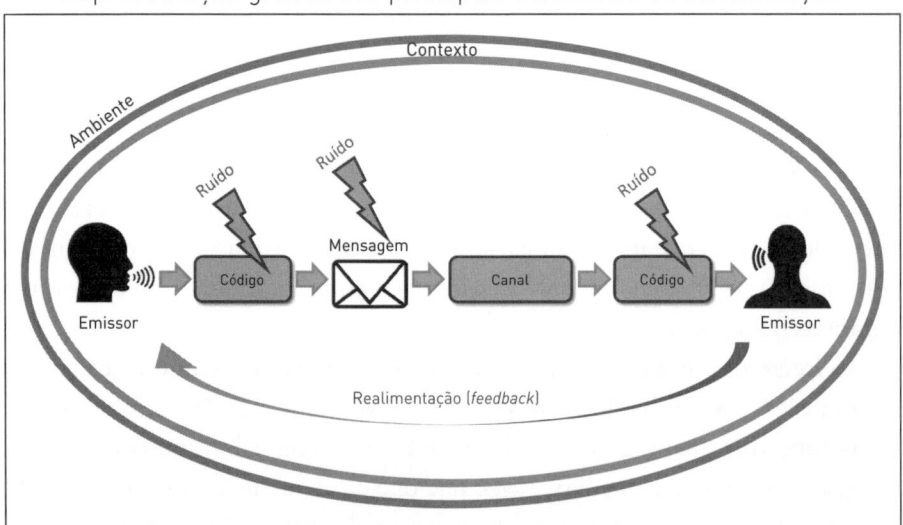

ÁREAS DE CONHECIMENTO

O planejamento da comunicação do projeto deve considerar todos esses elementos, levando em conta que o projeto é uma estrutura temporária e cambiante ao longo de sua existência. Para sua elaboração devem ser tomadas seis decisões:

1) Que tipo de decisões serão tomadas ao longo do projeto e por quem?
2) Que tipos de informações serão necessários para suportar as decisões?
3) Quem são os elementos geradores e receptores do sistema de comunicação?
4) Qual a periodicidade e frequência de uso das comunicações ao longo do projeto?
5) Que canais de comunicação devem ser disponibilizados para uma efetiva comunicação do projeto?
6) Que dimensões da comunicação serão mais praticadas: formais ou informais? Internas ou externas? Para cima, para baixo ou horizontais? Oficiais ou não oficiais? Escritas ou orais?

A questão da distinção entre comunicação externa ou interna requer atenção, dada a multiplicidade de situações em diferentes projetos. Lidamos com projetos de diversos tamanhos, com uma ou múltiplas organizações envolvidas, com toda a equipe fisicamente agrupada numa mesma sala, em unidade de negócios, ou dispersa geograficamente por muitas empresas, cidades ou continentes. Dependendo do porte e do grau de autonomia de cada projeto, o entendimento do conceito "interno" ou "externo" será diferente.

Pode-se considerar o projeto uma estrutura temporária ou, mais do que isso, uma organização temporária cujo "presidente" será o gerente do projeto. Nesse cenário, as comunicações entre todos os elementos do projeto, independentemente de sua organização de origem ou localização geográfica, seriam internas.

O plano de comunicações do projeto deve levar em conta o número potencial de canais, caminhos ou possibilidades de comunicação entre as partes envolvidas. Num projeto hipotético com apenas duas pessoas e sem elementos externos, haveria apenas um caminho, mas à medida que os outros elementos vão sendo acrescentados, todos os caminhos devem ser considerados, o que aumenta a complexidade, os riscos e a demanda por controle no projeto. A fórmula da quantidade de canais apresentada a seguir, apesar de simples, traduz essa proporcionalidade, onde "n" representa a quantidade de *stakeholders* envolvidos:

$$\text{Quantidade de canais} = \frac{[n*(n-1)]}{2}$$

Para um projeto com seis elementos, por exemplo, teríamos (6*5) / 2 = 15 canais possíveis de comunicação entre todos os elementos do projeto. A figura 51 ilustra os três processos básicos de gerenciamento da comunicação do projeto.

Figura 51
Processos de gerenciamento da comunicação do projeto

Iniciamos com o planejamento do gerenciamento das comunicações. Ele requer certo *tailoring*, ou seja, que sejam consideradas as características únicas de cada projeto, tais como a quantidade, o poder e a influência das partes interessadas, tanto internas quanto externas ao ambiente do projeto; a localização física da equipe; as tecnologias e ferramentas de informação disponíveis; os idiomas falados; as práticas culturais mais significativas; os fusos horários de interesse; e a gestão do conhecimento (bases de dados disponíveis) usada pelas partes interessadas participantes da execução do projeto, processo que considera todos esses aspectos.

As comunicações do projeto podem incluir, entre outros, os elementos mencionados no quadro 14, que estão agrupados em três conjuntos: tipos de reuniões, canais de comunicação e informações sobre o andamento do projeto.

Quadro 14
Reuniões × canais de comunicação

Principais tipos de reuniões do projeto	Canais de comunicação para troca de informações	Informações sobre o andamento do projeto
Reuniões formais	Troca de *e-mails*	Coletivas com a imprensa
Assembleias	Memorandos	Relatórios periódicos do projeto
Mesas-redondas/debates	Comunicações internas	Apresentações para investidores
Grupos de discussão nas redes corporativas	Ofícios (de ou para órgãos públicos)	Apresentações para a cúpula estratégica
Grupos de discussão em aplicativos de celular	Cartas, telefonemas ou telegramas.	
	Quadro de avisos	

Na organização das comunicações do projeto, duas ferramentas se destacam: o modelo 5W2H e a matriz de responsabilidades. Denominada planilha, matriz, ferramenta, metodologia ou até plano de ação, o 5W2H nada mais é do que uma sigla que sintetiza sete elementos fundamentais nos processos de gestão e comunicação em projetos: *what, who, when, where, why, how, how much*, que, no nosso idioma, indicam o que, quem, quando, onde, por que, como, quanto, explicados no quadro 15. A ferramenta 5W2H têm múltiplos usos, inclusive para processos de gestão e no detalhamento das atividades do projeto.

Quadro 15
5W2H

What?	O quê?	Qual é o objetivo, o que deve ser feito?
Who?	Quem?	Quem será o responsável pela execução?
When?	Quando?	Quando será realizado? Em que data?
Where?	Onde?	Em que local será realizado?
Why?	Por quê?	Qual o motivo para a realização?
How?	Como?	Como será realizado, qual o processo de execução?
How much?	Quanto?	Qual será o custo de realização?

Outra ferramenta que possui inúmeras aplicações é a chamada matriz de responsabilidades. Pode ser utilizada tanto na padronização de processos quanto na definição das ações e responsabilidades no projeto. É comumente denominada matriz Raci, acrônimo que identifica quatro perfis: *responsible*, a*ccountable, consult, inform*. São identificados o responsável pela execução, a pessoa que aprova, quem deve ser consultado e quem deve ser informado.

Um exemplo de utilização das ferramentas envolveu um esforço conjunto, realizado pela Fundação Getulio Vargas (FGV) e pelo IPMA: a Conferência Internacional de Pesquisa de Gerenciamento de Projetos (IPMA Research Conference). A edição de 2018 foi realizada pela primeira vez nas Américas, com coparticipação da FGV. A primeira reunião formal de planejamento do projeto foi realizada por videoconferência, a partir de três países: no prédio sede da FGV, Brasil; na sede do IPMA na Holanda, e na Coreia do Sul, durante a realização da conferência de 2017, em Seul.

O plano de gerenciamento da comunicação do projeto identificou inicialmente os elementos envolvidos na organização do evento, as informações necessárias, os canais de comunicação a serem utilizados e a frequência e objetivos das eventuais reuniões pelo sistema de videoconferência. Como exemplo, segue a planilha 5W2H representada no quadro 16 e a matriz de responsabilidades para a elaboração da chamada de trabalhos (*call for papers*) do projeto no quadro 17.

Quadro 16
Exemplo de planilha 5W2H

5W2H	*Call for papers* – IPMA Research Conference 2018
O quê?	Descrição do tema da conferência, das áreas selecionadas, do formato da submissão.
Quem?	Elaborado pelo Comitê Científico da conferência.
Quando?	Deve estar pronto para divulgação 10 meses antes do início do evento.
Onde?	Pela internet: *site* do IPMA, revista *IJPM*, comunidades de GP, listas de pesquisadores.
Por quê?	Divulgar a conferência e convidar pesquisadores e professores a divulgar suas pesquisas.
Como?	Criação de um *e-flyer* com a chamada de trabalhos para a conferência
Quanto?	Sem custo, pois o conteúdo é responsabilidade do Comitê Científico da conferência e o *design* do *e-flyer* foi elaborado pelo próprio IPMA.

Quadro 17
Exemplo de matriz Raci

Atividade	IPMA (sede)	IPMA Brasil	FGV	Comitê científico
Elaboração do *call for papers*	A	C	R	
Definir estratégia de divulgação	R	C	C	A
Definição da logística do seminário	I	A	R	
Escolha dos parceiros locais, agência de turismo e hotéis	I	R	A	
Seleção dos artigos aprovados	I	I	I	R
Definir palestrantes de abertura e encerramento	A	C	C	R
Montar o *site* do seminário	R	A	C	I
Gerenciar as inscrições no seminário	I	R	I	
Elaboração da programação detalhada	C	A	R	
Legenda: R – Realiza A – Aprova C – Consultado I – Informado					

Comunicações são fundamentais para o entendimento do projeto, sua execução, seu andamento, identificação de seus problemas e ações daí decorrentes. Mas o gerenciamento da comunicação também pode ser fator gerador de conflitos e problemas no ambiente do projeto. O gerente e sua equipe devem estar atentos para evitar as chamadas disfunções no processo de comunicação. Vamos apresentar a seguir algumas das principais disfunções:

- uso de linguagem inadequada para diferentes tipos de *stakeholders* – cabe ao emissor gerar a mensagem cujo entendimento seja fácil para o receptor. A linguagem usada para lidar com a cúpula estratégica, por exemplo, não é a mesma a ser empregada com colaboradores de baixa qualificação, para os quais devem ser evitados termos rebuscados e "jargões" utilizados no meio corporativo. Tanto o formalismo excessivo e rebuscado quanto a informalidade em demasia são desencorajados;
- falta de eficiência no envio da mensagem, como ausência de verificação de que a mensagem foi efetivamente enviada, ou a demora no envio;
- baixa qualidade no conteúdo – informações erradas, desatualizadas, incompletas ou inconsistentes, sem revisão de conteúdo e forma antes da transmissão, erros de uso da linguagem que darão margem a interpretações dúbias;
- ausência de preocupação com o *feedback*, ou seja, escutar o receptor e assegurar-se de que o conteúdo foi recebido e entendido na sua totalidade;
- uso do canal errado – determinados canais podem demandar tempos excessivos de recebimento; outros podem difundir a informação com receptores em demasia, gerando excesso de destinatários sem ligação direta com o tema e ações decorrentes;
- geração de ruído – são clássicas as dinâmicas de grupo nas quais uma mensagem é sucessivamente encaminhada pelos participantes até o receptor final. Quando confrontado com a mensagem original, o receptor constata o quanto do seu conteúdo original foi sendo alterado ao longo de tantos intermediários que inseriram ruído;
- excesso de mensagens – vivemos numa época que recebemos mais informações do que nossa capacidade de processá-las. Daí a necessidade de se evitar comunicações com cópias para toda a equipe do projeto;
- retenção da comunicação e das informações – gerentes inseguros, que não confiam na equipe e na capacidade decisória dos membros do projeto retêm o processo de comunicação, na crença equivocada de que estariam mantendo o poder ao cercear o acesso à informação. Essa situação normalmente leva à centralização e demora injustificada no processo decisório. São projetos de andamento lento, pois a equipe passa grande parte do tempo aguardando informações e decisões da gerência a respeito de como proceder.

Os manuais de gerenciamento de projetos costumam mencionar a importância da *"reunião de kickoff"*, muitas vezes como a primeira atividade formal de um projeto após sua aprovação, após seu efetivo início. A *"reunião de kickoff"* ou "reunião de abertura do projeto" é o momento no qual se inicia a comunicação do projeto, a equipe é apresentada, o gerente faz sua explanação inicial do projeto, seu escopo, restrições, premissas, riscos, custo e prazo. Conforme vimos, na maioria das vezes é um momento festivo; afinal, aquela equipe foi selecionada e designada para um novo desafio, as pessoas irão se conhecer, formar laços e realizar todo o trabalho necessário do projeto em parceria até a conclusão, quando a equipe será desfeita e o trabalho encerrado.

Durante o projeto outras reuniões serão realizadas, pois o ambiente é de desenvolvimento de ideias, de construção de coisas novas. Cabe aqui elencar os principais conceitos para uma efetiva realização de reuniões:

- inicialmente, é preciso distinguir reuniões de assembleias. Convocar toda a equipe de um projeto de 45 pessoas para uma reunião é normalmente ineficaz, pois o tempo para cada um expor seus assuntos será mínimo, o que resultará num encontro cansativo, de baixa atratividade e pouca profundidade na discussão dos temas relevantes. Reuniões devem ter poucos assuntos e limitar-se ao máximo de seis a oito pessoas;
- reuniões devem ter assuntos definidos *a priori* para serem tratados. Não convoque uma reunião para "discutir o atraso do projeto", pois normalmente atrasos têm causas múltiplas e efeitos diversos em cada parte do projeto. Quem convoca deve informar os assuntos, os participantes, os dados a serem levados para a reunião, bem como o local, a data, os horários de início e término;
- é fundamental respeitar os horários. Gerentes que marcam horários, deixam os participantes aguardando numa sala o início da reunião e chegam atrasados, esbaforidos, estão exercendo seu poder da pior maneira. Deixar uma equipe esperando uma reunião com atraso é roubar o tempo do projeto e das pessoas;
- reuniões efetivas são conduzidas de forma objetiva, com os assuntos tratados na ordem em que foram listados no convite, evitando-se tergiversações em itens de difícil solução;
- toda reunião deve ter um relator, pessoa responsável por documentar o andamento da reunião, bem como registrar os responsáveis pela execução de cada item apontado;

ÁREAS DE CONHECIMENTO

- reuniões devem levar a ações futuras, ou seja, uma breve lista com nomes e prazos das atividades a serem executadas para encaminhamento das soluções propostas para os problemas discutidos;
- finalmente, líderes e gerentes de projeto devem ouvir mais do que falar nas reuniões. Caberá a eles a responsabilidade pelas decisões, sempre com base na participação da equipe do projeto.

O plano de gerenciamento das comunicações do projeto é construído a partir de seu termo de abertura e do próprio planejamento do projeto como um todo – seus requisitos, registros das partes interessadas e características das empresas ou organizações responsáveis pelo projeto. Ou seja, além das características únicas do projeto, o plano leva em conta os ativos de processos disponíveis, tais como sistemas, procedimentos e manuais de gestão que são de uso corrente nas organizações.

Gerenciar as comunicações do projeto, a exemplo de outros processos de gerenciamento, vai gerar desdobramentos na estrutura de gestão, o que inclui impactos no custo, nos recursos e nas atividades do projeto. Cabe à estrutura de gestão implantar, manter e monitorar a gerência de comunicações do projeto, incluindo os sistemas e tecnologias usados. O plano de comunicações pode, portanto, gerar alterações no cronograma do projeto, em função das atividades de comunicação, e no próprio registro de partes interessadas do projeto.

Todo projeto é, de certa forma, uma obra em andamento. Assim, os registros criados hoje podem logo estar desatualizados. Uma lista de itens a adquirir, uma planta baixa, um esquemático de circuito impresso, um conjunto de linhas de código de programação são exemplos de itens gerados que irão se modificar ao longo da execução do projeto. Disseminá-los e transmiti-los pelas pessoas adequadas faz parte da gerência de comunicação. Registros do andamento do trabalho, das mudanças, da qualidade, das lições aprendidas, dos riscos, das partes interessadas, dos custos são os principais documentos que fazem parte das comunicações do projeto. Portanto, para uma efetiva gerência das comunicações deve ser possível criar, coletar, distribuir, armazenar e recuperar informações relacionadas ao empreendimento.

Hoje em dia, é comum o uso de ferramentas eletrônicas para gerenciamento de projetos, entre as quais os *softwares* desempenham um papel fundamental (ver exemplos no apêndice). No passado, essas soluções de gerenciamento de projetos eram usadas, basicamente, como ferramentas de elaboração e apresentação de planos de projeto, pois para um efetivo acompanhamento da execução do projeto os arquivos demandavam contínuas atualizações, o que não era uma prática usual no ambiente de projetos, segundo Fisher e Slonim (1981). A disseminação dos escritórios de gerenciamento de projetos (EGPs), como veremos mais à frente, em paralelo com o amadurecimento de aplicativos computacionais disponíveis em rede, possibilitou uma aplicabilidade mais completa.

Por meio dessas soluções e de um protocolo de filtragem de informações, cada membro da equipe do projeto pode acessar, de sua estação de trabalho, os elementos do plano de projeto sobre os quais é responsável e tem poder de decisão e de ação. Ao longo da execução, caberá a cada membro da equipe atualizar as informações do projeto com os dados reais a respeito de seu andamento: datas efetivas de realização, recursos humanos alocados, recursos materiais efetivamente usados, bem como outras informações relevantes.

Com isso, o gerente do projeto passa a ter um sistema de comunicação automatizado, com o andamento real do trabalho em execução. Na prática, no entanto, permanecem ainda alguns problemas: nem todos os membros responsáveis por atividades atualizam os dados com a frequência requerida; nem sempre as informações correspondem exatamente ao que aconteceu, sendo comum a informação demasiado otimista de percentual concluído das atividades em andamento, acima do percentual real, ou seja, o já mencionado subjetivismo da percepção quanto ao andamento do trabalho. Ainda assim, com os arquivos atualizados, tanto o gerente quanto o EGP passam a ter informações atualizadas para gerar e disseminar relatórios do projeto. Esses relatórios irão subsidiar eventuais alterações em outros documentos – registros das questões, registros das lições aprendidas, registros dos riscos, registros das partes interessadas – e no próprio cronograma do projeto.

O gerente não pode deixar de considerar que a estrutura de informação e comunicação deve atuar como apoio às atividades do projeto. Ou seja, o sistema de comunicação é um meio, e não o objetivo. O desafio é disponibilizar uma estrutura de comunicação que atue como facilitadora do gerenciamento. Söderlund e Tell (2013) tratam dos desafios das organizações voltadas para projetos, que eles denominam *P-form corporation*. Um dos desafios está ligado às comunicações e ao fluxo de informações do projeto, com a chamada "descentralização temporária", que nada mais é do que a necessidade de dar autonomia e poder decisório às equipes do projeto, a fim de possibilitar uma melhor criação de conhecimento. Em outras palavras, os projetos nascem em um ambiente

ÁREAS DE CONHECIMENTO

centralizado, pois a própria aprovação de recursos para sua realização se dá fora de seu próprio ambiente, normalmente na cúpula estratégica da empresa ou no organismo financiador. Em seguida, após o início do ciclo de vida com a formação das equipes, os gerentes devem descentralizar as decisões, de modo a promover a busca das melhores tecnologias, fornecedores e relações com as partes interessadas que possibilitem a realização de um projeto de excelência.

O desafio do gerente do projeto é perceber que, ao longo do ciclo de vida, momentos de descentralização e centralização das decisões serão necessários. Em qualquer uma das situações, as equipes demandarão acesso às informações com acurácia e fidedignidade, o que só pode ser alcançado com um gerenciamento de comunicações que atue de forma eficiente, sem representar um óbice para o real andamento do projeto. É a comunicação dando suporte, mas sem representar um ônus adicional para esta seção, vamos resumir um exemplo de plano de comunicações, com o exemplo da conferência do IPMA. O quadro 18 apresenta os elementos do plano.

Quadro 18
Elementos de um plano de comunicação

N.	Item	Descrição
1	Requisitos de comunicação	Define as três partes interessadas no projeto: IPMA, IPMA Brasil e FGV. Ao longo do projeto, serão definidos outros integrantes: agência de turismo, palestrantes convidados (*keynote speakers*), autores que irão submeter trabalhos, autores de trabalhos aceitos para publicação.
2	Planilha 5W2H	Define os elementos cruciais para o processo de comunicação.
3	Matriz de responsabilidade	Define as responsabilidades das principais partes interessadas.
4	Responsável	Identifica o responsável pelo fluxo de comunicações. No exemplo, foi tomada a decisão de que o IPMA Brasil teria a responsabilidade de consolidar as comunicações.
5	Destinatários	Todas as partes interessadas do projeto.
6	Meios de comunicação	Membros efetivos do projeto: lista de *e-mails* e um grupo no WhatsApp. As reuniões foram realizadas por videoconferência usando Skype. Autores de artigos: comunicação por *e-mail*, disponibilizado *e-mail* do evento. Palestrantes convidados: *e-mail* e grupo no WhatsApp.
7	Frequência	Membros efetivos do projeto: videoconferência a cada três semanas, sempre mesmo dia e horário, compatibilizando os fusos horários. Para o restante: assíncrona, dependendo da demanda por informação.
8	Modelos de mensagens	Membros efetivos do projeto: sem modelo predefinido. Autores de artigos: modelos prévios para aceitação/recusa/revisão dos artigos. Autores e prestadores de serviço: todas as mensagens com o logo do projeto.

Gerência de recursos

Projetos representam decisões de investimentos nas organizações, tanto públicas quanto privadas, e para cada projeto existe um dispêndio, um gasto, uma despesa que sinaliza a orientação estratégica associada. Quando se decide pela realização de um projeto, recursos financeiros são alocados, pois projetos não existem sem recursos.

A área de gerenciamento de recursos é fundamental para um bom desempenho do gerenciamento, pois trata de como transformar o dinheiro do projeto nos recursos humanos e materiais necessários. Mais uma vez confirma-se a existência de múltiplas dependências entre as áreas de conhecimento, conforme a figura 52.

Figura 52
Relação da área de recursos com outras áreas de gerenciamento

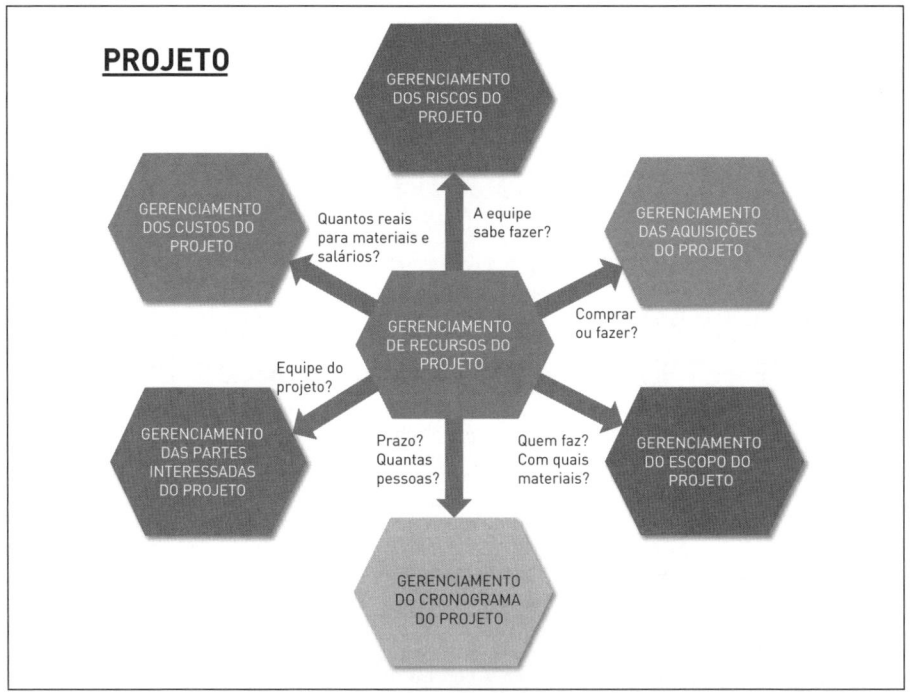

Gerenciar recursos está relacionado ao escopo do projeto, uma vez que temos de definir as competências e os perfis da equipe. É preciso elucidar quantas pessoas estarão alocadas, com quanto de experiência, de que setores, com que tipo de habilidade e conhecimento, entre outras considerações. Além das pessoas, cabe definir do que elas irão necessitar. Materiais para protótipos, *softwares*, sistemas operacionais, equipamentos de laboratório, simuladores, materiais descartáveis etc. Ao final, a relação dos recursos nos leva a uma lista de itens e pessoas necessárias para determinado escopo de projeto. A relação com o cronograma também impacta os recursos, pois em função dos prazos iremos estimar as quantidades e os perfis necessários.

A relação com o custo nos remete a um problema: normalmente, temos limites orçamentários para despesas com salários e compra de materiais. Nem sempre podemos formar a "equipe dos sonhos" com os melhores profissionais da área, nem podemos optar pelos fornecimentos mais rápidos e de melhor qualidade no mercado. Sempre haverá a necessidade de adequarmos nossa equipe e materiais à realidade orçamentária e aos objetivos do projeto.

Temos também a relação com a área de riscos, pois a capacitação da equipe pode acrescentar riscos adicionais ao projeto. Se optarmos, por exemplo, por uma equipe de menor custo, por ter menos experiência, temos de assegurar que essa falta de experiência não irá afetar o resultado pretendido, ou seja, acrescentamos o risco de a equipe não conseguir um resultado aceitável. As partes interessadas também são afetadas pela área de recursos, pois a equipe do projeto faz parte do conjunto de todos os seus *stakeholders*. Finalmente, a área de recursos está ligada às aquisições porque sempre existirá a decisão comprar ou fazer. Tudo aquilo que compramos pronto, ou terceirizamos, passa a fazer parte das aquisições do projeto, enquanto aquilo que decidimos "fazer" ou construir com recursos próprios é parte da área de recursos.

O planejamento de recursos deve incluir os métodos para identificar e quantificar os recursos, tanto os materiais (recursos físicos) quanto os humanos (equipe) necessários para o projeto. Deve incluir também a definição dos papéis e responsabilidades, as orientações sobre gerenciamento dos recursos, estratégias de treinamento para as equipes e métodos para executar o controle dos recursos. Para projetos de grande porte, que contam com equipes numerosas, é praxe definir-se um organograma, uma representação gráfica da estrutura organizacional do projeto, sua equipe e respectivas subordinações hierárquicas.

A figura 53 apresenta uma síntese dos cinco principais aspectos do gerenciamento de recursos em projetos. A partir do início do projeto, o primeiro deles, ainda na fase de planejamento, é a estimativa dos recursos necessários para executar o projeto. Trata-se da quantidade e capacitação das pessoas, bem como dos recursos materiais a serem utilizados. Um fator complicador dessa área é que estamos falando, ao mesmo tempo, de recursos humanos e recursos materiais.

Figura 53
Processos de gerenciamento de recursos do projeto

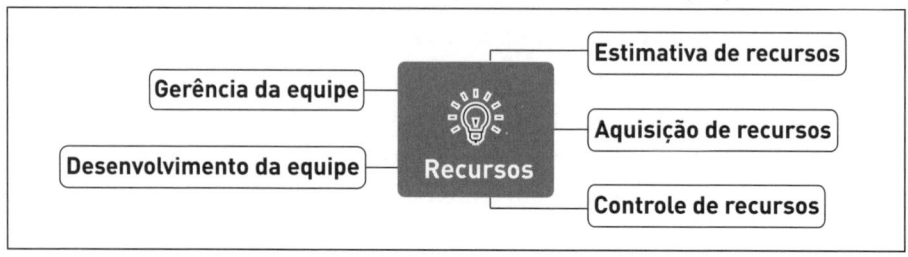

```
                                    ┌─ Estimativa de recursos
        Gerência da equipe ─┐       │
                            ├─ Recursos ──┼─ Aquisição de recursos
 Desenvolvimento da equipe ─┘       │
                                    └─ Controle de recursos
```

Recursos humanos são as pessoas, que terão capacitações e competências específicas para realizar o trabalho. Além disso, as pessoas não necessariamente irão trabalhar exclusivamente no projeto, nem irão permanecer nele durante todo o ciclo de vida. Os recursos materiais englobam ativos como laboratórios, equipamentos e bens de capital, e também material de consumo, ou seja, itens que serão utilizados ao longo do projeto. Poder-se-ia afirmar que a estimativa de recursos é uma grande lista dos "ingredientes" do projeto, e a partir dela podem ser necessárias alterações em outros documentos e artefatos do projeto. Por exemplo, se o gerente verificar que a disponibilidade de pessoas é inadequada para atender ao prazo de determinadas entregas, isso poderá gerar mudanças no cronograma de marcos.

Com base na estimativa de recursos parte-se para sua aquisição. Ressalta-se aqui a interseção com a área de gerenciamento das aquisições do projeto. Quando um gerente de projetos, numa conversa durante um cafezinho com um gerente funcional, trata da cessão temporária de determinada pessoa para o projeto, ele está adquirindo recursos. Para formar uma equipe, o gerente deve analisar, inicialmente, a estrutura formal da empresa e identificar quais setores poderão disponibilizar pessoas para o projeto. Este é um típico processo de negociação, no qual o poder do gerente, a importância do projeto e a imprescindibilidade das pessoas em seus setores de origem são considerados. Esgotadas as possibilidades de formar a equipe com pessoal já existente, caberá ao gerente enviar para o departamento de recrutamento e seleção os perfis necessários para completar a equipe do projeto. Na decisão de contratação, deve ser considerado o custo para seleção e treinamento dos novos colaboradores, e sua eventual permanência ou

ÁREAS DE CONHECIMENTO

dispensa ao final do projeto. Daí a relação próxima com a área de aquisições, na decisão "comprar ou fazer", pois se a empresa optar por terceirizar parte do projeto em vez de contratar novos funcionários, irá contratar outra empresa para executar o serviço.

Quanto às aquisições de recursos materiais, estes, por sua vez, se subdividem em duas categorias: material permanente ou material de consumo. Uma construtora, por exemplo, adquire equipamentos de concretagem, como uma betoneira, que poderá ser utilizada em futuros projetos. No entanto, o material de consumo, como areia, cimento, tijolos e ferragens será utilizado, ou seja, consumido pelo projeto. Ainda que as empresas busquem minimizar seus estoques, também possuem processos de compra centralizados, de forma a negociar lotes maiores com consequentes reduções de preço e melhores condições de pagamento. Ainda no exemplo da construtora, a prática usual é um departamento de compras centralizado, que recebe previsões de uso de recursos de seus projetos (obras) em andamento e busca adquirir esses recursos ao longo do tempo, minimizando gastos com estoques.

Os processos de estimativa e aquisição de recursos estão relacionados entre si e também se relacionam com o gerenciamento do cronograma. O quadro 19 apresenta as principais preocupações nos processos de estimativa e aquisição de recursos.

Quadro 19
Principais preocupações da estimativa e aquisição de recursos

Nome	Descrição
Requisitos de recursos	Tipos e quantidades de todos os recursos necessários, relacionados às atividades ou elementos da EAP.
Designações de recursos físicos	Lista de materiais, equipamentos, suprimentos, laboratórios e outros itens necessários para a realização das atividades.
Designações da equipe	Lista de todos os membros da equipe do projeto, podendo incluir a matriz Raci e o organograma do projeto, caso aplicável.
Calendário de recursos	Todas as informações sobre a disponibilidade dos recursos físicos e humanos durante o ciclo de vida do projeto: horários, datas, restrições.

Percebe-se aqui a relação com o gerenciamento do cronograma, posto que será necessário realizar a estimativa de recursos por atividade, que é mais uma das decisões passíveis de conflito. Por exemplo, na decisão de qual o tamanho ótimo da equipe por atividade. O método do caminho crítico trabalha com diferentes previsões de alocações de recursos por atividade ou elementos da

EAP. Para terminar projetos com prazos menores, aumenta-se a quantidade de recursos, o que irá impactar o custo do projeto. Essa solução de compromisso entre custo, prazo e tamanho da equipe tem muitas limitações no seu uso, que são sinalizadas na famosa pergunta que desafia a lógica "se uma mulher pode ter um filho em nove meses, por que nove mulheres não podem ter um filho em um mês?". Em outras palavras, como vimos na área de cronograma, não podemos simplesmente ir adicionando mais recursos e imaginar que as atividades serão realizadas em menor duração, pois os custos e esforços de coordenação e comunicação entre a equipe podem anular o "ganho" de uma equipe maior. No processo de elaboração do cronograma, as durações previstas das atividades consideram os recursos designados a partir das decisões de alocação pelo gerente do projeto.

Vamos a mais um exemplo. Em 2017, uma grande empresa do setor de rádio e televisão iniciou um projeto para centralização de compras de baixo valor para todos os seus setores. Como era antes? Cada projeto em andamento gerava semanalmente uma lista de itens de baixo custo a serem adquiridos na semana. Dependendo da produção, poderiam ser flores, alimentos, roupas, itens de decoração, itens de escritório, qualquer coisa de que a produção necessitasse. Até então, cada projeto possuía sua própria equipe de compradores, que atuava exclusivamente nos itens próprios. Às vezes, dois compradores da empresa se encontravam em um mesmo local, cada um adquirindo itens para seu próprio projeto. A empresa decidiu desenvolver um aplicativo de celular, de uso restrito, no qual as compras passariam a ser centralizadas, e os compradores seguiriam uma rota geográfica pré-identificada, com base na demanda diária. O aplicativo possui uma interface para troca de imagens, o que permite ao comprador já ter uma visualização prévia dos itens a adquirir, e, no momento da compra, enviar a imagem para o solicitante e aguardar a confirmação, em caso de dúvida. Depois do sistema implantado, a empresa reduziu os custos de aquisição em mais de 40%.

O estágio seguinte pode ser denominado "desenvolvimento" ou "capacitação" da equipe. Repare que aqui estamos nos limitando aos recursos humanos. No passado, Thamhain e Wilemon (1987) identificaram como uma fonte de conflitos para as pessoas que trabalhavam em projetos, – pois como o projeto sempre foi um esforço temporário – a pressuposição de que treinamentos não poderiam interferir com o prazo, muitas vezes insuficiente. Assim, equipes de projeto eram privadas de treinamento e programas de capacitação até que o projeto fosse concluído. O problema é que, como os projetos se sucediam uns aos outros, trabalhadores alocados em projetos acabavam não tendo oportunidades de educação na empresa (Pinto, Pinto e Prescott, 1993). Sempre que uma equipe de projeto demanda treinamento, isso passa a ser uma atividade do projeto, consequentemente um elemento da EAP, com uma duração estimada e um custo previsto.

Formar uma equipe de projeto é uma experiência desafiadora para o gerente, e logo de início devemos identificar os aspectos delimitadores desse problema. O primeiro deles refere-se à natureza da organização, se pública ou privada. Enquanto a empresa privada possui flexibilidade para contratação de pessoal, inclusive funcionários temporários, com base na nova legislação trabalhista da Lei nº 13.467 (Brasil, 2017), a única maneira de ingresso no setor público é por meio de concurso. Para formar uma equipe própria em uma organização do setor público, o gerente deverá se basear unicamente no quadro de servidores públicos ativos do órgão, pois desde a criação do Regime Jurídico Único (Lei nº 8.112, de 1990), a modalidade de "servidor público temporário" é praticamente inexistente. Portanto, o grau de autonomia do gerente de projetos para formar sua própria equipe irá variar em função da natureza da organização executora.

O segundo aspecto diz respeito ao local de trabalho, mais especificamente à localização geográfica da equipe. Existem projetos em que toda a equipe está localizada na mesma sala ou num mesmo prédio, bem como projetos nos quais as pessoas estão dispersas geograficamente e sequer chegam a se encontrar pessoalmente ao longo do trabalho. As semelhanças e diferenças na cultura organizacional representam o terceiro aspecto a ser considerado. Projetos realizados em parceria com diferentes unidades de negócios de uma mesma empresa, ou entre empresas públicas e privadas, por exemplo, representam um desafio adicional na gestão de pessoas, pois, apesar da equipe diversa, os objetivos do projeto devem ser atingidos, com limitações de prazo e custo, visando sempre a um resultado de qualidade. As pesquisas de Javed, E-Maqsood e Durrani (2006), Kuruppuarachchi (2009) e Reed e Knight (2010) aprofundam a dicotomia entre projetos com equipes centralizadas ou dispersas geograficamente.

Afinal, se existem tantas restrições para a gestão de recursos, o leitor poderia indagar: por que não montar a equipe "dos sonhos", com prazos mais "folgados" e sem tanta necessidade de urgência? A resposta, por mais cruel que possa parecer, é simples: projetos maiores, com grandes equipes e prazos mais longos se destacam pela sua "inadequação" ao mercado. Em outras palavras, a empresa que agir dessa forma perderá competitividade, pois terá sempre orçamentos maiores para equipes acima da média do mercado. A teoria institucional da administração (Barley e Tolbert, 1997) explica bem essa característica. As organizações competem em um ambiente no qual os projetos são realizados com equipes enxutas, prazos "justos" e objetivos mensuráveis. Daí a importância da alocação racional dos recursos ao longo do projeto.

Mas por que a alocação de recursos representa um desafio para a gerência do projeto? Vamos exemplificar com os recursos humanos. Na teoria, ou seja, na empresa "ideal", os perfis e competências necessários para realização do projeto são identificados e, em seguida, encaminhados para o setor de recursos humanos da empresa. Esse setor, por sua vez, vai tentar identificar pessoas que já façam parte dos quadros funcionais da empresa, com as competências requeridas, e que estejam disponíveis nas datas solicitadas. Com isso, parte da equipe estará formada, sendo que o restante do pessoal será selecionado por meio de um processo de recrutamento e seleção.

Agora vamos à vida real: nem sempre os projetos são realizados por empresas que possuem setor de recursos humanos estruturado e pronto a identificar perfis de pessoal no restante da empresa. Nem sempre a empresa é grande o suficiente para ter "outros setores". Mesmo que essas condições sejam atendidas, é pouco provável que exista pessoal disponível, com a capacitação adequada e à espera para iniciar um novo projeto.

Nos dias atuais, com equipes enxutas, o usual é que as organizações tenham o efetivo mínimo necessário para cuidar das operações do dia a dia. Nesse cenário, vale relembrar o triângulo de talentos proposto pelo PMI (2017c), que apresenta e analisa as três vertentes necessárias para um bom gerente de projetos, conforme mostrado anteriormente neste livro. Na formação da equipe, o gerente deve usar suas competências pessoais, notadamente a capacidade de articulação e negociação com outros projetos, outros setores da empresa e mesmo com a cúpula estratégica da organização, na busca pelos melhores perfis para compor a equipe do projeto.

Wilemon e Thamhain (1983), em artigo seminal, apresentam os principais problemas e conflitos na formação e gestão de equipes em projetos. O quadro 20 apresenta um conjunto de prescrições que devem ser objeto de preocupação do gerente. Como se trata de uma publicação anterior ao surgimento do *Guia PMBOK* (PMI, 2017a) e de outros documentos de melhores práticas em projetos, os autores não usaram o linguajar que se institucionalizou; portanto, o texto está atualizado, para os termos e conceitos usados atualmente.

Quadro 20
Barreiras e conflitos na gestão de equipes de projetos

Barreira	Como minimizar ou eliminar
Outras prioridades na empresa	No início do projeto identifique e entenda as barreiras. Deixe claro o escopo do projeto, bem como as eventuais recompensas que a equipe irá receber no final do trabalho.
Conflitos de papéis	Pergunte aos membros da equipe como eles poderão contribuir para o trabalho a ser realizado. Faça uma divisão do trabalho baseada na EAP. Realize reuniões regulares de acompanhamento e fique atento para eventuais conflitos que possam surgir durante a execução.
Objetivos e resultados pouco claros	Confirme que todos os *stakeholders* internos entenderam o escopo e os objetivos do projeto. Valorize as interações com os *stakeholders* externos ao projeto, principalmente o cliente. Um nome bem escolhido para o projeto serve como reforço para melhor entendimento.
Ambientes dinâmicos	O maior desafio é filtrar as turbulências externas. O GP deve atuar junto à cúpula e ao cliente para minimizar solicitações de mudanças de escopo.
Competição na equipe de gestão	Cabe à cúpula estratégica ou ao EGP definir os papéis e responsabilidades da equipe de gerenciamento do projeto, pois estruturas temporárias sem definição clara das responsabilidades e papéis podem favorecer disputas de poder.
Falta de entendimento do trabalho do time junto à organização	Líderes de projetos valorizam e divulgam o trabalho de suas equipes. Tanto em comunicações formais quanto em divulgação interna.
Seleção da equipe	Negocie bem as atribuições e responsabilidades de cada membro, explicando a importância para o conjunto. Substituições durante a execução devem ser realizadas sempre que o resultado for insatisfatório e negociações não surtam efeito.
Credibilidade do líder	Conhecimento técnico sobre o assunto e capacidade de tomar decisões são fundamentais, bem como a delegação de poder para membros da equipe para muitas decisões técnicas.
Falta de comprometimento da equipe	Identifique o quanto antes e trabalhe para mudar visões negativas a respeito do projeto. Conflitos entre membros podem levar à falta de engajamento e comprometimento.
Problemas de comunicação	O GP deve estar disponível para se comunicar com sua equipe, bem como incentivar a participação, sem gastar tempo excessivo com reuniões longas e frequentes.
Falta de apoio da cúpula estratégica	Se a cúpula não dá importância ao projeto, isso logo "contamina" a organização e o próprio ambiente do projeto. Cabe identificar os motivos dessa mudança de postura.

Fonte: adaptado de Wilemon e Thamhai (1983).

Bredin e Söderlund (2011) apresentam uma matriz para classificação do trabalho no ambiente de projetos baseada em duas dimensões, conforme a figura 54. A primeira dimensão diz respeito ao engajamento de cada recurso humano, que pode estar entre "focado" e "fragmentado".

Figura 54
Dimensões que afetam o trabalho em projetos

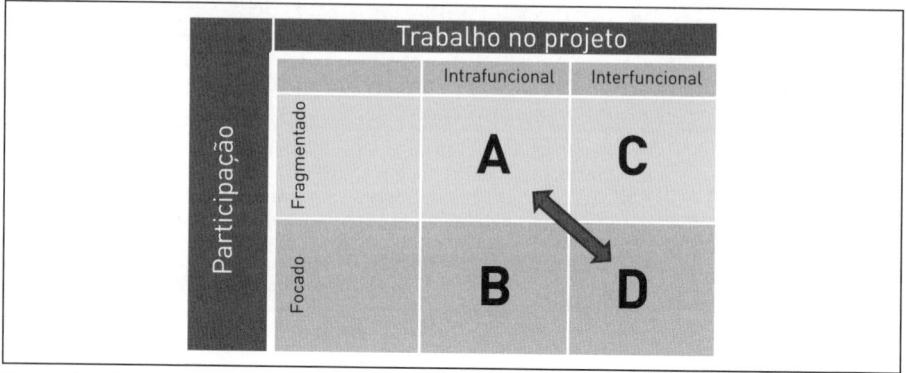

		Trabalho no projeto	
		Intrafuncional	Interfuncional
Participação	Fragmentado	A	C
	Focado	B	D

Fonte: adaptada de Bredin e Söderlund (2011).

Participante focado é aquele que está alocado em dedicação exclusiva a um projeto que preenche sua carga horária na quase totalidade. Normalmente são projetos longos, que exigem equipes dedicadas e exclusivas. No extremo oposto encontra-se o participante fragmentado, que está alocado simultaneamente a diferentes projetos, em cada um deles com um grau de envolvimento diferenciado. A prática do trabalho fragmentado passou a ser formalizada com o advento das estruturas matriciais, na década de 1960, pois antes valia sempre o princípio da unidade de comando (Rizzo, House e Lirtzman, 1970). Ao longo da disseminação do trabalho em projetos, institucionalizou-se o trabalho fragmentado, no qual a carga horária é compartilhada com vários projetos.

Ainda que isso traga uma aparente flexibilidade e melhor alocação da mão de obra, também pode gerar conflitos e disfunções; afinal, vale a máxima bíblica "um escravo com três senhores é um homem livre". O que queremos dizer é que um recurso compartilhado com muitos projetos, além de exposto a atividades diferenciadas, cada qual com diferentes escopos e prazos, deve gerenciar seu tempo e atender às demandas de chefes diferentes, sem o tempo necessário para reflexão acerca do trabalho realizado. Vamos entrar em mais detalhes acerca das disfunções do trabalho em projetos ainda neste capítulo.

A segunda dimensão da matriz considera trabalho intra e interfuncional, que pode ser extrapolado para intra e interorganizacional, ou seja, o projeto é realizado internamente por uma equipe de um mesmo setor, provavelmente com capacitação semelhante, passando pelo projeto realizado por equipes de diferentes setores de uma empresa, até o projeto realizado por pessoas de diferentes empresas.

O tipo A envolve trabalho intrafuncional com participação fragmentada. Podemos exemplificar como projetos de revisão de sistemas de informação em uma empresa de engenharia de *software*. Os projetos costumam ser frequentes, a maioria de curta duração, e requerem perfis de pessoas que normalmente estão disponíveis nos quadros da empresa.

O tipo B caracteriza-se por um trabalho interfuncional com participação dedicada integral ao projeto. Por exemplo, o desenvolvimento do Airbus A-350, o mais recente projeto concluído do consórcio Airbus para o segmento de aviação comercial de aviões *wide-body* de grande porte, concluído em 2014. As equipes do projeto tinham dedicação exclusiva e tratava-se de um trabalho que envolveu esforços de todos os setores da empresa (Ibsen, 2009).

O tipo C é aquele no qual as equipes trabalham sem dedicação exclusiva e em projetos interfuncionais (interorganizacionais). Essa é a realidade de muitas empresas que possuem expressivas carteiras de clientes e projetos, e seus colaboradores têm de se "desdobrar" para atender a todas as demandas. Pode-se afirmar que esse é o "pior" tipo, pois as pessoas não estão dedicadas exclusivamente a nenhum projeto específico. Temos muitos exemplos, como a empresa de engenharia civil com diversas obras em andamento, que compartilham engenheiros, arquitetos, outros profissionais técnicos e também pessoal de administração, como advogados, contadores, técnicos de planejamento, compradores, despachantes, entre outros.

Finalmente, o tipo D é quase uma "espécie em extinção": projetos com equipes focadas em ambiente intrafuncional, ou seja, dentro de uma única organização. Esse tipo de arquitetura organizacional pressupõe que a maior parte do escopo do projeto será realizada por equipes próprias, sem o estabelecimento de parcerias. Projetos de desenvolvimento tecnológico em universidades ou centros de pesquisa governamentais se enquadram nessa tipologia e, em certas situações, tecnologias sensíveis exigem confidencialidade.

A última questão relativa à gerência de recursos é a que diz respeito ao controle dos mesmos realizado ao longo da execução do projeto. À medida que o trabalho vai sendo realizado, a gerência recebe informações do uso real dos recursos, tanto humanos quanto materiais. Com isso, podem ser identificadas e resolvidas as questões de faltas ou excessos de itens para as atividades subsequentes. O mesmo vale para os recursos humanos – as alocações previstas podem ser revistas, e, eventualmente, novas pessoas podem ser somadas à equipe. No final do projeto, por melhor que tenham sido os planos, eventuais sobras de material podem ocorrer. Sempre deve ser conduzido um inventário com os itens de consumo que não foram utilizados nas atividades e com uma destinação sugerida para eles.

Gerência de riscos

O gerenciamento de riscos é fundamental, pois como os projetos tratam de ações futuras, não existem projetos sem risco. Segundo Damodaran (2009:21), "os avanços da civilização foram possíveis porque alguém se dispôs a correr riscos e desafiar o estado das coisas de então".

Nas organizações, existem os projetos denominados de forma anedótica "vaca sagrada" (Meredith e Mantel, 2012:46), que são aqueles propostos por uma pessoa ou grupo de pessoas com poder na empresa. Chamar um projeto de "vaca sagrada" não quer necessariamente dizer que ele será um fracasso; apenas que ele não pode ser interrompido ou sequer ter sua viabilidade questionada, pois o proponente é o dono da empresa ou alguém com poder suficiente para tomar decisões de investimentos. A tendência é que esse tipo de projeto seja realizado sem análise prévia dos riscos envolvidos. Esta seção trata do efetivo gerenciamento dos riscos do projeto, ou seja, as decisões e ações a serem tomadas para que se aumentem as chances de o projeto ser concluído com sucesso.

Como ilustração, um famoso caso ocorreu na década de 1980, com a apresentação da New Coke, a primeira alteração na fórmula da Coca-Cola, feita 99 anos depois do seu lançamento, conforme Dubowa e Childs (1998). O projeto incluiu uma extensa fase de estudos e testes de mercado, na qual mais de 200 mil consumidores foram submetidos a verificações de sabores de diversas novas formulações. Em seguida, a empresa confirmou que iria alterar a fórmula original da bebida, a renomeada como New Coke e lançada em 23 de abril de 1985, após enorme campanha publicitária no mercado interno dos EUA. O que se viu nos 79 dias seguintes foi a maior reação negativa da história do mercado de consumo de massa, com pessoas estocando a bebida antiga, manifestações públicas, criação de associações de consumidores contra a nova fórmula e até ações na Justiça. Surpreendida pela reação, a empresa reviu a decisão e, em 11 de julho do mesmo ano, voltou a fabricar a bebida original. Ou seja, aparentemente a empresa desconsiderou a reação contrária dos consumidores como um elemento de risco do projeto.

Mas a história não termina aí, pois, em 1995, a Coca-Cola realizou evento "comemorativo" de 10 anos do lançamento da New Coke, quando seu presidente, Robert Goizueta, descreveu o projeto New Coke como o melhor exemplo de "tomada de riscos inteligente", pois, segundo ele, teria sido o projeto de maior risco em toda a história: alterar a fórmula da bebida mais vendida no mundo. O presidente da Coca Cola, 10 anos após o incidente, lembrou que o mercado de bebidas à base de cola encontrava-se estagnado na primeira metade da década de 1980, e que o projeto New Coke movimentou e gerou crescimento para o setor. Além disso, o caso confirmou a importância da Coca-Cola como um produto icônico e parte da cultura e dos hábitos de consumo do século XX. O que ele não mencionou é que a empresa demorou a perceber o tamanho do estrago, pois inicialmente menosprezou as reações negativas e a formação de redes de consumidores contrários à mudança, tudo isso no mundo pré-internet e redes sociais (Goizueta, 2012).

Projetos podem ser interrompidos por falta de dinheiro, por falta de pessoas habilitadas para realizá-los, por falta de matéria-prima, pelo não cumprimento de exigências governamentais, por erros de cálculo, por decisões da cúpula da empresa ou por ações da concorrência que fazem com que um produto se torne irrelevante antes mesmo de ter ficado pronto, além de diversas outras razões. Mesmo que não interrompidos, podem atrasar, custar mais que o previsto, entregar resultados sem qualidade, e assim por diante.

Da economia, sabe-se que não existe investimento livre de risco e, para as empresas, os projetos representam investimentos ou dispêndios. Nas carteiras dos bancos de investimento, é comum encontrarmos fundos de capital de risco, denominados *venture capital*. Trata-se de capital usado para financiar empresas de novas tecnologias, muitas delas *startups*, as quais estão investindo em projetos de novos produtos ou serviços com diferenciais tecnológicos em mercados ainda em formação, de alta volatilidade e alta mortalidade. Cada investidor, seja pessoa física ou fundo de investimentos, vai tomar um conjunto de decisões de aplicação de recursos em função de seu risco suportado, retorno pretendido, prazo desejado para retorno e necessidade de diversificação. O investidor externo não se envolve diretamente na execução do projeto.

Existem projetos de alto risco que podem fracassar e levar com eles a própria empresa, como os casos famosos do projeto Tri-Star, da Lockheed, que resultou no encerramento da divisão de aviões comerciais da empresa, ou o projeto

Orion, da Eastman Kodak Co., que chegou até a ganhar o prêmio de "Projeto do Ano" em 1997, concedido pelo PMI. Numa época em que a fotografia digital já estava ganhando mercado, a Kodak investiu tudo em um projeto de cinco anos dedicado à fotografia analógica (Adams, 1998). A empresa foi à falência, seus antigos controladores a perderam, e hoje é administrada pelo fundo de pensão dos funcionários.

Tal como os investidores, as empresas também terão perfis distintos com relação ao risco. Enquanto algumas serão mais atraídas por projetos arriscados, outras adotarão perfis mais conservadores e cautelosos na seleção de seus projetos. Portanto, uma das primeiras questões, que deve surgir antes mesmo da emissão do termo de abertura do projeto é a identificação do perfil de risco da empresa executora, também denominado apetite ao risco (PMI, 2017a), que vai desde a atratividade até a repulsa, ou à escolha de projetos menos arriscados. Sendo assim, vale relembrarmos as definições de risco e incerteza.

A relação entre os conceitos de incerteza e risco foram apresentadas inicialmente em 1921, em um trabalho seminal de Frank Knight: "A incerteza precisa ser considerada com um sentido radicalmente distinto da noção comumente aceita de risco [...]. O aspecto essencial está no fato de que 'risco' significa uma variável passível de ser medida" (Langlois e Cosgel, 1993:547). Ou seja, segundo Knight, risco é a incerteza qualificável. Riscos são, então, eventos futuros ou condições que, caso ocorram, terão impacto nos projetos.

Em 2009, a International Organization for Standardization lançou a norma ISO 31000, que trata do gerenciamento de risco nas organizações. Em 2018, foi publicada nova edição (ABNT, 2018; IRM, 2018). Risco, segundo a norma ISO 31000:2018, possui definição sucinta: é "o efeito da incerteza nos objetivos". Ao contrário de outras normas ISO que definem requisitos e possibilitam certificações associadas, ela contém apenas diretrizes para o gerenciamento do risco. A definição é complementada com algumas notas, adaptadas da norma:

- um efeito é um desvio em relação ao esperado, podendo ser positivo e/ou negativo, e que pode resultar em oportunidades ou ameaças;
- os objetivos podem ter diferentes aspectos e categorias, podem aplicar-se em diferentes níveis;
- risco é normalmente expresso em termos de fontes de risco, eventos potenciais, suas consequências e probabilidades;

- um evento é uma ocorrência ou mudança em um conjunto específico de circunstâncias; no caso de projetos, seu planejamento;
- um evento pode ser algo esperado que não acontece ou algo inesperado, ou seja, um evento pode ser uma fonte de risco;
- uma consequência é um resultado de um evento que afeta os objetivos e que pode ter efeitos positivos ou negativos.

Incerteza, segundo Atkison, Crawford e Ward (2006), é parte da prática de gerenciamento de projetos, pois todo o ciclo de vida do projeto é realizado a partir de um cenário de incertezas. Segundo os autores (2006:67), "boas práticas em planejamento, execução, monitoramento e controle de mudanças em projetos buscam gerenciar diretamente a incerteza". Eles identificam três áreas associadas à incerteza em projetos: estimativas de prazo, custo e qualidade; participação e engajamento das partes interessadas; e incertezas ao longo dos estágios do ciclo de vida. O aspecto importante do trabalho dos autores é a visão do projeto como um ambiente de incerteza e a decisão de avaliar algumas dessas incertezas como riscos e tratá-las de forma diferenciada.

O documento *Prioritising project risks* (Hopkinson et al., 2008) apresenta um resumo dos principais conceitos relativos ao gerenciamento de riscos, conforme o quadro 21. O impacto costuma ter uma dimensão prioritária, ou seja, acontecendo um risco, ele tende a impactar o escopo, o cronograma, a qualidade, o orçamento, ou outras áreas de conhecimento, dependendo do evento de risco em questão. A variabilidade dos riscos identifica quão distantes (ou próximos) podem estar seus limites. Exemplificando, podemos pensar em um projeto de expansão industrial que inclua novos equipamentos importados (bens de capital), os quais serão adquiridos em moeda estrangeira. As aquisições a serem realizadas durante a execução estarão sujeitas ao risco cambial e, em épocas de alta volatilidade, com variações bruscas e significativas nas taxas de câmbio, o projeto passa a ter maior risco.

A urgência mede o tempo disponível para implantar a medida de resposta ao risco. A proximidade busca identificar quando os riscos devem ocorrer. Voltando ao exemplo, se o gerente do projeto tentar concentrar todas as aquisições no exterior em um único período, a medida de proximidade identifica antecipadamente quando essa fase estará prestes a ser iniciada.

Quadro 21
Conceitos de gerenciamento de riscos

Conceito	Descrição
Probabilidade	Chance que um determinado evento incerto tem de ocorrer.
Impacto	Consequências ou conjunto potencial de consequências do risco, se ele efetivamente ocorrer.
Impacto na dimensão prioritária	Impacto estimado na dimensão considerada mais relevante (exemplos: custo, qualidade, prazo).
Variabilidade	Incerteza do resultado, normalmente dada em termos de limites (variação) ou desvio padrão.
Urgência	Medida do tempo disponível para que a implantação da resposta ao risco seja efetiva.
Proximidade temporal	Quando o risco deve se manifestar.
Controlabilidade	Mede o quanto a gerência do projeto ou a organização consegue controlar o risco.
Efetividade da resposta	O quanto a resposta real irá resolver as ameaças ou maximizar as oportunidades.
Interdependência	As relações do risco em análise com outros riscos. Leva à combinação de riscos (assunto que será apresentado no final deste capítulo)

Fonte: adaptado de Hopkinson et al. (2008).

Ainda que seja possível, em algumas situações, eliminar o risco, eles não são controláveis, pois ocorrem sem a nossa aquiescência ou vontade, mas a dimensão da controlabilidade mede o quanto ainda se tem controle da situação. Como em incêndios, que às vezes se alastram de tal forma que os bombeiros são obrigados a reconhecer que "fugiu do controle", o que significa que os recursos disponíveis e as ações a serem tomadas não conseguirão apagá-lo, os riscos em projetos também podem ficar fora de controle. Finalmente, a efetividade da resposta é uma dimensão autoexplicativa na qual medimos se a resposta resolveu, ou pelo menos minimizou, o problema. Finalmente deve-se verificar se existem efeitos combinados, por meio da medida de interdependência, analisando as relações cruzadas entre os riscos.

A visão mais comum do risco é a do esforço em busca da redução das incertezas relativas a questionamentos sobre a capacidade ou não de realizar determinado projeto, a viabilidade do tempo e dos custos estimados, a qualificação da equipe, possíveis problemas com fornecedores, ou seja, reduzir ou eliminar o impacto das ameaças. Por outro lado, se podemos "perder ou ganhar", os riscos podem ser negativos ou positivos, situação em que são denominados "oportunidades". O gerenciamento de riscos do projeto tem como objetivo minimizar ameaças e maximizar oportunidades, representando uma etapa fundamental no ciclo de vida do projeto.

O senso comum sugere que existem mais riscos negativos nos projetos, ou seja, "ameaças". Ainda que não tenhamos conhecimento de nenhum estudo científico que suporte essa assertiva, no universo dos projetos é conhecida a Lei de Murphy, que afirma que, se algo pode dar errado, dará. Para entendermos o que representa "oportunidade", vamos a um exemplo pessoal, na utilização de cartão de crédito em viagens ao exterior. Vamos sempre encontrar um amigo, uma reportagem, ou um *blog*, que, em tom cauteloso, recomendará que evitemos o uso do cartão, não somente pela incidência do IOF (imposto sobre operações financeiras), mas principalmente pelas possíveis variações do câmbio entre a data da compra e a data de vencimento da fatura. Uma variação desfavorável no câmbio representa uma ameaça, mas, se a moeda estrangeira se desvalorizar frente ao real, estaremos diante de uma oportunidade.

A figura 55 apresenta os seis processos básicos de uma boa gestão do risco de projetos, os quais devem ser identificados, qualificados e, caso necessário, quantificados. A partir daí constrói-se um plano de respostas, as quais, durante a execução do projeto serão objeto de monitoramento e eventual ajustes.

Figura 55
Gerência de riscos em projetos

Como já discutido, os riscos são consequências da incerteza inerente ao planejamento de ações futuras. Um plano de projetos assume um conjunto de premissas, tais como: as pessoas estarão disponíveis para realizar o trabalho, os materiais necessários serão comprados e chegarão no tempo previsto, as licenças governamentais serão concedidas, os resultados parciais terão atendidas as especificações previstas, a legislação não será alterada, a temperatura não irá cair abaixo do mínimo para realização do serviço etc. Nossa lista de exemplos aqui pode ser infinita, pois não temos como afirmar com absoluta certeza nada em relação ao futuro. No entanto, é prudente que nos limitemos aos riscos do projeto, e não aos riscos do negócio como um todo. Por exemplo, o risco de incêndio nas instalações não é um risco do projeto, mas um risco do negócio, no caso, um risco ao patrimônio da organização.

Com vistas a essa tipologia, os riscos do projeto podem ser identificados e categorizados de acordo com sua fonte, por meio de uma estrutura analítica de riscos (EAR), cujo exemplo é apresentado na figura 56.

Figura 56
Exemplo de uma estrutura analítica de riscos (EAR)

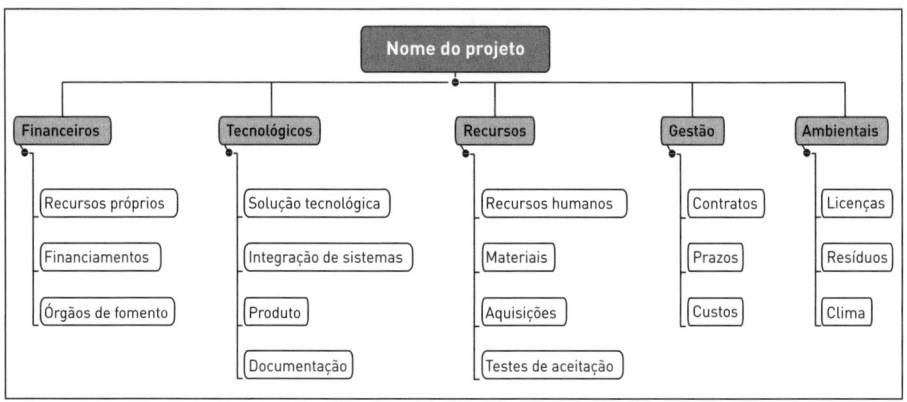

```
                           Nome do projeto
        ┌──────────┬──────────────┬──────────┬──────────┬──────────┐
    Financeiros  Tecnológicos   Recursos    Gestão    Ambientais
        │            │              │           │           │
  Recursos        Solução       Recursos     Contratos    Licenças
  próprios       tecnológica    humanos
        │            │              │           │           │
  Financiamentos  Integração    Materiais    Prazos       Resíduos
                  de sistemas
        │            │              │           │           │
  Órgãos de       Produto       Aquisições   Custos       Clima
  fomento
                     │              │
                  Documentação  Testes de aceitação
```

A EAR é fundamental para identificação e hierarquização dos riscos. No primeiro nível está o nome do projeto, e logo abaixo, as categorias de risco. As principais categorias serão apresentadas a seguir.

Existem os riscos financeiros, ou de financiamento do projeto. Caso tenhamos absoluta certeza de que todos os recursos financeiros do projeto estão assegurados, essa categoria deixa de ser mencionada. No entanto, tanto em organizações públicas quanto privadas, existem casos de projetos interrompidos por falta de recursos. Devemos identificar as fontes de recursos – se recursos próprios, oriundos de parcerias, de agências de fomento, do mercado financeiro – e assegurar sua continuidade, lembrando que projetos plurianuais irão depender da continuidade de aportes em orçamentos futuros.

Em seguida, temos os riscos tecnológicos. A empresa domina a solução tecnológica prevista para o projeto? Trata-se de uma tecnologia de ponta, ainda em maturação, ou algo já em uso no setor? Shenhar e Dvir (2007) classificam os projetos em quatro tipos, de acordo com o grau de tecnologia usado: baixa, média, alta e superalta tecnologia. Este último se caracteriza por ser um projeto cuja tecnologia-chave ainda está em desenvolvimento durante o ciclo de vida, e que se resultar em projetos de sucesso pode até alterar a dinâmica do mercado. Produtos que hoje fazem parte do nosso cotidiano, como telefones celulares, carros elétricos ou híbridos, aparelhos de televisão, barbeadores elétricos, por exemplo, em diferentes épocas representaram diferenciais tecnológicos que mudaram o mercado de bens de consumo. Além de mais arriscados, tais projetos irão demandar um processo decisório mais complexo, para que a empresa decida efetivamente alocar recursos e iniciá-los. Os riscos tecnológicos incluem eventuais problemas na integração com outros sistemas, na transformação de protótipos em produtos e mesmo na documentação de desenvolvimento.

Temos também os riscos relacionados aos recursos do projeto, que por sua vez se subdividem em recursos humanos e materiais. Em termos de recursos humanos, deve-se verificar se a empresa, ou o ambiente no qual ela opera, possui pessoal disponível com as habilidades e competências necessárias para realizar o projeto. O projeto requer um conhecimento específico, que só uma pessoa ou grupo reduzido detém? Nesse caso, qual o risco de esse membro vital da equipe decidir abandonar o projeto ou pedir demissão? Deve-se ressaltar que a utilização dos recursos não é uniforme ao longo do projeto; certas competências serão demandadas apenas em fases específicas. Um rápido exemplo: nos Jogos Rio 2016, foi contratada mais de uma empresa de serviços de alimentação para a Vila Olímpica e para os locais de competição, todos atendidos por restaurantes temporários. Durante os dias de jogos, foram necessários estoquistas de alimentos, mas os setores de recrutamento e seleção das empresas responsáveis tiveram muita dificuldade em formar a equipe, que foi completada por estoquistas de outros setores, como os de eletrônicos e de autopeças, dada a carência de pessoal com as habilidades requeridas. Isso gerou, no mínimo, um custo adicional com treinamento.

O risco de materiais, ou de matéria-prima faz parte da categoria recursos. A empresa terá acesso aos insumos necessários? Existem fornecedores dispostos a vender? A capacidade instalada de produção é capaz de atender à minha organização? Algumas vezes, tal risco se mistura ao risco legal, quando, por exemplo, os fornecedores estão localizados em outros países e existem barreiras alfandegárias ou mesmo estratégicas para aquisições. No setor de defesa, isso é muito comum. As empresas brasileiras de defesa não conseguem permissão para importar determinados itens, a menos que apresentem o *end-user certificate*, um documento que assegura, por exemplo, que um radar produzido no Brasil a partir de alguns poucos componentes importados dos Estados Unidos da América não será vendido a países considerados inimigos, ou a grupos opositores ou terroristas. De nada adianta um projeto de um equipamento que utiliza componentes aos quais não se tem acesso. Certos materiais devem ser submetidos a algum tipo de teste de aceitação ou *factory acceptance test* (FAT), que também estará sujeito a riscos, tais como discordâncias quanto aos procedimentos de teste, atrasos, ou mesmo eventuais reprovações parciais do item sob teste.

Podemos ponderar da mesma forma sobre riscos de gestão. O acompanhamento falho do projeto pode levar a descuidos no cumprimento de prazos e controle de custos, os recursos humanos podem receber alocações de trabalho indevidas ou os indicadores de progresso do projeto podem não refletir o real andamento. Pode-se falar também dos riscos contratuais, que se verificam quando outras empresas são contratadas para realizar parte ou todo o projeto. O contrato normalmente irá incluir cláusulas para atrasos, multas, distratos, eventuais termos aditivos, mas sempre existe o risco de a empresa contratada não realizar o escopo a contento ou simplesmente abandonar o projeto. A estrutura de gerenciamento está adequada ao trabalho a ser desenvolvido? Um problema comum em grandes projetos é o de formação de gargalos em certos processos. Premida por uma quantidade acima do normal de aquisições, a área de compras acumula solicitações e acaba por realizar aquisições sem adequação aos procedimentos de qualidade necessários. Com isso, pode-se comprar sem uma pesquisa de preço exaustiva, comprar de fornecedor inadequado, com prazos de entrega insatisfatórios. A gestão inadequada pode se verificar também no recebimento, conferência, armazenamento e distribuição dos itens para uso no projeto. Em qualquer uma dessas etapas, erros configuram problemas de gestão que podem acrescentar riscos ao projeto. Os riscos de gestão se estendem a recursos humanos, contratos, sistemas de informação, comunicação e até às relações com as partes interessadas.

Uma última categoria fundamental é a dos riscos ambientais. Além da tecnologia, pessoas, materiais e legislação, devemos considerar os potenciais efeitos prejudiciais no meio ambiente, não só durante o projeto como também na sua operação subsequente. Existe um caso famoso, de um dos projetos mais caros já realizados, que resultou em fracasso financeiro por conta da legislação ambiental, descrito por O'Sullivam (2016). Um consórcio franco-inglês, das empresas Aérospatiale e British Aircraft Corporation desenvolveu o avião supersônico Concorde, que por 28 anos foi operado comercialmente. No entanto sua operação nos Estados Unidos foi adiada, pois a agência de aviação norte-americana (FAA) proibiu os voos do Concorde no país por conta do ruído excessivo.

Considerado por muitos uma retaliação ao projeto europeu, o assunto chegou ao Congresso e aos tribunais, e após alguns anos os voos foram permitidos. Com isso, o principal mercado planejado pelo consórcio ficou de fora, causando um desequilíbrio financeiro que, aliado à crise do petróleo na década de 1970, fez com que todas as empresas aéreas norte-americanas cancelassem as ordens de compra do avião, que foi inaugurado comercialmente em 1976 na rota Paris-Rio de Janeiro, realizada em seis horas de voo. O Concorde era um projeto de alto risco tecnológico, mas como produto fracassou por conta de riscos ambientais, tais como o alto nível de ruído e alto consumo de combustível, aliados às disputas comerciais e tecnológicas entre Estados Unidos e Europa.

Também fazem parte da categoria "ambientais" os riscos meteorológicos, presentes em muitos tipos de projetos, como obras de engenharia, eventos ao ar livre e produções de cinema ou TV. Em determinadas situações, agendam-se as atividades externas em datas com menor probabilidade de ocorrência. Um problema comum em países de clima ameno é a impossibilidade de realizar atividades de concretagem em baixas temperaturas. Nesses casos, a prática recomenda que a obra disponha de equipamentos aquecedores para os elementos do concreto.

Existem muitas técnicas de identificação de risco, sendo que muitas delas são usadas também em outros processos de planejamento de projetos. Podem ser usadas reuniões presenciais com dinâmicas voltadas para geração de ideias, ou tempestade cerebral, o termo em português para a técnica do *brainstorming*. Em equipes dispersas geograficamente, o gerente do projeto poderá utilizar a técnica Delphi para coleta de ideias sem revelar a autoria de cada contribuição, ainda que tal técnica exija tempo e preparação para sua aplicação, além de analogias, mapas mentais e diagramações. Na identificação e qualificação, os riscos devem ser priorizados, ou seja, classificados segundo algum critério. Hopkinson et al. (2008) propuseram um modelo com sete questões fundamentais para gerenciamento e priorização de riscos, apresentado no quadro 22.

Numa abordagem semelhante, Chapman e Ward (2003) propõem o modelo 6W (*who, what, what, which, what, when*) para análise de risco em projetos: (1) Quem são os envolvidos?, (2) O que as partes envolvidas querem resolver, (3) Qual é o interesse de cada parte interessada?, (4) De que maneira o trabalho de cada parte será feito?, (5) Que recursos serão necessários? e (6) Quando deve estar pronto?

Quadro 22
Questões para priorização de riscos

Questão	Propósito da priorização
Qual é a situação do projeto em relação a riscos?	Entender e quantificar a incerteza e os efeitos dos riscos nos resultados do projeto.
O que precisa ser feito, e por quê?	Resolver incertezas, ambiguidades e estabelecer um plano de gerenciamento de riscos.
Nós desejamos fazer isso (o projeto)?	Confirmar o perfil de risco da empresa e do projeto, verificando expectativas e variabilidade.
O que gostaríamos de fazer e como?	Identificar as estratégias de resposta a risco em função da disponibilidade de recursos.
O que vamos fazer em caso de ocorrência de risco?	Detalhar o plano de respostas a risco.
Estamos fazendo certo?	Como está sendo o gerenciamento dos riscos para os quais o projeto ainda está exposto.

Fonte: adaptado de Hopkinson et al. (2008).

Para concluirmos a identificação de riscos, vale mencionar o trabalho de Williams (2017), que estudou a natureza do risco em projetos complexos e os efeitos combinados do risco. Cabe lembrar que o processo "identificação do risco" busca criar uma lista. No entanto, a combinação dos riscos pode levar a consequências não previstas. A figura 57 ilustra os efeitos da combinação de riscos em um projeto.

Figura 57
Combinação de riscos e as reações humanas resultantes

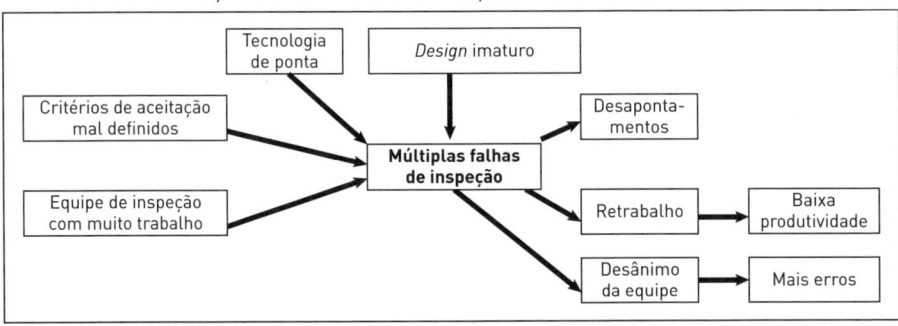

Fonte: adaptada de Williams (2017).

Tratava-se do desenvolvimento de um sistema que utilizava tecnologia de ponta (*state of the art*); consequentemente o *design* não era maduro o suficiente, dado que a tecnologia estaria em desenvolvimento ao longo da execução do projeto. Esses dois elementos certamente teriam sido incluídos no processo

ÁREAS DE CONHECIMENTO

de identificação dos riscos. No entanto dois outros riscos surgiram, sendo que apenas um deles foi identificado. Como a tecnologia estava em desenvolvimento e o *design* era imaturo, a definição dos critérios de aceitação do sistema foi impactada. Outro ponto que não foi percebido inicialmente é que a carga de trabalho e as demandas exigidas da equipe de inspeção do cliente eram muito grandes, e em projetos contratados a organização executante não tem poder para alterar a equipe da empresa cliente. O resultado foi que, durante os testes de aceitação em fábrica foram identificadas múltiplas falhas e o sistema foi reprovado. Essa reprovação gerou diversos efeitos negativos: desapontamento no cliente e na cúpula estratégica, desânimo na equipe, que deveria retornar às fases anteriores, e retrabalhos, que, além de custosos, afetam a produtividade. Tanto o desânimo quanto o atraso, assim como os gastos excessivos, costumam levar a mais erros.

Após a identificação dos riscos, devemos medi-los, qualificá-los e, em alguns casos, quantificá-los. Qualificar riscos significa calcular as chances e os impactos de sua ocorrência. A ferramenta usada por excelência para qualificação de riscos é a matriz denominada "matriz probabilidade × impacto" (P × I). A figura 58 ilustra uma matriz P × I, que, rebatida, apresenta simultaneamente ameaças e oportunidades.

Figura 58
Matriz P × I (probabilidade e impacto)

Probabilidades	Ameaças					Oportunidades				
81 a 99%										
61 a 80%										
41 a 60%										
21 a 40%										
1 a 20%										
Impacto	1 a 20% Muito baixo	21 a 40% Baixo	41 a 60% Moderado	61 a 80% Alto	81 a 99% Muito alto	81 a 99% Muito alto	61 a 80% Alto	41 a 60% Moderado	21 a 40% Baixo	1 a 20% Muito baixo

Fonte: adaptada de Kendrik (2015); PMI (2017a).

As células em cinza escuro com barras verticais indicam alta probabilidade e alto impacto, as células em cinza escuro com barras horizontais apresentam riscos ou oportunidades intermediárias, enquanto as em branco indicam baixa probabilidade ou baixo impacto. Na definição das probabilidades de ocorrência possíveis, devem ser evitados os valores das extremidades, de zero e 100%.

A probabilidade zero é a certeza total de que o risco inexiste, enquanto os 100% simbolizam a certeza de que ele ocorrerá, deixando de ser considerado um risco identificado e passando a ser uma premissa do projeto. Da mesma maneira que a probabilidade de ocorrência é expressa por valores numéricos, o impacto também pode ser representado. A probabilidade de ocorrência é usualmente baseada em estimativas ou dados históricos. Meredith e Mantel (2012) mencionam um projeto de construção civil, no Canadá, no qual estavam previstas atividades de concretagem nos meses do inverno. Nesse caso, temos o risco de, durante a execução das atividades, as baixas temperaturas interferirem na cura do concreto.

A definição de baixa temperatura para atividades de concretagem no Canadá é dada por duas medidas: a temperatura média ao longo do dia deve estar igual ou inferior a 5°C, e a temperatura máxima no dia não pode exceder 10°C em mais da metade do dia. Obtidos esses dados, constatou-se que nos últimos 10 anos tal situação se confirmou em três anos, no mesmo período previsto para a atividade. Assim, pode-se concluir que a probabilidade de ocorrência é de 30%. Entretanto, podem existir situações em que não tenhamos dados históricos para basear nossas estimativas. Nesses casos, uma possível abordagem é ouvir especialistas no assunto. No caso de risco de fornecimento de matéria-prima, vamos consultar um especialista do setor da indústria a que pertencem os itens a serem adquiridos. Outra abordagem é construir uma escala de probabilidades: (1) esperado; (2) muito provável; (3) provável; (4) pouco provável; e (5) possibilidade ínfima. Como foram definidas cinco possibilidades, cada uma delas estaria com 20 pontos percentuais, ou seja, um risco "muito provável" teria de 61% a 80% de chance de ocorrer.

A segunda dimensão é o impacto, que mede as consequências, no projeto, de cada risco identificado. Vamos ilustrar com dois exemplos em projetos da construção civil, conduzidos por empresas de engenharia, para clientes distintos. O primeiro projeto trata da construção de uma fábrica e, durante a execução, a empresa é informada de que as licenças ambientais necessárias para operação da fábrica não serão concedidas. Nesse caso, o impacto é catastrófico, pois, em princípio inviabilizaria o projeto. O segundo exemplo é realizado por uma empresa com uma estrutura de gestão deficiente, o que gerou erros e atrasos nas aquisições dos materiais necessários para a execução do empreendimento. Para se medir o impacto aqui, devem ser analisados os efeitos nos custos, no prazo e na qualidade do projeto, pelo menos.

ÁREAS DE CONHECIMENTO

Impactos possíveis, nesse caso, podem levar a gastos adicionais, atrasos na conclusão do projeto, entregas de qualidade não verificada de maneira completa (devido ao atraso na entrega dos materiais) ou insatisfação do cliente pela constatação da ineficiência na gestão de materiais por parte da empresa contratada.

Os trabalhos de Kendrik (2015), PMI (2017a), Marcelino-Sádaba (2014), Hillson (2002), Ni, Chen e Chen (2010) apresentam diferentes escalas de classificação de impacto, sendo que as mais comuns identificam cinco tipos de impacto: muito alto, alto, moderado, baixo e muito baixo. A figura 59 apresenta um exemplo de escala qualitativa, proposta por Marcelino-Sádaba (2014).

Figura 59
Escala de impacto qualitativa

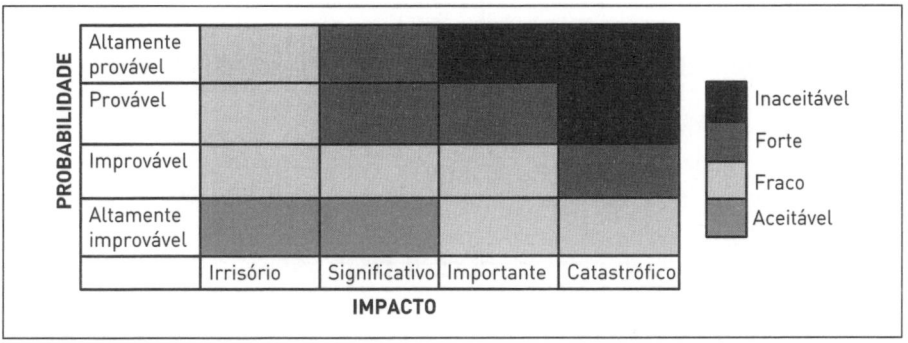

PROBABILIDADE						Legenda
Altamente provável						Inaceitável
Provável						Forte
Improvável						Fraco
Altamente improvável						Aceitável
	Irrisório	Significativo	Importante	Catastrófico		
	IMPACTO					

Fonte: adaptada de Marcelino-Sádaba (2014).

Para lidar com impactos, podem ser definidas métricas, apresentadas no quadro 23.

Quadro 23
Exemplo de escalas de impacto

Medida do impacto	Impacto na dimensão		
	Prazo	Orçamento	Qualidade
	Projetos acima de seis meses (26 semanas)	ONT: orçamento no término	Funcionalidades para o usuário final
Insignificante	Uma semana	Até 0,5% do ONT	Alterações imperceptíveis
Muito baixo	Duas semanas	Até 1% do ONT	Impacto baixo
Baixo	Três semanas	Até 5% do ONT	Impacto mediano
Médio	Quatro semanas	Até 15% do ONT	Impacto alto
Alto	Oito semanas	Até 30% do ONT	Impacto catastrófico
Muito alto	Doze semanas	Acima de 30% do ONT	Escopo não será alcançado

Fonte: baseado em PMI (2017a).

A variável "impacto" pode ser expressa em termos numéricos, como preconizado pelo *Guia PMBOK* (PMI, 2017a), ou em outras escalas qualitativas. Vamos usar o exemplo de Hopkinson et al. (2008:17) de um projeto hipotético com três riscos identificados, todos eles impactando os prazos. O primeiro risco é o mau tempo (a), que pode ocasionar atrasos de dois a 12 dias e tem 80% de probabilidade de ocorrência. Em seguida existe o risco de os fornecedores atrasarem entregas (b), sendo que esse atraso pode ser de um a oito dias, com chance de 20%. Finalmente, o terceiro e último risco é a possível falha nos equipamentos (c), para o qual estimou-se chance entre 40% e 60%, podendo gerar atrasos entre quatro e seis dias. A figura 60 ilustra a análise P x I, apresentada na forma de gráfico.

Figura 60
Exemplo de probabilidade × impacto no prazo do projeto

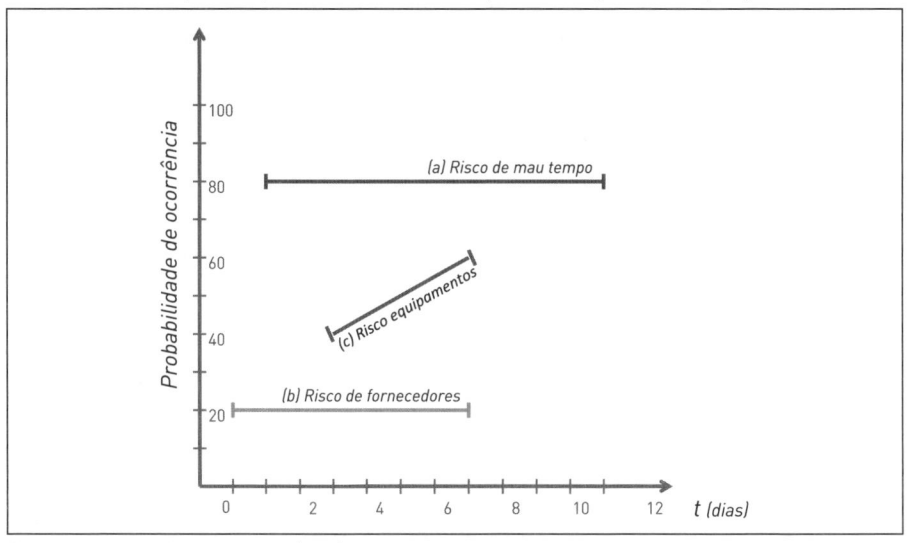

Fonte: adaptado de Hopkinson et al. (2008).

A análise quantitativa busca estimar, principalmente em termos financeiros, o custo que cada risco terá para a organização responsável pelo projeto e a probabilidade de ocorrência. Alguns riscos podem, inclusive, inviabilizar o retorno financeiro do projeto, pois outras dimensões, como prazo e qualidade, poderão afetar a equação financeira do projeto direta ou indiretamente. Atrasos, às vezes, fazem com que as empresas percam janelas de oportunidades que não irão retornar, afetando definitivamente a capacidade de geração de receita do

ÁREAS DE CONHECIMENTO

resultado do projeto (projetos não geram receita para organizações suportadas por projetos; o que irá gerar receitas são os produtos ou serviços resultantes).

Na análise quantitativa dos riscos, as simulações podem ser executadas pelo método de Monte Carlo. Ao executar uma análise de Monte Carlo para risco de custo, a simulação usa estimativas de custo do projeto. Ao executar uma análise de Monte Carlo para risco de cronograma, utilizam-se a rede do cronograma e estimativas de duração (PMI, 2017a; Kwak e Ingall, 2007). O processo de Monte Carlo aplicado ao gerenciamento de riscos do projeto baseia-se em conjuntos de distribuição de probabilidades associadas a riscos potenciais, os quais servem para simular intervalos esperados das variáveis medidas, sendo o custo e o prazo as mais comuns. Foge ao escopo deste livro detalhar o método Monte Carlo, mas suas aplicações no gerenciamento dos riscos do projeto podem ser obtidas em Kerzner (2011) ou Kwak e Ingall (2007).

Para a análise quantitativa podemos também usar a técnica do valor monetário esperado (VME), uma medida da estimativa de quanto dinheiro uma decisão de investimento poderá gerar. Em gerenciamento de riscos, busca-se medir o valor esperado de diferentes opções para tratar eventos de risco. O VME é definido como a soma dos resultados ponderados associados a uma decisão na qual cada item tem um peso de acordo com as probabilidades dos eventos de risco.

$$\text{VME} = \text{probabilidade} \times \text{impacto financeiro}$$

Vamos exemplificar com um projeto contratado, com prazo de 52 semanas (um ano), adaptado do Caso *Sharon* Construction Company, de Meredith e Mantel (2012). O cliente inclui no contrato uma cláusula de multa, em caso de atraso, no valor de R$ 10 mil por semana. Durante o processo de identificação dos riscos, foi levantada a possibilidade de greve da categoria no mês do dissídio. Levantamentos históricos indicam 40% de chance de ocorrer a greve. Ainda segundo os dados históricos, acontecendo greve, a probabilidade de duração de duas semanas é de 70%, enquanto uma greve de quatro semanas teria 30% de probabilidade. A empresa identificou três estratégias possíveis:

a) aceitar o risco;
b) mitigar o risco acelerando algumas atividades do caminho crítico, o que causaria redução de duas semanas no prazo estimado, a um custo adicional de R$ 14 mil;

c) mitigar o risco acelerando todas as atividades do caminho crítico, com redução de quatro semanas, a um custo adicional de R$ 30 mil.

A figura 61 ilustra a árvore de decisão para esse risco, com as probabilidades de ocorrência respectivas.

Figura 61
Exemplo de árvore de decisão

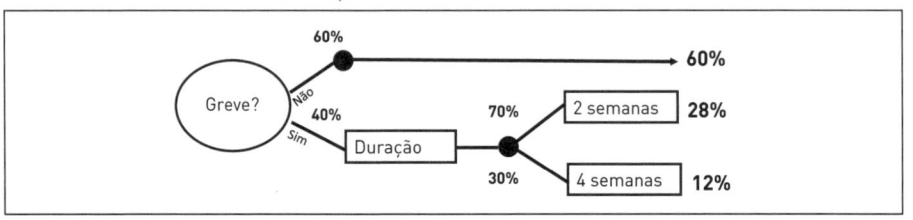

A tabela 3 apresenta o cálculo do VME para as três alternativas apontadas. Nessa situação, e com base nos valores apresentados, a opção de menor custo para a empresa seria simplesmente aceitar o risco da greve (opção A). A decisão da empresa executante, no entanto, pode considerar outros aspectos, como a relação de longo prazo com o cliente, e optar pela opção C, liberando recursos mais cedo para futuros projetos.

Tabela 3
Exemplo de cálculo do valor monetário esperado (VME)

	Opção A	Opção B	Opção C
Sem greve	0,00	14.000 × 0,6 = 8.400	30.000 × 0,6 = 18.000
Greve de duas semanas	2 × 10.000 × 0,28 = 5.600	14.000 × 0,28 = 3.920	30.000 × 0,28 = 8.400
Greve de quatro semanas	4 × 10.000 × 0,12 = 4.800	(14.000 × 0,12) + (10.000 × 2 × 0,12) = 4.080	30.000 × 0,12 = 3.600,00
VME =	R$ 10.400,00	R$ 16.400,00	R$ 30.000,00

Para cada risco identificado e analisado, devem ser identificadas respostas. Para tal, é necessário que identifiquemos as cinco estratégias de respostas a ameaças: aceitar, escalar, mitigar, prevenir ou transferir (PMI, 2017a). Aceitar significa simplesmente correr o risco, reconhecer a ameaça sem nenhuma ação proativa. O *Guia PMBOK* (PMI, 2017a) subdivide em aceitação passiva e ativa, esta última quando já foi identificado um plano de contingência. Há uma analogia simples entre as estratégias de risco empresarial e a ida de um indivíduo à praia (sim, é isso mesmo!). Ir à praia é uma atividade de risco porque, infelizmente, algumas pessoas se afogam no mar. Caso isso não ocorresse, não haveria necessidade da existência de corporações de guarda-vidas marítimos. Sabemos que a maioria da população frequenta praias sem nunca ter se afogado, mas imaginemos que você vá à praia em um dia de mar agitado, em um local com sinalização de perigo, e sem nenhum guarda-vidas próximo. Se você entrar no mar, estará correndo um risco alto, que, nesse caso, tem dois elementos a serem considerados. O primeiro é o elemento externo, cada praia tem uma configuração diferente, umas são naturalmente mais perigosas, e o estado do mar pode variar a cada dia. O segundo elemento é seu condicionamento físico e sua experiência como nadador. Faz parte da crendice popular afirmar que nadadores experientes estão mais sujeitos a afogamentos, talvez pela falha na percepção das condições ambientais.

De volta ao mundo organizacional, nossa analogia nos mostra que na análise dos riscos e identificação das estratégias, as organizações devem avaliar sua "saúde", em termos de capacidade de recursos para realizar o projeto, e também o "estado do mar", ou seja, o momento atual e o ambiente competitivo em que estão inseridas. Então, aceitar o risco pode ser uma estratégia para riscos de baixa probabilidade e baixo impacto, ou para situações nas quais as outras estratégias não sejam possíveis e a empresa siga desejando realizar o projeto. Também se aceita o risco quando o custo de outras estratégias é incompatível ou quando não há nada a ser feito.

A segunda estratégia, escalar, é adequada quando a resposta está acima do poder decisório do gerente do projeto, devendo ser escalada para níveis hierárquicos superiores. Ela é adequada quando o gerente do projeto e a própria equipe não se veem em condições de propor uma resposta adequada, e o problema é encaminhado para a gestão do programa, do portfólio ou para a cúpula estratégica da empresa. Muitas vezes, são riscos ligados ao alinhamento do projeto com a estratégia da empresa; em outras, se relacionam com parcerias entre empresas ou entre a empresa e o governo, que estão em um nível de negociação e decisão acima da estrutura de gerenciamento do projeto.

A estratégia mais utilizada na prática é a de mitigar os riscos. Para mitigar os riscos de um projeto devemos buscar reduzir as probabilidades de ocorrência e/ou o impacto do risco. A ação de mitigação deve ser realizada antecipadamente à ocorrência do risco. Alguns exemplos: podemos mitigar o risco de um projeto de alta tecnologia incluindo a construção e testes de dois protótipos completos, em vez de apenas um. Nesse caso, mitigamos a probabilidade de falha no que se chama "equipamento pré-série", ou seja, o resultado final que será entregue para a gerência de produção. Podemos mitigar o risco de não conseguirmos formar a equipe do projeto a tempo se iniciarmos o processo seletivo algumas semanas antes. Nos dois casos, os custos serão aumentados marginalmente, mas as ações de mitigação envolvem normalmente um dispêndio adicional, que às vezes se traduz por inclusão de verbas de contingências ou reservas de custo, ou seja, um dinheiro não atrelado inicialmente a nenhuma atividade, mas sim para mitigação do risco.

Prevenir o risco faz parte das ações que a equipe do projeto executa para eliminar ameaças ou proteger o projeto de seu impacto. A estratégia de prevenir, no sentido de evitar ou eliminar o risco é oposta à de aceitar, ou seja, se formos à praia, por via das dúvidas vamos permanecer na areia. Prevenir no sentido de eliminar o elemento causador do risco. Em um projeto para celebração da fusão entre duas empresas e no qual queremos prevenir a chuva no dia da festa, podemos prevenir o risco realizando a festa em um local abrigado, ainda que essa opção possa ter um custo maior. Ou em um projeto que poderia incluir uma tecnologia nova, ainda não suficientemente madura, a prevenção seria retirá-la do projeto. Como pessoas, certas empresas têm aversão ao risco. O único problema da prevenção ao risco é que, se praticada em excesso, pode levar a empresa a uma posição de retaguarda extrema, de seguidora e não lançadora de tendências, tecnologias e costumes.

A última estratégia para ameaças é transferir o risco, o que envolve passar a responsabilidade das ameaças selecionadas para terceiros. Em certas situações, podemos optar por transferir os riscos, sendo a forma mais comum a contratação de algum tipo de seguro, ainda que todo seguro seja uma transferência, mas nem toda transferência seja um seguro. Terceirizações de serviços também são transferências de riscos. Caso estejamos pagando a uma seguradora para determinados elementos de risco, não temos certeza de que eles ocorrerão, mas na sua ocorrência os prejuízos contratados estarão cobertos. Pode-se transferir também o risco quando se decide passar parte do projeto para outra unidade de negócios da nossa organização, a qual provavelmente terá melhores condições de realizar o projeto ou parte dele, ou quando essa parte é terceirizada.

De forma análoga, existem cinco estratégias para oportunidades: aceitar, compartilhar, escalar, explorar e melhorar. Compartilhar é a estratégia análoga a transferir, e envolve transferir a responsabilidade para que um terceiro compartilhe os potenciais benefícios. Explorar é a estratégia que busca maximizar os possíveis benefícios das oportunidades. Melhorar é utilizada para aumentar a probabilidade e/ou o impacto de oportunidades identificadas.

O plano de respostas aos riscos deixa claro o que efetivamente vai ser feito para tratá-los, lembrando que se a opção for por aceitar os riscos, em princípio não há nenhuma resposta planejada. Ao longo da execução é hora de implementar as respostas e paralelamente monitorar e controlar os riscos. Nessa fase, iremos constatar que nem todas as ameaças e oportunidades previstas se concretizaram. Vamos verificar também que nem sempre a resposta planejada foi adequada a determinados riscos, fazendo com que tenhamos de executar respostas diferentes para riscos e/ou oportunidades identificados. Além disso, vão surgir ameaças e oportunidades que não haviam sido previstas, riscos para os quais não existe nenhuma resposta planejada, pois sequer foram considerados, inexistindo análises de probabilidade e impacto. Não foi previsto mas aconteceu, o que vai exigir da equipe uma ação imediata. O quadro 21, no início desta seção, mencionava a urgência, como dimensão a ser considerada, ou seja, a preocupação sobre quanto tempo se tem para tentar resolver o problema, sanando a crise, no caso de uma ameaça.

No final de cada projeto, em reuniões de revisão, deve-se fazer uma análise detalhada de como foi o gerenciamento dos riscos. Como foram a identificação e a análise, quais foram as respostas previstas, quais efetivamente se concretizaram, as respostas reais e sua relação com as respostas previstas, os riscos não previstos e que efetivamente aconteceram, o uso das reservas de tempo e recursos. Tudo isso resultará no aumento da experiência acumulada da equipe e da organização, servindo de lição aprendida para projetos posteriores. A cada novo projeto, espera-se um aumento incremental da maturidade no gerenciamento de riscos da organização, aumentando a competitividade, reduzindo os desperdícios e gerando mais benefícios.

Gerência de aquisições

O gerenciamento de aquisições abrange todas as atividades, decisões, sistemas e procedimentos ligados a compras de bens e serviços para o projeto. Já mencionamos que qualquer projeto se caracteriza por uma enorme sequência de decisões, e, na gestão das aquisições vamos verificar como elas podem afetar o projeto, desde sua concepção até a finalização. Iniciamos distinguindo duas questões que irão nortear o gerenciamento das aquisições e que, no final, se complementam: (1) comprar ou fazer; e (2) realizar projetos para empresas clientes ou contratar projetos de empresas fornecedoras.

A primeira questão está ligada a uma das decisões estratégicas na gestão de projetos: fazer ou comprar (*make or buy*)? Aquisições são bens ou serviços que a organização deverá adquirir ao longo do projeto, mas em muitas situações existe a opção entre a aquisição no mercado externo e o fornecimento do item com recursos próprios. Essas estratégias estão diretamente relacionadas com as áreas de recursos, custos e riscos do projeto.

Vamos exemplificar. Uma grande empresa brasileira do setor de seguros, chamada Empresa Seguradora Brasil, decidiu iniciar um projeto para comemorar seu 70º aniversário de criação. O projeto incluía a edição de um livro com a história da empresa, a criação de um logotipo representativo da data e a realização de uma grande festa interna para todos os colaboradores, em torno de 3 mil pessoas.

A determinação da cúpula estratégica da seguradora era realizar o projeto com recursos próprios, minimizando as aquisições. O gerente do projeto logo se viu à frente de três dilemas. Para fazer o livro ele optou por selecionar um profissional de história, que seria mantido nos quadros da empresa após a conclusão do projeto, pois um núcleo de memória seria criado. Nesse caso, o recém-contratado historiador passou a integrar o conjunto de recursos humanos da seguradora, ou seja, a solução foi de "fazer" essa parte do escopo.

O segundo dilema estava ligado ao projeto de *design* da marca e do logotipo do aniversário. Ele verificou no Departamento de Marketing que a empresa não tinha pessoal suficiente para desenvolver tudo internamente; portanto, optou por uma solução intermediária, na qual uma empresa de *design* iria ser contratada para auxiliar na criação. Aqui a solução foi uma mistura de "comprar" e "fazer".

Na parte da festa, ele constatou que a seguradora não possuía experiência nenhuma na realização de eventos festivos, ainda mais de grande porte. Sendo assim, designou uma pequena equipe para estruturar uma RFP (*request for proposal*), ou seja, uma descrição sucinta do escopo da festa, a fim de contratar uma empresa para se incumbir da organização e realização da festa. Aqui ele optou por "comprar" essa parte do projeto, mantendo uma equipe mínima para especificação, acompanhamento e controle dos itens a serem contratados. Nesse caso, essa equipe seria encabeçada por um organizador de eventos.

A prática mais usual hoje em dia é "concentre-se no seu próprio negócio"; portanto, se parte do escopo do projeto é muito diverso do dia a dia da empresa, é melhor adquirir no mercado. Note que mencionamos "parte" do escopo, daí a importância da sincronização entre o escopo realizado internamente e o escopo contratado, que, em algum momento devem ser integrados, em busca dos objetivos finais do projeto.

A figura 62 apresenta o esboço de uma EAP e ilustra as partes do projeto a serem feitas com recursos internos e as partes que serão resultados de aquisições (em itálico). Toda a gestão do projeto é realizada com recursos próprios, inclusive as contratações e fiscalização dos serviços terceirizados. A elaboração do conteúdo do livro comemorativo vai ser executada por recursos próprios, exceto a impressão, para o que será contratada uma gráfica.

A parte de criação da marca será realizada por uma mistura de pessoal próprio com terceirizados, cabendo à cúpula estratégica da empresa selecionar, entre os esboços apresentados, a melhor ideia para execução. Quanto à festa, quase tudo será contratado, exceto a organização de uma rápida cerimônia, na qual a diretoria fará um breve pronunciamento e homenageará alguns colaboradores. A entrega dos convites para pessoas externas também será contratada.

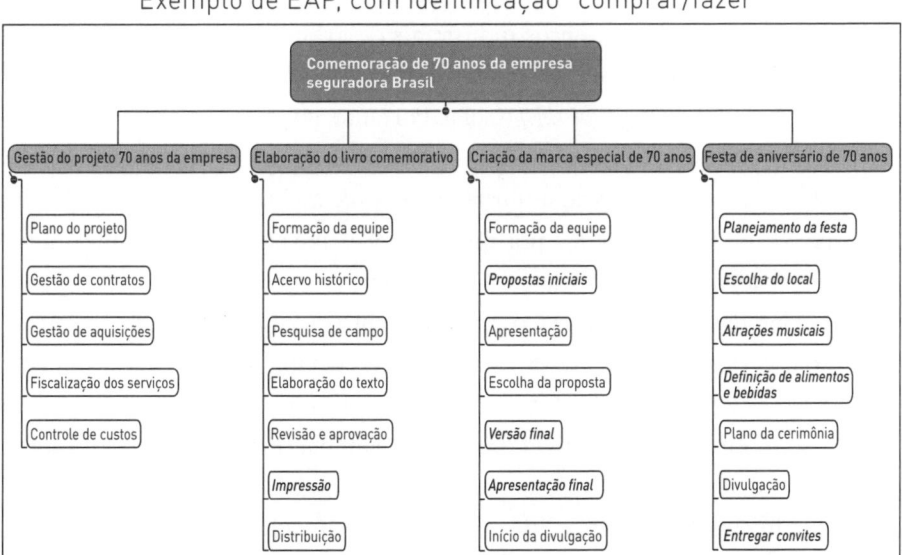

Figura 62
Exemplo de EAP, com identificação "comprar/fazer"

Mas ainda existe uma segunda questão que vai afetar o gerenciamento das aquisições do projeto: realizar projetos para empresas clientes ou contratar projetos de empresas fornecedoras? Lundim (2016) identifica três contextos ou arquétipos para o entendimento dos projetos na atualidade. O primeiro deles é o das organizações baseadas em projetos, as empresas que têm como atividade-fim "vender" projetos para terceiros. Grandes empresas de engenharia são o exemplo mais clássico, mas poderíamos citar agências de publicidade, empresas de organização de eventos, empresas de tecnologia, entre outras.

No universo do gerenciamento das aquisições em projetos, essas empresas muitas vezes serão contratadas por empresas do segundo grupo, as chamadas organizações suportadas por projetos. Essas organizações realizam projetos para adequar suas instalações, suas linhas de produtos, seus sistemas e suas estruturas para as novas demandas que surgem. Assim, quando uma empresa de alimentos quer construir uma nova unidade industrial, vai, provavelmente, contratar uma empresa para as obras civis, como também vai contratar de outra empresa os bens de capital, o maquinário necessário para ser usado na nova fábrica.

Nesse momento surge uma dúvida: a fornecedora de ativos industriais é baseada ou suportada por projetos? Lembremos que Lundim menciona três arquétipos, sendo o terceiro deles denominado "projetos em redes". Uma empresa que produz equipamentos industriais de grande porte para a indústria alimentícia não costuma ter apenas um catálogo de produtos com "opções de prateleira" – *commercial off the shelf* (Cots). Portanto, ao identificar a demanda dos novos ativos necessários para sua fábrica de alimentos, a empresa irá buscar um fornecedor para realização de um projeto em parceria, no qual o resultado será um ativo feito sob encomenda por uma empresa que atua tanto com produtos "de prateleira/catálogo" quanto com opções customizadas.

Consideradas essas questões, o gerenciamento de aquisições pode ser caracterizado por, pelo menos, três processos de gerenciamento: planejar, conduzir e controlar as aquisições, conforme mostra a figura 63.

Araujo, Alencar e Mota (2017) fizeram uma ampla revisão da literatura sobre gestão de aquisições em projetos, cobrindo um período de mais de 40 anos, com artigos publicados de 1973 a 2015. Entre os resultados por elas apresentados, destaca-se a descrição das categorias mais mencionadas na seleção de fornecedores em projeto.

Figura 63
Processos de aquisição em projetos

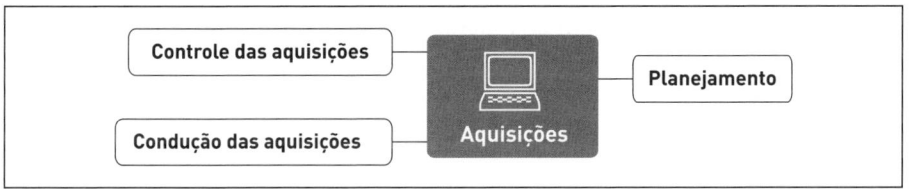

- Controle das aquisições
- Condução das aquisições
- Aquisições
- Planejamento

A primeira delas é a qualidade, com 9,2% das citações. Diz respeito à habilidade da empresa em entregar produtos ou serviços de acordo com o que foi especificado, realizar controle de qualidade e acompanhar se o nível adequado de qualidade foi atingido. O gerenciamento das aquisições deve sempre incluir o quesito qualidade na análise dos itens a serem contratados. Em seguida, vem o custo/preço (8,2%). Deve ser relacionado com o controle e acompanhamento dos custos da empresa, o valor do orçamento proposto, o valor do preço contratado, eventuais descontos, antecipações e comparação do valor contratado com os preços médios praticados pelo setor. Nesse aspecto, o gerenciamento do valor agregado é a metodologia mais completa e adequada, pois relaciona o progresso físico do projeto com os dispêndios financeiros.

A terceira categoria mais citada é a equipe técnica do fornecedor (7,9%). Entender qual é a equipe responsável pela realização do trabalho, seu treinamento, sua capacitação, sua experiência em trabalhos anteriores, quantidade e disponibilidade de pessoal. Certos contratantes costumam optar por parcerias de longo prazo, reduzindo as incertezas a respeito da capacidade técnica do contratado.

Com 7,9% de citações, seguem os aspectos financeiros, que incluem a capacidade econômica da empresa, viabilidade e estabilidade financeira, fluxo de caixa, controles utilizados, adequação ao sistema financeiro, referências e garantias de crédito. No caso de projetos contratados de empresas no exterior, é comum utilizar-se o instrumento bancário denominado carta de crédito *standby* ou *standby letter of credit* (SLOC). Uma SLOC funciona como instrumento garantidor do contrato. Exemplificando, imagine uma empresa brasileira do setor alimentício que conduz um projeto de renovação de sua planta industrial, com aquisições de bens de capital customizados em empresa localizada nos Estados Unidos. O projeto tem prazo de 30 meses, ao fim dos quais todos os equipamentos estarão instalados e comissionados na fábrica. O cronograma de desembolsos prevê um pagamento inicial (*down-payment*) de 25% do valor total, seguido de pagamentos contra a prontificação dos itens para teste de aceitação em fábrica, realização dos testes, transporte, instalação e comissionamento. Para garantir os valores pagos ao longo do projeto, a empresa norte-americana solicita a emissão de uma SLOC por um banco.

Em seguida, aparece a própria gestão da empresa (7,6%), ou seja, como a empresa é administrada, existência e uso de sistemas de controle gerencial, organização do trabalho, integração entre setores, competências da cúpula da empresa, organização dos projetos, entre outros elementos. Essa é uma métrica de difícil avaliação, que pode ser analisada por meio da qualidade das propostas apresentadas. Devem ser documentos bem escritos, bem estruturados, sem questões dúbias, que deixem clara a competência da empresa no serviço que ela está oferecendo. A percepção do mercado a respeito da organização também contribui para essa análise.

Ainda existe a questão da experiência, com 6,5% de citações, que considera a experiência do fornecedor em operações anteriores, bem como eventuais economias de escala. Aqui a empresa pode recorrer a fornecedores usuais com os quais mantém relações de longo prazo.

Concluindo a lista, aparece o prazo (6%). Este inclui desde a preocupação em responder no prazo às solicitações de cotações, passando pela rapidez em fechar as negociações, cumprimento dos prazos contratados e modo como a empresa lida com eventuais atrasos. O atendimento aos prazos pode ter uma correlação com o porte da empresa contratada, pois empresas de maior porte possuem naturalmente uma quantidade superior de colaboradores, o que permite mais rapidez nas eventuais realocações de pessoas pelos seus múltiplos projetos.

As aquisições são, normalmente, objeto de contratos entre fornecedor e comprador. Foge do escopo deste capítulo detalhar todos os tipos de contratos existentes em projetos, mas é importante mencionar que os contratos podem ser típicos ou atípicos. Estes últimos são aqueles não previstos no Código Civil Brasileiro (Azevedo, 2009) e são comuns nos projetos executados no Brasil, como acordos de aliança, contrato de nível de serviço e sociedades de propósito específico. Os contratos do tipo EPC (*engineering, procurement, construction*) têm se tornado uma das formas mais comuns de contratações de projetos de engenharia no Brasil. Segundo Seibert (2017), eles têm sido considerados contratos típicos, mesmo não sendo expressamente mencionados no Código Civil Brasileiro, e estão ligados a seis áreas do direito: contratual, administrativa, das coisas, ambiental, do trabalho e tributária.

Contratos EPC são usados em projetos de engenharia nos quais a empresa contratante atua como integradora dos serviços das diversas contratadas que integram o portfólio de executoras do escopo do projeto. Uma extensão do contrato EPC é o contrato *turnkey* (como vimos quando abordamos o ciclo de vida do projeto), no qual a empresa contratante do projeto contrata uma integradora, a qual, por sua parte, vai realizar quantas subcontratações se fizerem necessárias para executar o escopo contratado. Nesse caso, a decisão *make or buy* do projeto é simplesmente terceirizar tudo, ou seja, tudo é comprado, até mesmo o gerenciamento do projeto e a decisão das subcontratações, ou "quarteirizações". A execução do projeto fica totalmente a cargo da contratada, sem que a contratante tenha qualquer responsabilidade durante a execução, além, é claro, de aportar os devidos recursos para execução do projeto.

Outra questão fundamental no gerenciamento das aquisições é a natureza da contratante, se privada ou pública. As empresas privadas podem realizar os processos de planejamento e condução das aquisições segundo seus próprios procedimentos de governança, seguindo a legislação em vigor e o Código Civil brasileiro. As organizações públicas, por sua vez, obedecem a uma legislação específica. A Lei nº 8.666/1993 instituiu normas para licitações e contratos na administração pública (Brasil, 1993). Posteriormente a Lei nº 10.520/2002 instituiu a modalidade "pregão" nas compras públicas, mas o entendimento é que tal modalidade não se aplica à contratação de projetos e obras (Di Pietro, 2017). Em 2011, foi criado o Regime Diferenciado de Contratações (RDC) por intermédio da Lei 1 nº 2.462/2011, que foi originalmente promulgada visando a uma celeridade maior nos projetos ligados à Copa do Mundo de 2014 e aos Jogos Olímpicos de 2016, mas teve sua abrangência aumentada ao longo do tempo. Mais recentemente, em 2016 foi promulgada a Lei nº 13.243/2016, que instituiu o Marco Legal da Ciência, Tecnologia e Inovação (C, T&I), bem como alterou as Leis nºs 8.666/1993 e 12.462/2011, analisado por Silva (2014).

O impacto para contratações de projetos é significativo, a partir da própria definição de produtos para pesquisa e desenvolvimento encontrada no art. 4º da Lei nº 13.243/2016:

> bens, insumos, serviços e obras necessários para atividade de pesquisa científica e tecnológica, desenvolvimento de tecnologia ou inovação tecnológica, discriminados em projeto de pesquisa aprovado pela instituição contratante [Brasil, 2016].

Os projetos são classificados como "serviços e obras", que podem ser qualificados como produtos para pesquisa e desenvolvimento. Além disso, o Marco Legal da C, T &I possibilita a contratação do autor do projeto básico ou executivo para aquisição ou contratação de produtos para pesquisa e desenvolvimento, possibilidade anteriormente vedada pela Lei das Licitações. Outra possibilidade que se apresenta na Lei nº 13.243/2016, art. 2º, é a opção de contratação direta de instituições científicas, tecnológicas e de inovação (ICTs), entidades de direito privado sem fins lucrativos, e consórcios de empresas voltadas para atividades de pesquisa e de reconhecida capacitação tecnológica no setor, visando à realização de atividades de pesquisa, desenvolvimento e inovação que envolvam risco tecnológico, para solução de problema técnico específico ou obtenção de produto, serviço ou processo inovador (Brasil, 2016).

A legislação permite arranjos contratuais entre órgãos públicos e privados que se assemelham às práticas vigentes em diversos países do mundo na condução de projetos de inovação, de infraestrutura, de obras públicas e megaprojetos. Deve-se atentar para o fato de que a contratação direta vale para atividades de pesquisa, desenvolvimento e inovação que envolvam risco tecnológico, bem como para a ampliação da possibilidade de aplicação do Regime Diferenciado de Contratações Públicas em órgãos voltados para ciência, tecnologia e inovação (Brasil, 2016).

No serviço público, é comum a utilização de fundações de apoio, que são instituições criadas com a finalidade de dar apoio a projetos de pesquisa, ensino, extensão e de desenvolvimento institucional, científico e tecnológico, de interesse das instituições federais de ensino superior e das instituições de pesquisa. Devem ser constituídas na forma de fundações de direito privado, sem fins lucrativos, e serão regidas pelo Código Civil brasileiro. Sujeitam-se, portanto, à fiscalização do Ministério Público, nos termos do Código Civil e do Código de Processo Civil, à legislação trabalhista e ao prévio registro e credenciamento nos ministérios da Educação e da Ciência, Tecnologia, Inovações e Comunicações.

Independentemente da natureza jurídica da organização contratante, deve-se planejar o gerenciamento das aquisições do projeto. Para tal, deve-se partir do plano de gerenciamento do escopo, do plano de gerenciamento dos recursos, do plano de gerenciamento da qualidade e da própria linha de base do escopo. A partir disso, a equipe de gerenciamento irá gerar um plano de gerenciamento das aquisições, identificando as principais aquisições, suas datas, eventuais restrições e premissas, funções e responsabilidades da equipe, possíveis fornecedores pré-

-qualificados, interfaces com as outras áreas do gerenciamento de projeto e, se for o caso, questões ligadas à jurisdição legal e moedas estrangeiras.

A condução das aquisições vai se dar ao longo do ciclo de vida do projeto. Mesmo nas empresas privadas, é costume que, à medida que os valores dos dispêndios aumentam, as regras para identificação, seleção e contratação de fornecedores tenham grau maior de exigência e formalismo. Usualmente, o processo é iniciado com o envio de: (a) solicitações de cotações (SDC) ou *request for quotation* (RFP); ou (b) solicitações de propostas (SDP) ou *request for proposal* (RFP) para potenciais fornecedores dos itens a serem contratados.

Recebidas as propostas, cabe decidir qual será o fornecedor escolhido. O *Guia PMBOK* (PMI, 2017a) denomina essa ferramenta "análise para seleção de fontes" baseada em modelos numéricos por pontuação (Meredith e Mantel, 2012). Os autores avaliam diferentes propostas com base em análise de múltiplos critérios para gerar um critério de decisão numérico, fundamentado na pontuação obtida de cada proposta. Iremos ilustrar com três modelos: a *checklist*, o modelo de pontuação simples e o modelo de pontuação ponderada com restrições.

O mais simples é a *checklist*, em que um conjunto de fatores relevantes é selecionado pela cúpula e listado em uma planilha. Os avaliadores pontuam cada fator, dependendo de a proposta atender aos critérios. Os critérios para escolha são: (1) uma adequação ao escopo contido na solicitação de proposta (SDP) e (2) um bom conhecimento do portfólio de projetos em potencial da empresa. O quadro 24 mostra um exemplo da folha de classificação para um modelo 0-1.

Quadro 24
Planilha de classificação para o modelo de *checklist*

Proposta			
Avaliador		Data	
		Qualifica	Não qualifica
Fornecedor é líder no mercado em que atua.		✓	
Tem experiência prévia no serviço contratado.		✓	
Teremos acesso à equipe durante a execução.			✓
Sem registro de disputas com outras empresas.		✓	
Possui código de ética.		✓	
Está em dia com licenciamento ambiental.		✓	
Usa tecnologia atualizada.			✓
Vai prover assistência pós-projeto.		✓	
Equipe capacitada para o serviço.		✓	
Total		**7**	**2**

As propostas com um número suficiente de fatores de qualificação podem ser encaminhadas à fase seguinte para análise das condições financeiras, até a escolha do fornecedor selecionado em cada aquisição. Esse método apresenta a rapidez e a abordagem multicritério como vantagens. A desvantagem é a ausência de peso para cada critério.

No modelo de pontuação sem peso (ou pontuação simples), a desvantagem da *checklist* pode ser tratada por meio da construção de uma medida linear simples da adequação das propostas aos critérios da lista. As marcas no quadro 24 seriam substituídas por números – usualmente a escala de cinco pontos é utilizada, onde 5 é muito bom, 4 é bom, 3 é justo, 2 é pobre e 1 é insuficiente. A segunda coluna não seria necessária. A coluna de pontuação seria somada, e os projetos com uma pontuação total superior a algum valor crítico estariam selecionados.

O último é o modelo de pontuação ponderada com restrições. Essa técnica utiliza a pontuação em determinados fatores com base em critérios preestabelecidos. Inicia-se a partir da definição dos fatores relevantes (critérios de avaliação) e, em seguida, estabelecem-se os pesos de cada fator. Na análise das propostas deve-se calcular a pontuação final de cada componente pela soma ponderada. Para exemplificar, vamos retornar ao nosso exemplo da empresa do setor de seguros. O gerente do projeto, em consonância com a cúpula estratégica da empresa, decidiu contratar de terceiros a realização da festa, mas optou por selecionar o fornecedor dos serviços por uma matriz ponderada, na qual aspectos ligados à técnica do projeto foram objeto de comparação.

O quadro 25 apresenta a matriz ponderada utilizada. Os itens marcados com asterisco são mandatórios, ou seja, as empresas candidatas que não preencheram esses itens não se revelaram qualificadas. A seleção do fornecedor baseou-se no proponente que obteve a maior pontuação e que teve pontuação diferente de zero nos itens considerados obrigatórios: 5, 9 e 11. Vale notar que a distribuição dos pesos foi discricionária, baseada nas expectativas e atributos que a empresa contratante mais valoriza.

Percebe-se a importância da segurança alimentar no exemplo, pois a inexistência de ocorrências prévias e o atendimento da norma tiveram peso máximo, sendo este último quesito considerado obrigatório. Um proponente que não seguia resolução da Agência Nacional de Vigilância Sanitária (Anvisa) mencionada, mesmo que obtendo a maior pontuação, foi desqualificado, por não ter cumprido um dos itens considerados mandatórios.

Quadro 25
Exemplo de modelo de pontuação

N.	Critério	Peso	A	B	C
1	Mínimo de cinco anos no mercado de eventos.	2			
2	Realizou pelo menos três eventos para mais de mil pessoas nos últimos 12 meses.	1			
3	Empresa de grande porte, com capacidade para realizar evento para 2 mil pessoas.	1			
4	Pagamento final (50%) 30 dias após a festa.	1			
5*	Orçamento igual ou abaixo do valor estipulado.	2			
6	Pelo menos 20 clientes corporativos na carteira da empresa.	1			
7	Possui sistema de acompanhamento do projeto com acesso pela internet.	2			
8	Nenhuma ocorrência registrada pela Vigilância Sanitária nos últimos 24 meses – infração sanitária.	3			
9*	Alinhamento da proposta apresentada com a RFP.	2			
10	Itens adicionais ofertados	2			
11*	Atende ao controle de qualidade cf. Resolução Anvisa nº 43/2015 para eventos com público acima de mil pessoas.	3			
12	Empresa ambientalmente sustentável.	2			
	Valor máximo.	22			
OBS: Os itens com asterisco (*) são considerados obrigatórios					

Selecionado o fornecedor do serviço, o passo seguinte é a formalização da relação, por meio de um documento legal, usualmente um contrato, termo de compromisso ou memorando de entendimento (MDE).

O *Guia PMBOK* (PMI, 2017a) menciona três categorias de contratos. A primeira delas é a dos contratos de preço fixo, que são usados quando os contratados apresentam uma proposta com um preço fixo total para o objeto contratado. Segundo a legislação brasileira, notadamente a Lei nº 8.666/1993, é o tipo prevalente de contratação de serviços no setor público, no qual a organização contratante define um documento denominado "projeto básico", no qual estarão descritos os serviços a serem executados. O termo de referência (TR) ou o projeto básico (PB) é o documento elaborado a partir dos estudos técnicos preliminares, devendo conter os elementos necessários e suficientes, com nível de precisão adequado para caracterizar o objeto da licitação (Brasil, 1993). São os contratos mais utilizados pelos clientes, pois o escopo contratado será fornecido pelo valor acordado no início do trabalho. Dessa forma, ainda que o executante incorpore o risco da execução, ele mantém sigilo a respeito das planilhas de custos reais e, consequentemente, dos seus lucros. O texto dos contratos irá incluir cláusulas relativas a prazos e eventuais penalidades em caso de não cumprimento das entregas nas datas estabelecidas. Também irá definir o cronograma de desembolsos: uma lista de datas e valores a serem pagos contra eventos concluídos. A empresa cliente, por sua vez, deve verificar a qualidade e os prazos das entregas parciais e providenciar os efetivos pagamentos contra a apresentação das notas fiscais.

Os contratos de preço fixo podem ser classificados em três subcategorias. A primeira subcategoria denomina-se preço fixo garantido (PFG). É o tipo mais comum e o previsto na legislação brasileira para contratações no serviço público, pela Lei nº 8.666/1993. Eventuais alterações de escopo podem ser inseridas por meio de termos aditivos, que, no caso de projetos com recursos públicos, possuem um teto máximo de 25% sobre o contrato original. Ou seja, o escopo de um projeto poderá ser aumentado desde que os custos adicionais não ultrapassem um quarto do valor do contrato inicial.

A segunda é a dos contratos com preço fixo com remuneração de incentivo (PFRI). Pouco comuns no Brasil, segundo Barbosa, Fernandes e Gonçalves (2009), eles são preferíveis quando o projeto é extremamente complexo, quando existem inúmeras empresas e também quando o valor do empreendimento é elevado. Esse tipo de contrato permite maior flexibilidade entre as partes ao prever incentivos financeiros predefinidos, ligados ao escopo e dependentes de metas de custo, prazo ou desempenho técnico do executante do serviço.

Finalmente, em projetos longos é comum o uso do contrato de preço fixo com ajuste econômico de preço (PFAEP). Na legislação brasileira, estão previstos os projetos com desembolsos plurianuais, que, no caso de órgãos públicos, demandam um maior controle em sua aprovação, dado que irão permanecer ativos por mais de um exercício financeiro, comprometendo os orçamentos de anos vindouros.

A segunda categoria trata dos contratos de custos reembolsáveis, também denominados contratos por administração. Estes estabelecem o reembolso de todos os custos incorridos pelo executante do contrato, somados a uma remuneração representativa do trabalho realizado. Possuem três variações, sendo a primeira delas os contratos de custo mais remuneração fixa (CMRF), na qual o contratado recebe uma remuneração fixa calculada como um percentual dos custos iniciais planejados para o projeto. Em seguida, temos o contrato de custo mais remuneração de incentivo (CMRI), no qual o executante é reembolsado pelos custos e recebe um incentivo atrelado às metas de custo, prazo, desempenho ou outro critério estabelecido em contrato. Caso os custos reais difiram (para mais ou, eventualmente, para menos) do valor planejado, as partes irão dividir as diferenças de custo, segundo critérios estabelecidos no contrato. Ainda nessa categoria, há o contrato de custo mais remuneração concedida (CMRC), no qual o executante é reembolsado por todos os custos e a maior parte da remuneração é devida a partir do cumprimento de metas definidas e incorporadas no contrato.

Finalmente, a terceira categoria é de um tipo híbrido – os contratos por tempo e material (T&M), que misturam reembolsos e custo fixo. Como se trata de uma situação de incerteza e que exige, ao mesmo tempo, controle dos custos reais e flexibilidade nos desembolsos por parte do contratante, é uma modalidade não prevista na Lei de Licitações brasileira.

Durante seu ciclo de vida, é comum que um projeto tenha diversos contratos ou acordos em andamento. Controlar as aquisições de um projeto é um trabalho que envolve acompanhamento do trabalho realizado, recebimento e certificação das entregas parciais, autorizações para pagamento das parcelas intermediárias, negociação de possíveis reivindicações, até o encerramento de cada contrato. Quando a empresa contrata (terceiriza) parte do projeto, ela deixa de se preocupar com as atividades e passa a verificar os eventos (entregas). A principal preocupação no processo de controle das aquisições é a permanente comparação entre o progresso físico (o que está sendo feito) e o progresso financeiro (o que está sendo pago).

O controle das aquisições do projeto envolve uma série de aspectos ligados a outras áreas de conhecimento, conforme a figura 64.

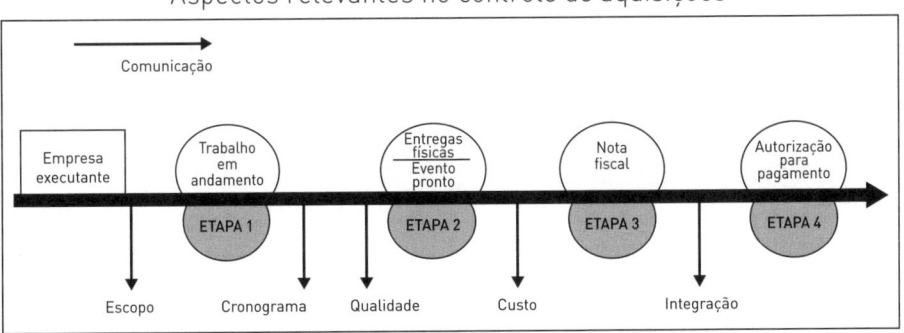

Figura 64
Aspectos relevantes no controle de aquisições

A partir do ambiente de trabalho, o escopo contratado está sendo construído, e, com base no contrato, uma série de entregas irão confirmar a execução física do objeto contratado. Para tal, as áreas de qualidade e cronograma são as interfaces. Após a comprovação das entregas físicas, algumas delas estarão relacionadas a eventos contratuais, contra pagamento. Assim a empresa contratada irá apresentar as notas fiscais, que deverão ser certificadas pelo gerente do projeto ou alguém por ele designado, para em seguida ser feito o efetivo pagamento, o que afeta as áreas de custos, integração e comunicação do projeto.

Para entendermos melhor a importância do acompanhamento das aquisições, vamos ilustrar com um exemplo de projeto pessoal, ou seja, aquele que não ocorre dentro de uma organização. João é um profissional autônomo da construção civil, que faz serviços particulares e se destaca pela qualidade do seu trabalho em obras e reformas em residências. Como é comum no Brasil, ele fornece apenas o serviço, cabendo aos contratantes adquirir todo o material necessário. Recentemente, ele forneceu três orçamentos, para três clientes distintos, e ele costuma definir apenas o custo total e o prazo estimado. O primeiro cliente era o André, que queria construir uma garagem na sua casa e recebeu orçamento de R$ 40 mil, com prazo de oito semanas. André, que não estava nem um pouco preocupado em acompanhar a obra, ofereceu 80% do orçamento, ou seja, R$ 32 mil para começar o serviço e o restante na entrega.

A segunda obra era do Felipe, que precisava reformar os banheiros e a cozinha do seu apartamento. João verificou que o estado do encanamento era bem ruim, recomendou troca das redes de água quente e fria e orçou o trabalho em R$ 36 mil, com prazo de seis semanas. Felipe, no entanto, quis postergar ao máximo os dispêndios e propôs a João um dispêndio semanal de R$ 3 mil, e um pagamento no final da obra dos R$ 21 mil restantes, ou seja, 58% do orçamento seriam pagos no final da obra.

Carolina era a terceira cliente, queria derrubar uma antiga construção no quintal da sua casa e levantar um jardim com novos muros e uma pequena área de brinquedos infantis. O terreno era grande, a construção antiga e sólida, portanto João apresentou um orçamento de R$ 18 mil para seis semanas de trabalho. Carolina fez a proposta mais insólita. Ela dividiu o valor pela quantidade de dias e calculou a remuneração diária de R$ 600. Ela propôs, então, pagar o trabalho em parcelas de 300 reais, todos os dias úteis no horário do almoço e ao final do dia.

André, imaginando estar "se livrando" do problema, gerou uma exposição desnecessária ao risco, além de não considerar contingências, como atrasos, falta de material ou erros na execução do serviço. Felipe, o "pão-duro", está querendo que João financie sua obra e não apresentou garantias do efetivo pagamento no final. E Carolina, a controladora, vai ter gasto de tempo e custo administrativo desnecessário para a obra, pois terá 60 eventos financeiros para pagar. Além disso, a solução dela não considera atrasos na execução do projeto.

O que podemos aprender com essa história? Primeiro, que deve haver coerência entre os dispêndios financeiros (o cronograma de desembolsos) e o planejamento do progresso físico do projeto. Segundo, que aumentar a quantidade de eventos financeiros não é uma abordagem adequada, pois além dos custos administrativos não há nenhuma garantia de que o trabalho seja realizado no prazo previsto inicialmente. Deve-se sempre identificar um conjunto de eventos financeiros atrelado a um evento físico, ou seja, a uma entrega. Daí surgiu o neologismo "entregáveis", corruptela do inglês *deliverables*. A partir da certificação da entrega dos eventos físicos, os eventos financeiros vão sendo pagos e o contrato segue seu curso. O gerenciamento do valor agregado, que já foi detalhadamente explicado na parte de custos de nosso livro, é a técnica mais adequada para lidar com esse tipo de situação, pois o avanço físico do projeto é medido pelo valor agregado (VA), enquanto o avanço financeiro é medido pelo custo real (CR). Ao final, as entregas são concluídas, os valores são pagos na sua totalidade, e os contratos, encerrados.

Gerência de integração

O último grande bloco do gerenciamento é o que trata da integração de todas as áreas de conhecimento que aqui foram apresentadas. Isto porque o conjunto dos elementos de gestão deve se encaixar de forma que consigamos entregar todo o escopo previsto dentro do prazo e do orçamento (figura 65).

Figura 65
Gerência de integração do projeto

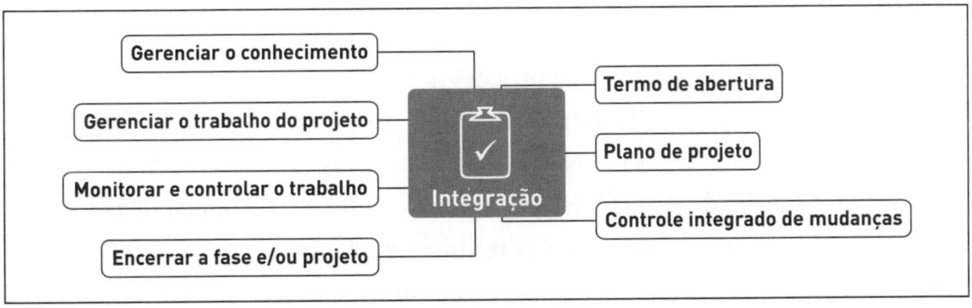

- Gerenciar o conhecimento
- Gerenciar o trabalho do projeto
- Monitorar e controlar o trabalho
- Encerrar a fase e/ou projeto

Integração

- Termo de abertura
- Plano de projeto
- Controle integrado de mudanças

O gerenciamento da integração inicia-se com a elaboração e aprovação do termo de abertura do projeto – TAP (anexo IV). De certa forma, o TAP é a "certidão de nascimento do projeto", pois representa um documento formal, chancelado pela cúpula estratégica da organização. Como visto anteriormente em nosso livro, o projeto é iniciado formalmente com a assinatura do TAP. Mas o trabalho realizado até essa aprovação não faria parte do ciclo de vida? Essa é uma questão que suscita dúvidas. Como mencionado, empresas e governos têm recursos escassos para realizar projetos, daí a necessidade de critérios de avaliação e seleção de propostas. Entende-se que propostas e estudos de viabilidade são esforços anteriores ao início do projeto formal e, como o custo é pequeno quando comparado com o custo planejado, acabam sendo "bancados" pelos próprios setores que os propuseram, quando não pelos setores de planejamento estratégico ou mesmo pela alta direção da empresa.

O fato é que os projetos necessitam de termos de abertura, entre outros fatores porque normalmente eles não estão inseridos na estrutura da empresa, não fazem parte do organograma permanente, que é o desenho da estrutura organizacional formal. Como informar, como comunicar à organização que o gerente detém poder, responsabilidade e uma equipe sob seu comando?

Normalmente isso é resolvido com o TAP, que, em determinadas situações, pode até ter outras denominações. No serviço público, uma portaria de designação é um instrumento legal que investe uma pessoa em determinado trabalho, incluído aí o de gerente de um determinado projeto.

O TAP é baseado nos estudos de viabilidade, nas estimativas iniciais, e é resultado do processo decisório que cria novos projetos, sendo gerado pela cúpula estratégica da organização ou pelo setor que tem poder ou delegação para alocar recursos e iniciar projetos.

A partir daí, o esforço do gerenciamento da integração ocorre no desenvolvimento do plano de gerenciamento do projeto. Um plano completo e integrado é bem mais do que um cronograma e um orçamento. Integrar um plano de projeto é um processo aglutinador, no qual todos os planos devem convergir e manter a coerência entre si. Nesse processo, percebe-se a importância da fusão das competências técnicas e comportamentais do gerente. Primeiro, devem ser verificados os aspectos técnicos: as datas são exequíveis? Os valores planejados saõ realistas? A quantidade e perfil das pessoas vão atender à demanda de trabalho? O escopo vai ser todo executado? Os requisitos propostos serão atendidos? As medidas de qualidade estão adequadas? A comunicação será eficiente e atenderá a todas as demandas de decisões ao longo da execução? As partes interessadas vão poder participar de forma ativa e eficiente? Todos os elementos de risco foram considerados? As aquisições foram previstas?

Como as áreas se interpenetram, é normal que surjam conflitos. A quantidade e o perfil das pessoas podem exceder o orçamento, assim como certos itens de compras podem depender de fornecedores exclusivos, ou o plano de comunicações pode desconsiderar algumas partes interessadas. São situações que podem induzir a riscos adicionais ao projeto. Nesse momento, o gerente exerce suas competências comportamentais, negociando, resolvendo conflitos e tomando decisões de compromisso entre os aspectos do projeto. Cabe a ele resolver questões ligadas à alocação dos recursos, avaliando e equilibrando as demandas técnicas, os requisitos de qualidade e as restrições de tempo e orçamento do projeto. Já na década de 1970 a pesquisa de Thamhain e Wilemon (1975) identificava os conflitos de escopo como os prevalentes nas fases de planejamento do projeto, o que, de certa forma, é positivo. Esse tipo de conflito revela que a equipe identificou diferentes maneiras de realizar o projeto, e que nesse momento cabem as decisões de ajustar os planos à realidade de mercado e da empresa executante. Projetos superdimensionados, com excesso de pessoal, prazos longos e requisitos de qualidade excessivos se tornam pouco competitivos no mercado. A empresa que realizar projetos desse tipo tende a estar atrasada na conclusão deles, o que, consequentemente, sugere margens menores. Isso, no médio prazo, impele a uma posição menos competitiva.

Na execução do projeto, o gerenciamento da integração inclui o acompanhamento, monitoramento e controle do trabalho, bem como o gerenciamento do conhecimento e das mudanças. A figura 66 apresenta os principais elementos ligados à gerência do trabalho do projeto com base no uso de uma ferramenta central denominada sistema de informação de gerenciamento de projetos (SIGP).

Como mencionado, um sistema de informações inclui pessoas, máquinas, *softwares* e procedimentos operacionais para organizar informações e auxiliar no processo decisório. Ao longo da execução uma série de novos dados vai sendo gerada, o que acaba refletindo no real andamento do projeto. Assim os custos reais incorridos, o andamento das atividades, as mudanças em análise ou já aprovadas, o acompanhamento dos riscos, as lições aprendidas e o atendimento aos marcos são todas informações importantes para o gerenciamento do trabalho do projeto.

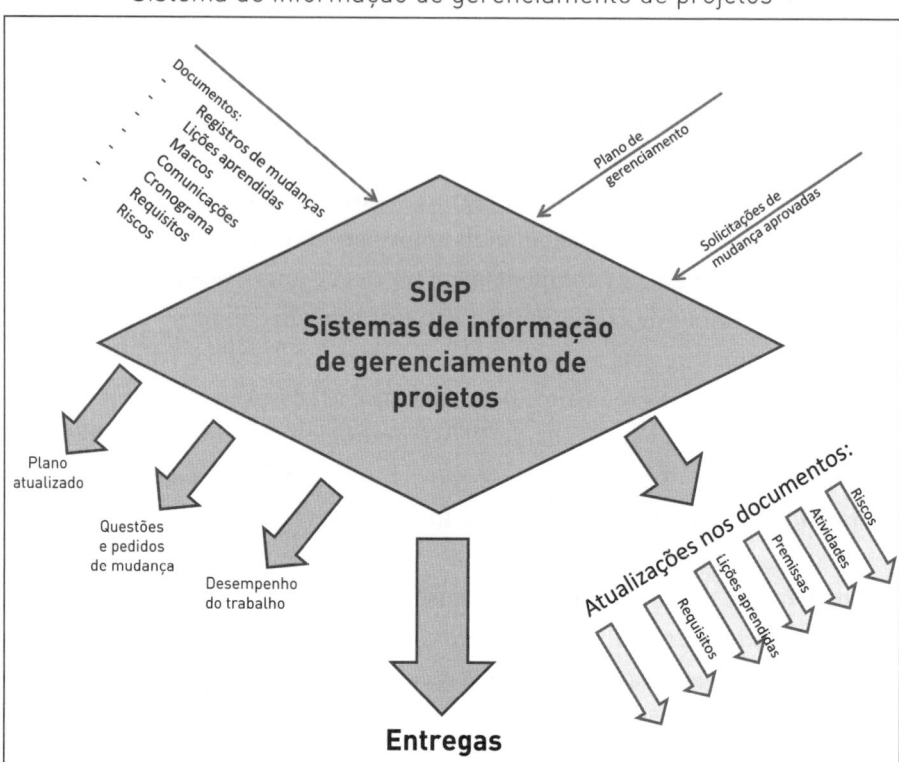

Figura 66
Sistema de informação de gerenciamento de projetos

Entradas (setas para o SIGP):
- Documentos: Registros de mudanças, Lições aprendidas, Marcos, Comunicações, Cronograma, Requisitos, Riscos
- Plano de gerenciamento
- Solicitações de mudança aprovadas

SIGP – Sistemas de informação de gerenciamento de projetos

Saídas (setas saindo do SIGP):
- Plano atualizado
- Questões e pedidos de mudança
- Desempenho do trabalho
- Atualizações nos documentos: Requisitos, Lições aprendidas, Premissas, Atividades, Riscos
- **Entregas**

À medida que os resultados parciais vão sendo atingidos, os dados reais vão sendo inseridos no sistema, o que vai permitir ao gerente a comparação entre os valores planejados e os realizados. É natural que surjam "questões", ou seja, assuntos diversos que irão exigir algum tipo de ação por algum membro da equipe do projeto. Algumas dessas questões podem evoluir para pedidos de mudança, os quais podem surgir também por parte do cliente, do patrocinador do projeto ou mesmo de partes interessadas externas, como o governo. Solicitações de mudanças fazem parte do ambiente de um projeto por conta de evoluções tecnológicas, de novos requisitos legais, de uma nova percepção por parte do cliente a respeito do escopo do projeto, entre outros fatores. O quadro 26 apresenta os elementos básicos de uma questão, muitas vezes denominada "lista de pendências" ou "assuntos a resolver".

Quadro 26
Elementos constituintes de uma questão

N.	Nome	Descrição
1	Categoria	Que tipo de questão? Exemplos: qualidade, escopo, mão de obra, fornecedor, prazo, interface com outros sistemas, risco não identificado.
2	Responsável pela identificação	Quem levantou o problema e criou a questão.
3	Data	Quando surgiu a questão.
4	Descrição	Descrição detalhada da questão.
5	Prioridade	Grau de prioridade entre as questões abertas.
6	Ação	Quem vai acompanhar a solução da questão.
7	Data-alvo	Prazo para solução da questão.
8	Situação atual	Como está o andamento da solução na data atual.
9	Solução final	Resolvida/Em andamento/Parada/Encerrada com justificativa.

Logo em seguida o gerente passa a monitorar e controlar o trabalho do projeto, e é normal que surja a dúvida de até aonde vai o processo de orientação e gerência em relação ao processo de começar a monitorar e controlar. Enquanto o primeiro está focado na realização do trabalho do projeto, o segundo trata da análise e registro do progresso. É o processo no qual entram as decisões do gerente de projeto relativas ao acompanhamento e controle das atividades em andamento ou já concluídas. Os relatórios de desempenho do projeto irão subsidiar as mudanças necessárias.

Por exemplo, durante a verificação de garantia de qualidade, constatou-se que determinada entrega não cumpriu os requisitos previstos. Para tal será necessário refazer parte das atividades para realizar novo teste de qualidade. Quando isso será feito? Por quem? Em quanto tempo? Como garantir que o problema estará resolvido? Esse é um exemplo de uma questão que surge durante a execução do projeto, e para ela será indicado um responsável. Ele deve, em conjunto com a gerência do projeto, identificar e analisar alternativas para solucionar a questão. Como consequência, os documentos do projeto são atualizados, o que inclui: as previsões de custo e prazo, lições aprendidas, registros de riscos e das questões em aberto.

Uma das atividades gerenciais mais importantes para um projeto de sucesso é o controle integrado de mudanças. Mudança é "uma modificação em qualquer entrega formalmente controlada, componente do plano de gerenciamento do projeto, ou documento do projeto" (PMI, 2017a:716). Essa definição reúne tanto mudanças de escopo quanto no plano do projeto.

O controle integrado de mudanças, mais do que um processo, deve ser um sistema que garanta a atualização dos planos e dos documentos do projeto ao longo de sua execução. Vamos exemplificar: em um projeto com duração prevista de 10 meses, ao final do segundo mês, cerca de metade das atividades já concluídas terminaram com atraso. Consequentemente, as atividades seguintes tiveram suas datas alteradas, o que impactou a programação de recursos, de aquisições e de comunicações. Essas alterações foram documentadas e registradas por meio do controle integrado de mudanças do projeto, sendo consideradas mudanças usuais, posto que não existe plano de projeto perfeito. Como resultado, o plano de gerenciamento do projeto é atualizado: datas e alocação de recursos das atividades ainda não realizadas, datas das aquisições a serem realizadas, registro de riscos, comunicação do projeto e outros documentos cujo conteúdo foi alterado pelas mudanças realizadas. A lista de mudanças é remodelada com todas as mudanças aprovadas, e essa lista se reveste de uma importância ainda maior em projetos terceirizados, nos quais a empresa executante foi contratada por uma empresa cliente. Isto porque, dependendo da mudança, seus impactos de custo poderão requerer a assinatura de termos aditivos no contrato em andamento.

Mas as mudanças não se limitam a variações entre o planejado e o realizado. Temos um caso real ocorrido no Rio de Janeiro, em um projeto para incorporação e construção de um prédio comercial de 10 pavimentos, com salas para profissionais liberais, tais como médicos, dentistas, advogados, entre outros. A empresa incorporadora contratou uma construtora para realizar as obras civis. O projeto de engenharia previa a instalação de uma central de ar-condicionado única, para os 10 pavimentos do prédio. O projeto já havia sido aprovado na Divisão de Urbanismo da prefeitura, bem como na gerência de engenharia mecânica, que trata de elevadores, escadas rolantes e ar-condicionado central. O ar-condicionado central previa compartimento próprio destinado às máquinas de condensação junto ao telhado, com área que integraria a área total construída e que seria parte do fato gerador para a taxa de licença de obra cobrada pela prefeitura. As obras estavam no início quando, dois meses após a obtenção da licença, devido ao comportamento inicial das vendas, o conselho de investidores da incorporadora solicitou uma mudança no sistema de ar-condicionado, para sistema *multisplit* de ar individual.

Ainda que a carga térmica tenha sido mantida, essa solicitação de mudança é um típico caso no qual o processo de controle integrado de mudanças se faz presente. Caberá ao gerente do projeto avaliar o impacto potencial da mudança nos prazos, no fornecimento do novo item, nos custos, riscos e qualidade da nova aquisição, a fim de constatar a necessidade ou não de alteração dos prazos e dos custos previstos. Ou seja, ainda que exequíveis, as mudanças propostas devem considerar o rearranjo arquitetônico com a previsão de espaço físico e rede elétrica para que cada unidade individual possa instalar seus equipamentos de refrigeração, bem como as implicações das autorizações já dadas pelos órgãos de governo. No caso em pauta, foi necessário requerer à prefeitura a modificação do projeto aprovado, com decréscimo de área e solicitação de estorno da taxa referente à área do compartimento de condensadores no telhado. As modificações nos projetos das obras podem ser requeridas a qualquer tempo, mas implicam ações de partes interessadas externas, no caso os organismos governamentais que autorizam a execução do projeto.

Em determinados projetos é formado um Comitê de Controle de Mudanças (CCM) para tomar as decisões relativas às mudanças durante a execução. CCMs são usados em projetos de grande porte que incluem conjuntos de empresas executantes e clientes, e tratarão preferencialmente de mudanças de escopo, as mais comuns em projetos. Como existirão contratos em vigor, é normal que parte do escopo desses contratos seja incrementada ou reduzida como consequência das mudanças aprovadas. A ausência de um CCM dá margem a um tipo de solução que deve ser evitada: as compensações "informais". Exemplo: a empresa cliente solicita uma nova bateria de testes ambientais em determinado protótipo, algo que não estava incluído no escopo inicial do projeto. A empresa executora, por sua vez, aceita esse aumento do trabalho, mas em troca solicita que seja desobrigada de pagar multa por atividades entregues em atraso. Sem uma análise aprofundada dos custos, o "acordo" é acertado informalmente pelos gerentes. O problema é que, em projetos de longo prazo, esses acordos vão se somando uns aos outros, como um grande castelo de cartas, e no final não se sabe mais quem deve compensar o que para quem. Para evitar esse tipo de prática informal, o CCM deve avaliar o impacto de cada mudança em termos de escopo, prazo, custo, qualidade, aquisições, risco e recursos, para em seguida aprovar ou não a mudança, fazendo uso de todos os elementos do plano do projeto, bem como de acordos e contratos, que deverão ser alterados.

Em paralelo deve-se gerenciar o conhecimento do projeto, desde seu início. A gestão do conhecimento é uma área dos estudos organizacionais que trata da acumulação contínua do conhecimento nas empresas, e os projetos representam oportunidades únicas de aprendizagem. Diferentemente das operações repetitivas, projetos são únicos, em que sucessos e insucessos convivem de forma intensa. O conhecimento pode ser classificado como explícito e tácito. Conhecimento explícito é aquele que pode ser descrito por palavras, ou mesmo por imagens, podendo ser descrito em documentos de lições aprendidas. O tácito é aquele que vai sendo construído ao longo da vida pelos indivíduos, e inclui aspectos cognitivos e emocionais. São crenças, entendimentos, experiência, interiorizações de habilidades que permitem às pessoas, entre outras coisas, executar o trabalho. Conhecimento tácito é aquele passado de geração a geração nos mais diversos ofícios, sem documentação formal ou manual de boas práticas.

Um exemplo de gestão do conhecimento em projetos encontra-se no trabalho de Ragsdell, Espinet e Norris (2014), que estudaram o fenômeno em um projeto voluntário no Reino Unido realizado por um grupo denominado Campaign for Real Ale (CAMRA). Trata-se de um projeto que realiza eventos anuais para promover os tradicionais *pubs* britânicos e sua bebida mais famosa, a cerveja Real Ale. No artigo, os autores analisaram a gestão do conhecimento em um grupo de trabalhadores voluntários e concluíram que o comprometimento das equipes na busca do sucesso do projeto fez com que o conhecimento tácito fosse compartilhado com facilidade entre as pessoas. Nas organizações, o repositório de lições aprendidas dos projetos já concluídos representa um conjunto estratégico de informações que só pode ser compartilhado entre os próprios colaboradores. Existem empresas do setor de óleo e gás, por exemplo, que possuem acervo próprio de relatórios de lições aprendidas, cujo conteúdo só pode ser divulgado entre os próprios gerentes de projetos, a fim de evitar vazamentos de informações consideradas de conteúdo altamente sigiloso e estratégico.

A gestão do conhecimento tem sido objeto de estudo de Nonaka e Takeuchi (1997), que consideram que conhecimento tácito e explícito não são elementos distintos, mas complementares. A partir da premissa de que o conhecimento se consolida por meio da interação entre conhecimento tácito e explícito, propuseram quatro modos diferentes de conversão do conhecimento: internalização, externalização, socialização e combinação, conforme a figura 67.

Figura 67
Espiral do conhecimento

	Tácito	PARA	Tácito	
DE Tácito		Socialização	Externalização	Explícito DE Explícito
		Internalização	Combinação	
		Explícito	Explícito	

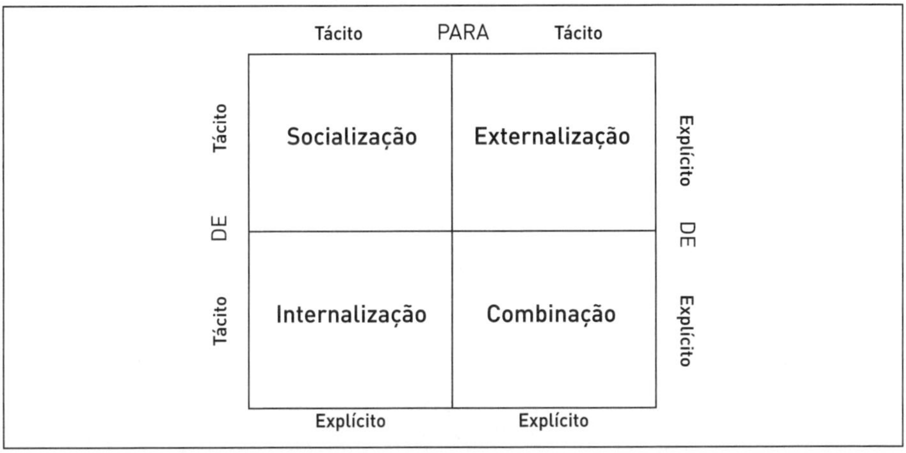

Fonte: adaptada de Nonaka e Takeuchi (1997).

O primeiro quadrante ilustra a evolução do conhecimento tácito em tácito, ilustrada com o processo de socialização, como um compartilhamento de vivências e experiências que vão levar à criação do conhecimento tácito a partir dos próprios conhecimentos tácitos prévios, como crenças, conhecimento, legados e habilidades, expressos na forma da experiência de cada membro do projeto. Em seguida, passa-se para a transformação do conhecimento tácito em explícito, por meio da externalização. Equipes de projetos em processo de criação, de solução de problemas ou mesmo de resolução de conflitos atuam externalizando os conhecimentos tácitos e gerando conhecimento explícito. Segundo Nonaka e Takeuchi (1997), é a parte fundamental da espiral do conhecimento, o momento de criação e crescimento do conhecimento.

O terceiro quadrante ilustra a combinação, que pode ser explicada como uma união de conjuntos diferentes de conhecimento explícito, em um padrão. Pessoas compartilham conhecimentos por meio de diversas práticas e ferramentas de gestão, como análise de documentos, reuniões, comunicações formais e informais. Como resultado, o conhecimento existente é sempre reconfigurado com base na combinação do explícito, o que gera novos conhecimentos. Concluindo, o quarto quadrante descreve a internalização, que é o processo de incorporação do conhecimento explícito ao tácito.

A internalização se dá no cognitivo dos indivíduos de inúmeras formas, como modelos mentais ou novos conhecimentos técnicos, passando a influenciar a forma de refletir e agir, ou seja, a visão de mundo dos indivíduos. A operacionalização dessa espiral no ambiente de projetos ou mesmo no ambiente organizacional pressupõe que o conhecimento tácito acumulado seja socializado com a equipe, o que vai permitir um novo ciclo de criação do conhecimento.

Na finalização do projeto, os esforços do gerenciamento de integração devem assegurar um encerramento completo, no sentido de que não fiquem pendências a serem resolvidas. Como o projeto é uma estrutura temporária, encerradas suas atividades é necessário prever quem vai cuidar do legado do projeto. O quadro 27 apresenta as principais ações necessárias para o encerramento de um projeto.

Quadro 27
Principais ações no encerramento de um projeto

Encerramento do projeto ou fase: principais ações			
Escopo	**Recursos**	**Contratos/custos**	**Documentos**
Entregas concluídas	Liberar as pessoas	Encerrar contratos	Manuais
Questões resolvidas	Liberar equipamentos	Pagar fornecedores	Relatório final
Aceitação pelo cliente	Liberar instalações	Encerrar as contas	Lições aprendidas
Termo de entrega	Devolver eventuais sobras	Atualizar registros (planos x realizado)	Documentação de desenvolvimento
Informação às partes interessadas		Arquivar contratos	Documentação de garantia

Projetos são estruturas temporárias; portanto, em algum momento serão encerrados. As principais cerimônias de abertura de um projeto são a assinatura do TAP e a reunião de *kickoff*, sendo a primeira representativa do comprometimento dos patrocinadores e da cúpula estratégica das organizações envolvidas. Cerimônias de encerramento do projeto vão depender muito de como foi a execução do mesmo. Alguns projetos demandam festas e comemorações, ao passo que outros são encerrados sem nenhuma divulgação.

Qualquer que tenha sido o resultado, desde um retumbante sucesso até um projeto interrompido sem chegar ao término de sua execução, as pessoas e as equipes serão sempre impactadas por ele, não apenas na geração de conhecimento, como já mencionado, mas na realização e superação dos desafios que normalmente integram os projetos. A maior recompensa do trabalho em projetos é a sensação do trabalho realizado, do dever cumprido, dos desafios e dilemas vencidos. Muito da evolução do ser humano se deve a vencer barreiras aparentemente intransponíveis, a agrupar pessoas e formar uma equipe capaz de realizar projetos que influenciaram suas vidas e eventualmente mudaram a vida de outras pessoas, em termos de tecnologia, conforto, beleza, e acesso a novas maneiras de viver.

Uma vez que fizemos uma análise das áreas de conhecimento, cabe nos aprofundarmos um pouco mais em aspectos contemporâneos do gerenciamento de projetos, para que o leitor possa formar um campo de visão ainda mais amplo sobre o assunto. Esse será o tema do nosso próximo capítulo.

4
Aspectos contemporâneos da gerência de projetos

Este capítulo está dividido em três seções. Primeiramente, vamos detalhar uma estrutura já mencionada em outras partes do livro denominada "escritório de gerenciamento de projetos". Depois, vamos explorar as chamadas práticas ágeis, visando não uma permuta da teoria proposta até agora, mas uma alternativa mais flexível e adaptativa para o gerenciamento de projetos. A última seção do capítulo trata do talvez mais imprescindível dos temas, intrínseco ao mundo atual: a responsabilidade social corporativa e a questão da sustentabilidade no gerenciamento de projetos.

Escritório de gerenciamento de projetos

Uma das vertentes mais florescentes na gerência contemporânea de projetos é a solidificação de entidades denominadas escritórios de gerenciamento de projetos ou EGPs, segundo Dinsmore (2003); Hill (2004) e Barcaui (2012). O termo "entidade" é aqui utilizado para expressar que um EGP pode ter os mais diversos formatos ou configurações dependendo da necessidade da organização em relação à qual estará sendo empregado. Normalmente, a razão de sua existência está relacionada à intenção do uso de boas práticas de gerenciamento de projetos, mas, ainda assim, a perspectiva segundo a qual é implantado depende de uma série de fatores, tais como: a maturidade da organização para gerenciar projetos, o segmento da empresa, o ponto na estrutura organizacional em que o escritório será inserido, entre outros.

Uma das primeiras expressões do que se poderia denominar escritório de projetos data da II Guerra Mundial, quando Winston Churchill (1874-1965) usava o que convencionou chamar de sala de guerra (*war room*). Na verdade, um *bunker*, abrigo subterrâneo para proteção contra bombas, utilizado pelo primeiro-ministro e sua equipe com o objetivo de comandar as tropas durante a guerra. Tratava-se do centro de comando do governo britânico, no qual as estratégias de guerra eram traçadas. Se pararmos para pensar, não à toa as salas de guerra podem ser consideradas embriões dos EGPs. Afinal, seu objetivo era o de promover a análise de cenários, possibilidades, oportunidades, ameaças, arquitetar alianças, viabilizar debates e estudar documentos e mapas que ficavam expostos na parede, com fins de elaborar estratégias de guerra. No fundo, estamos falando de um grande e contínuo esforço de planejamento (de projetos) para derrotar as tropas de Hitler na II Guerra Mundial. As salas de guerra foram utilizadas de 1939 a 1945, e a história provou que a ideia valeu a pena.

Se tivéssemos que propor um conceito único que definisse o escritório de projetos, poderíamos dizer que se trata da estrutura responsável pela qualidade e previsibilidade em geral dos projetos de uma organização. O sonho de qualquer corpo executivo e dos patrocinadores de uma iniciativa é conseguir ter a visibilidade antecipada e com razoável grau de certeza sobre o que vai acontecer com os projetos sendo empreendidos em seu portfólio. Obviamente, como foi ressaltado em várias partes do livro, essa diligência não é trivial. Por isso, ter alguém ou um departamento responsável por essa atividade pode ser de extrema conveniência, dependendo do grau de dependência que a organização tenha de seus projetos.

O EGP funciona como uma espécie de elo entre a gerência executiva e os gerentes de projeto. Devemos considerar que nem sempre a linguagem e as demandas executivas são facilmente transmitidas para a parte mais operacional da organização. Da mesma forma, as necessidades, carências e anseios dos gerentes de projetos e suas equipes às vezes não são captados integralmente pela cúpula da empresa. Um órgão que possa fazer essa "tradução", além de acomodar expectativas e normatizar regras, processos e procedimentos sobre gerência de projetos pode servir também como fonte de apoio para a tomada de decisões. Mesmo que a organização não seja fortemente projetizada, seu desenvolvimento, manutenção e sustentabilidade são garantidos pela realização de projetos. A própria ramificação natural da estratégia da empresa, conforme explicado anteriormente, ocorre pela coordenação e execução de seu portfólio de projetos. Sendo assim, nada mais natural do que imaginar certa padronização quanto a métodos, processos e ferramentas, de forma a assegurar uma visão integrada, única e compartilhada de como esse portfólio está sendo gerido.

Como já discutido na parte relativa a critérios de sucesso em projetos, a literatura sugere fortemente que as práticas e os princípios de gerenciamento de projetos, quando bem implantados, tendem a oferecer um significativo impacto positivo nos negócios (Kwak e Ibbs, 2002; Davis, 2014; Irvine e Hall, 2015). Por essa razão, a importância relativa do EGP cresce na medida em que se torna importante saber aplicar os recursos disponíveis da maneira mais eficiente possível e na medida da oportunidade do alinhamento entre a execução de projetos e a estratégia de negócio que suporta a missão e a visão da organização.

Os EGPs podem ser referenciados por múltiplas denominações, dependendo de onde e como serão implantados (quadro 28). Em alguns casos, não chega nem a ser um departamento com um nome específico, mas um cargo ou um papel ligado a uma área que se propõe a ser o ponto focal de projetos de uma organização.

Quadro 28
Categorias de EGPs

Tipo de EGP	Foco gerencial	Títulos mais comuns / nomes em uso no mercado
EGP corporativo (estratégico)	• Provê diretrizes de gerenciamento de projetos ao nível corporativo. • Garante que os projetos estão alinhados com o propósito da organização, visão, missão e plano estratégico de negócios. • Supervisiona EGPs de divisões e unidades de negócio. • Opera como um centro de excelência em gerenciamento de projetos.	• Escritório corporativo de projetos • Escritório de gerenciamento de portfólio • *Project portfolio management office* (PPM) • *Enterprise project management office*
EGP departamental (tático)	• Provê diretrizes de gerenciamento em nível departamental. • Gerencia o portfólio do departamento. • Gerencia projetos e programas conforme demanda. • Supervisiona EGPs de unidades de negócio e de projetos.	• Escritório de gerenciamento de portfólio • *Project portfolio management office* (PPM) • Escritório de gerenciamento de programas
EGP de unidade de negócio (operacional)	• Provê diretrizes de gerenciamento de projetos para uma unidade de negócio. • Gerencia programas do departamento. • Gerencia projetos conforme a demanda. • Supervisiona EGPs de projeto, EGPs e escritórios de suporte a projetos	• Escritório de gerenciamento de programas • Escritório de gerenciamento de projetos
EGP de projetos (operacional)	• Provê a gerência de projeto "missão crítica", que tipicamente é complexo e grande, afetando múltiplas áreas da organização.	• Escritório de gerenciamento de projetos • *Project management office*
EGP (operacional)	• Provê suporte direto para um projeto único e não complexo. • Se necessário, pode gerenciar o projeto.	• Escritório de gerenciamento de projetos • *Project management office*
Escritório suporte a projetos (ESP) (administrativo)	• Provê suporte administrativo para um ou mais projetos	• Escritório de suporte a projetos • *Project support office* • *Project control office*
Centro de excelência em gerenciamento de projetos (metodologia)	• Estabelece e implementa padrões, metodologias, ferramentas, educação, práticas, modelos, treinamentos e demais competências em nível corporativo, departamental, unidade de negócio ou projeto.	• Centro de excelência • *Project management center of excellence* (PMCoE)

Fonte: adaptado de Hubbard e Bolles (2015:7-8).

É possível notar que a categorização dos EGPs está relacionada à forma como é implantado, o que acaba influenciando também na abrangência de suas atividades e respectivo escopo de atuação. Obviamente, cada organização tem exigências particulares, caraterísticas idiossincráticas que definem inclusive sua cultura. Sendo assim, as categorias apresentadas não representam uma terminologia enclausurada em si mesma, mas tão somente um guia referencial de títulos e nomes atribuídos aos EGPs quanto a sua abrangência. Mesmo porque, os EGPs tendem a mudar suas atribuições de tempos em tempos e de acordo com a evolução da maturidade em gerenciamento de projetos da organização. Dependendo de onde é implantado (exemplo: organizações de primeiro, segundo ou terceiro setor), o EGP pode variar muito em termos de funções e estrutura, uma vez que seu papel será direcionado pela política e pelo contexto corporativo em que estiver inserido, assunto estudado por Hobbs e Aubry (2010).

Algumas vezes se torna importante definir também o que o EGP não é, já que sua venda para a organização deve ser muito bem realizada para minimizar contratempos no entendimento de suas funções. Um EGP não é um órgão de inspeção e auditoria de projetos. Ou pelo menos não é só isso todo o tempo. Também não é um centro gerador de papelada que só serve para atrapalhar e aumentar a carga burocrática do gerente de projetos. Inclusive, um dos *stakeholders* mais imprescindíveis que se poderia imaginar como aliado ao EGP deveria ser o próprio gerente de projetos, uma vez que entenda ser um dos principais beneficiados por sua implantação.

Quanto à implantação do EGP, Hobbs e Aubry (2010); Englund, Graham e Dinsmore. (2003); Kerzner (2003); O'Leary e Williams (2008) parecem concordar que, de uma forma geral, ela deve acontecer de maneira progressiva. De acordo com Rad e Levin (2002), o custo do estabelecimento de um EGP completo pode representar um grande investimento caso a organização nunca tenha atentado para suas necessidades em gerência de projetos. Por outro lado, organizações com um nível de maturidade mais elevado podem não ter necessariamente de investir tanto na montagem de um EGP. Ainda que cada EGP tenha suas peculiaridades, em geral o êxito da sua implantação está muito relacionado a algumas orientações básicas que devemos procurar seguir. Uma delas, como não poderia deixar de ser, é o forte apoio executivo em sua implementação. A entrada do EGP na organização é também um projeto. Logo, deve possuir um patrocinador que realmente convença a organização da necessidade do seu estabelecimento. Da mesma forma que o comprometimento executivo é bem-vindo, sua ausência pode consistir em entrave para a prosperidade do EGP (Kerzner, 2003).

Todos os procedimentos metodológicos e cuidados relativos à gestão de projetos devem ser também perseguidos, como a designação de um gerente de projetos para o projeto do EGP. Não necessariamente esse gerente virá a ser o responsável pelo EGP após sua montagem, mas é bom fazer uso das boas práticas preconizadas nas áreas de conhecimento estudadas, para minimizar problemas na implantação. Além disso, o EGP deve estar necessariamente alinhado com os objetivos corporativos e favorecer a integração com a estratégia de todos os departamentos. Os papéis e responsabilidades dos recursos que trabalharão no EGP também devem ser definidos com antecedência, para evitar mal-entendidos e frustrações quanto a expectativas. Aplicativos e soluções computacionais como as listadas no apêndice deste livro podem ajudar muito não só na implantação, mas também na gestão do EGP depois de implantado. Um sistema de informação gerencial é sempre importante, dada a característica escalável do trabalho do EGP.

Essa escalabilidade das funções está diretamente ligada à maturidade em gerenciamento de projetos, já diversas vezes mencionada. Aliás, uma das razões mais comuns para implantação do EGP é justamente promover um aumento de maturidade no gerenciamento de projetos da organização.

Dito isso, é importante entendermos o conceito de maturidade em gerência de projetos. Das muitas definições existentes, uma das mais completas define que

> a maturidade é o desenvolvimento integrado de sistemas e processos que são por natureza repetitivos e garantem uma alta probabilidade de que cada um deles seja um sucesso. Entretanto, processos e sistemas repetitivos não são, por si, garantia de sucesso. Apenas aumentam sua probabilidade [Kerzner, 2005:45].

Em outras palavras, a maturidade está relacionada às práticas que a empresa adota em termos de gerência de projetos, envolvendo ferramentas, processos, conhecimento explícito e tácito dos *stakeholders*, cerimônias, artefatos, documentos, entre outras questões relevantes para que o ambiente de projetos se desenvolva.

Existem, disponíveis no mercado, diversos modelos para medição de maturidade das organizações. A maioria oferece um conjunto de perguntas por meio das quais é possível medir o nível de maturidade em gerência de projetos com questões diretas, fechadas, feitas a diversos *stakeholders* da organização com objetivo de formar uma espécie de *ranking*, que normalmente varia de um a cinco, com base em uma escala Likert. O grau atribuído não denota um valor determinista perene para a organização, mas sim um valor base inicial, que deve ser usado como referência para que ações de melhoria possam ser estipuladas, e a análise novamente possa ser realizada. O período entre uma análise e outra pode variar, mas em geral é de aproximadamente um ano. O quadro 29 apresenta um exemplo de resultado de medição de maturidade, para que o leitor tenha uma ideia das possibilidades.

Quadro 29
Exemplo de aplicação de modelo de maturidade

	Situação atual – principais características (adaptado)	Aderência
Nível 2	Realização do treinamento básico de gerenciamento de projetos para os principais envolvidos com projetos.	Completa
	Aquisição de *softwares* (ferramentas) de gerência de projetos.	Completa
	Estabelecimento de uma linguagem comum.	Completa
	Padronização inicial de procedimentos, controle e planejamento de projetos (mesmo com uso ainda restrito).	Completa
	Aceitação e estímulo da prática de gerência de projetos por parte dos gerentes e clientes.	Completa
Nível 3	Informatização da gerência de projetos.	Regular/fraca
	Metodologia desenvolvida, implantada e testada.	Completa
	Implementação inicial de uma estrutura organizacional adequada ao setor e aos seus tipos de projetos.	Boa
	Obtenção de processos de planejamento e controle de projeto consistentes.	Completa
Nível 4	Metodologia otimizada.	Boa
	Treinamento avançado: ferramentas e aspectos críticos do gerenciamento, tais como relacionamentos humanos, conflitos e negociações.	Boa
	Implantação de *project management information system* (PMIS).	Regular/fraca
	Possibilidade de avaliação e análise de causas de desvios da meta e tomada de ações para evitá-las ou eliminá-las.	Boa
	Estrutura organizacional otimizada para permitir um relacionamento mais eficaz entre as áreas envolvidas.	Boa
	Alinhamento dos projetos (portfólio) com os negócios da organização.	Boa
Nível 5	Otimização na execução de projetos com base na larga experiência e também nos conhecimentos e atitudes pessoais (disciplina, liderança etc.).	Regular/fraca
	Projetos integrados ao sistema de informação (PMIS) e usufruindo das "melhores práticas", históricos e demais informações gerenciais (riscos etc).	Regular/fraca
	A organização é vista ou citada como *benchmark* em gerência de projetos. Centro de Excelência em Gerência de Projetos.	Regular/fraca

Entre os modelos disponíveis para medição, alguns dos mais citados na literatura são: o PMMM (*project management maturity model*) de Kerzner (2005) e o (PM)² (*project management process maturity model*) de Kwak e Ibbs (2002). Em ambos os modelos, cada nível de maturidade consiste em um conjunto de características, fatores e processos a serem checados. Os níveis vão evoluindo à medida que as práticas organizacionais orientadas a projetos também se desenvolvem.

Outro exemplo de modelo de maturidade de origem brasileira intitula-se Prado-MMGP (modelo de maturidade em gerenciamento de projetos de Prado, 2014). Ele faz uso de 10 perguntas para cada um dos cinco níveis analisados em relação a sete dimensões de gerenciamento: alinhamento estratégico, estrutura organizacional, informatização, metodologia, competência comportamental, competência técnica e contextual e competências em gestão de projetos. O modelo é livre, está disponível para aplicação e o autor ainda oferece os resultados das pesquisas realizadas nos últimos anos com diversas empresas divididas por segmento <www.maturityresearch.com/novosite/index_br.html>.

A melhoria contínua da maturidade em gerenciamento de projetos é uma das principais conquistas que o EGP pode ajudar a acelerar do ponto de vista da organização. Mas a alta administração também ganha, uma vez que passa a ter um centro de informações úteis disponível a tempo, com um maior controle e monitoramento de seu portfólio de projetos, compatibilizando sua expectativa com a realidade do que está de fato ocorrendo na organização. Os sistemas e aplicativos disponíveis para esse fim são inúmeros (ver apêndice), e o aumento da previsibilidade traz melhores opções de investimento, tomadas de decisão mais acertadas, projetos superiores levando a experiências mais satisfatórias para clientes e maiores possibilidades de ganho, redução de riscos, entre outras vantagens. Para os gerentes de projetos, o EGP também objetiva trazer benefícios significativos. Pode ajudar a promover uma metodologia padronizada que facilite a condução de projetos, oferecer um repositório de modelos e ferramentas de apoio, promover *workshops* de atualização e compartilhamento de melhores práticas, oferecer um segundo nível de suporte para dúvidas e problemas, entre outras atividades, inclusive contando com a participação e sugestão dos próprios gerentes de projetos.

Em algumas organizações com maturidade elevada em gerenciamento de projetos, outros aspectos também podem ser cogitados. Algumas empresas consideram o salário variável para o gerente de projetos em função dos seus resultados (algo equivalente à comissão para vendedores), outras oferecem um roteiro para desenvolvimento de carreira com base em habilidades e conhecimentos previamente estipulados, o que pode se constituir em um leque infinito de propostas que viabilizem e sustentem um clima motivador e inovador para o trabalho do gerente de projetos.

Conforme dito, o EGP pode exercer papéis específicos, o que é muito comum quando se inicia sua estruturação. O que se poderia chamar de um "projeto piloto" de EGP pode englobar apenas uma determinada atividade, como gerência do conhecimento ou administração de recursos em organizações mais voltadas a projetos. Com o tempo e com o reconhecimento dos benefícios proporcionados pelo EGP, suas funções podem ir ganhando em abrangência e especificidade, conforme o quadro 30.

Quadro 30
Exemplo de mapa de funções do EGP

Métodos e procedimentos	Gerência de infraestrutura	Gerência de recursos	Gerência técnica	Integração com o negócio
Processos do ciclo e vida e da empresa	Estrutura e organização	Contratação	*Coaching*	Políticas
Metodologias	Sistemas	Treinamento	Auditoria	Gerência de portfólio
Comunicação e reporte	Análises	Desenvolvimento de carreira	Suporte	Interfaces funcionais
Gerência de *stakeholders*	Métricas e padrões	Avaliação de performance	Biblioteca de arquivos	Gerência de clientes
Gerência de mudanças	Equipamentos e facilidades	Contratação de terceiros e parceiros	Competência técnica	Melhoria contínua

Fonte: adaptado de Lambersten (2002).

O quadro apresenta apenas o exemplo de uma distribuição de funções que vão desde a padronização de métodos e procedimentos até a integração com o próprio negócio da organização. A metodologia de gerenciamento de projetos deve ser implantada, mas também ter sua manutenção garantida, uma vez que as necessidades e as demandas mudam ao longo do tempo. Sendo assim, a metodologia adotada e seus respectivos processos devem ser constantemente reavaliados em relação a sua utilidade e a seu desempenho. Deve também estar totalmente integrada a um sistema informatizado ou à solução de tecnologia adotada pela organização, além de manter a perspectiva aberta para adoção de melhores práticas.

O sistema de informação utilizado deve ser aperfeiçoado continuamente, assim como também deve estar preferencialmente conectado aos demais sistemas da organização, não só para garantir alinhamento, mas também para que os dados possam ser mais facilmente intercambiáveis. A base de conhecimento também deve estar ligada ao sistema, uma vez que todos os *stakeholders* podem alimentar a base e dela fazer uso. Os equipamentos e facilidades para acesso a todo tipo de solução ou aplicativo a ser utilizado também podem ser objeto de estudo do EGP, assim como as métricas e padrões a serem aplicados.

É esperado que o EGP possa prover um currículo completo de treinamento para os recursos envolvidos nos projetos por ele coordenados. Obviamente, os tipos de curso dependerão fortemente da experiência e maturidade da equipe, mas podem ir desde programas de fundamentos em gerência de projetos até cursos avançados, ferramentas específicas, treinamento na metodologia, certificações e outros programas sob demanda. Nessa gerência de recurso, poderíamos também incluir a contratação e avaliação de terceiros para o projeto, em comum acordo com a área de compras, se for o caso.

A gerência técnica do processo, incluindo apoio ao gerente de projetos e suporte nos diversos níveis de competência, provê *expertise* técnica, facilita atividades ligadas ao time de projeto, intermedia avaliações entre o corpo executivo, o gerente e o time de projeto, além de providenciar transferência de conhecimento entre as equipes, inclusive com o devido aconselhamento na medida da necessidade.

Uma das atividades mais temidas e, ao mesmo tempo, mais importantes e mal interpretadas é a de auditoria de projetos. Como vimos na área de gerência da qualidade, o processo de garantia da qualidade se preocupa com isso uma vez que permite, de tempos em tempos, promover o acompanhamento e balanço dos projetos sendo gerenciados. O EGP, até pelas suas características, é o candidato natural para realizar esse tipo de procedimento, uma vez que não participa diretamente do projeto, mas tem conhecimento técnico suficiente para colaborar no seu controle e na sua execução. A auditoria é uma avaliação que vale não para apontar erros, mas para, junto com o gerente (que continua sendo o responsável final pelo mesmo), descobrir soluções que afetem positivamente o projeto. O produto da auditoria pode ser um relatório por área de conhecimento em gerenciamento de projetos (anexo V) e o *status* do projeto pode ser reproduzido por meio de um farol, conforme a figura 68.

Figura 68
Exemplo de painel de auditoria de projetos

 ●○○	Projeto saudável	Implica a manutenção de situação favorável.
 ○●○	Projeto em alerta	Implica a tomada de ação para prevenir possíveis efeitos negativos.
 ○○●	Projeto com problemas	Implica a tomada de ações imediatas para minimizar efeitos negativos atuais / plano de ação é requerido.

Esse expediente acontece por meio da interface com clientes, fornecedores e usuários, mas pode ocorrer também na negociação de mais recursos com o corpo executivo ou em qualquer outra questão que se faça premente. Em resumo, a auditoria é um instrumento de apoio ao gerente de projetos e não seu calvário.

Por fim, quanto à integração com o negócio, o EGP pode não só ajudar como participar ativamente das políticas a serem adotadas na organização, uma vez que estas estejam relacionadas à gestão ou à governança dos seus projetos, programas e portfólio. A interação entre áreas funcionais, muitas vezes delicada em função das mais intrincadas questões, pode ser amenizada com um órgão externo como o EGP, que pode inclusive ser terceirizado também, contanto que tenha o poder de influência necessário para intervenção e atuação. Até mesmo questões mais estratégicas, como o planejamento de capacidade em função da demanda de projetos e recursos, podem ser previstas pelo EGP.

Como destaca Barcaui (2012), o escritório de gerenciamento de projetos é uma entidade em constante desenvolvimento na medida do aumento da maturidade da gerência de projetos da organização. A maturidade vai aumentando, as funções do EGP vão se tornando mais estratégicas e os benefícios colhidos, em termos de resultados e satisfação de clientes, tendem a ser cada vez maiores em uma espiral de progresso no gerenciamento de projetos da organização.

Práticas ágeis

Até esta parte do livro, analisamos práticas de gerenciamento de projetos que são, de alguma forma, preditivas, pressupondo um ciclo de vida de projeto tradicional em forma de "cascata" (*waterfall*), conforme o modelo para desenvolvimento de *software* proposto por Royce (1970) e com fins de estabelecer alguma ordem metodológica na elaboração e na gestão dos projetos. Trata-se de um arquétipo mais rígido, com fases pré-definidas, executadas em sequência e com o pressuposto de que o cliente sabe exatamente o que deseja (figura 69).

Figura 69
Ciclo de vida do tipo "cascata"

```
Análise de
requisitos
    └─► Desenho
            └─► Implementação
                    └─► Testes
                            └─► Manutenção
```

Projetos como esses vêm sendo gerenciados desde a II Guerra Mundial, progrediram com o desenvolvimento da indústria bélica e são baseados em uma alta carga de planejamento. Vimos que esse tipo de abordagem favorece a visão do todo e estabelece diversos processos visando ao melhor controle do projeto, o que acaba oferecendo certo conforto ao gerente, uma vez que trabalha com a (aparente) previsibilidade do que deve ocorrer ao longo de todo o ciclo de vida.

A efetividade de práticas desse tipo tem se provado adequada para projetos com baixo nível de incerteza, ou com prazos e preços fixos, como os da construção pesada. Entretanto, é possível que o leitor tenha notado que essas mesmas práticas pressupõem longos processos de desenvolvimento, uma documentação abundante e que, eventualmente, o cliente só acaba percebendo o resultado do projeto quando de seu final. Além disso, quem já gerenciou ou participou de projetos assim pode atestar que as mudanças são, de alguma forma, temidas, indesejadas, quase que proscritas, dado o trabalho que acarretam tanto em termos de retrabalho quanto de atualização de documentação. Em outras palavras, existe um foco muito grande no processo e não necessariamente no produto em si.

Com o passar dos anos, com a globalização, com a mudança no perfil mais exigente dos clientes, da sociedade e do mercado como um todo, os níveis de complexidade dos projetos vêm aumentando e, por consequência, também os níveis de ambiguidade. A antiga restrição tripla passa a ter de comportar também questões como complexidade, incerteza e velocidade em seu conjunto, uma vez que novos modelos de negócio repletos de tecnologia em seu âmago surgem a cada dia. É nesse contexto que surgem as práticas ágeis. A ideia não é substituir as práticas existentes, como aquelas listadas no *Guia PMBOK* (PMI, 2017a), mas oferecer alternativas flexíveis, com um formato mais interativo, adaptativo e menos preditivo para o gerenciamento. Um dos argumentos por trás desse novo prisma é que as estimativas iniciais de um projeto costumam ser muito ruins e só melhoram com o tempo (Stenbeck, 2015). Por isso, as práticas ágeis sugerem começar com um planejamento apenas básico e ir refinando na medida do andamento do projeto.

Um dos marcos iniciais do fomento dessas práticas foi a declaração conhecida como "Manifesto Ágil", conforme vimos no primeiro capítulo. O documento virou a cláusula pétrea para difusão de métodos ágeis, possuindo quatro valores fundamentais conforme o quadro 31.

Quadro 31
Valores intrínsecos ao Manifesto Ágil

> Estamos descobrindo melhores maneiras de desenvolver *software* fazendo-o nós mesmos e ajudando outros a fazê-lo. Através deste trabalho, passamos a valorizar:
> - **indivíduos e interações entre eles** mais que processos e ferramentas;
> - ***software* em funcionamento** mais que documentação abrangente;
> - **colaboração com o cliente** mais que negociação de contratos;
> - **responder a mudanças** mais que seguir um plano.
>
> Mesmo havendo valor nos itens à direita, valorizamos mais os itens à esquerda.

Fonte: adaptado de Agile Alliance (2001).

Note que a palavra central em todos os valores é sempre "mais" nunca "ao invés de" ou "rejeitando". É essencial ressaltar esse ponto para que não se associem interpretações errôneas quanto às práticas ágeis, tais como: desvincular as práticas ágeis das práticas tradicionais, tratá-las como uma revolução ou considerar que não envolvem nenhum tipo de planejamento ou documentação (Stenbeck, 2015).

Associados a esses valores, 12 princípios foram também redigidos de forma a suportar a visão por trás do manifesto (quadro 32). Quando analisados com placidez, percebe-se que os axiomas transmitem algumas mensagens poderosas, tais como: a valorização do time, a comunicação constante, a entrega contínua de valor, a integração entre o time técnico e o responsável pela área de negócios, entre outras.

Quadro 32
Doze princípios por trás do Manifesto Ágil

1. Nossa maior prioridade é satisfazer o cliente, através da entrega adiantada e contínua de *software* de valor.
2. Aceitar mudanças de requisitos, mesmo no fim do desenvolvimento. Processos ágeis se adequam a mudanças, para que o cliente possa tirar vantagens competitivas.
3. Entregar *software* funcionando com frequência, na escala de semanas até meses, com preferência aos períodos mais curtos.
4. Pessoas relacionadas a negócios e desenvolvedores devem trabalhar em conjunto e diariamente, durante todo o curso do projeto.
5. Construir projetos ao redor de indivíduos motivados, dando a eles o ambiente e suporte necessário, e confiar que farão seu trabalho.
6. O método mais eficiente e eficaz de transmitir informações para, e por dentro de um time de desenvolvimento é através de uma conversa cara a cara.
7. *Software* funcional é a medida primária de progresso.
8. Processos ágeis promovem um ambiente sustentável. Os patrocinadores, desenvolvedores e usuários devem ser capazes de manter indefinidamente passos constantes.
9. Contínua atenção à excelência técnica e bom *design* aumentam a agilidade.
10. Simplicidade: a arte de maximizar a quantidade de trabalho que não precisou ser feito.
11. As melhores arquiteturas, requisitos e *designs* emergem de times auto-organizáveis.
12. Em intervalos regulares, o time reflete sobre como ficar mais efetivo; então eles mesmos se ajustam e otimizam seu comportamento de acordo.

Fonte: adaptado de Agile Alliance (2001).

Os princípios ágeis estão intimamente ligados ao pensamento *lean*, que estudamos anteriormente na área de gerenciamento da qualidade. Os ideais são os mesmos: eliminação de desperdícios, entregas com qualidade, adaptação às mudanças, melhoria contínua e geração de valor o mais breve possível. No caso de projetos, a redução dos desperdícios está ligada a: documentação exagerada, excesso de planejamento (na medida em que se entende que o projeto vai mudar pelas mais diversas razões e que não reconhecer isso seria negar a realidade), reuniões improdutivas e eliminação de formas ineficientes de trabalho, como a multitarefa. O sistema *lean* também sugere que quem melhor conhece o trabalho a ser feito são as pessoas que irão fazê-lo. Sendo assim, é importante que o time tenha todos os recursos necessários disponíveis para sua execução. Todas essas considerações são feitas de forma explícita ao longo dos princípios ágeis listados.

Na ética ágil, a promoção da autonomia do time é fator crítico de sucesso para o projeto. A ideia de colocar uma equipe multidisciplinar trabalhando em conjunto visa reduzir o risco e diminuir a incerteza. As práticas também estão ligadas à simplicidade, com objetivo de fazer apenas o que precisa ser feito de forma a ter entregas com qualidade e minimizando a utilização de artefatos que consomem tempo e agregam pouco ao escopo do produto do projeto. Claro que as práticas ágeis também pressupõem documentação, mas não na quantidade exigida por métodos tradicionais. Valoriza-se o planejamento, mas tendo em vista também suas limitações, uma vez que a mudança é uma condição inexorável do projeto. À medida que esse movimento inicial, ligado ao desenvolvimento de *software*, foi se alastrando, foi sendo adotado por outros segmentos, como a construção civil, os setores automotivo e aeroespacial, sendo denominado "gerência de projetos ágil", afirma Highsmith (2004).

Um dos casos mais emblemáticos de projeto ágil foi o desenvolvimento do iPad da Apple. Em uma terminologia *lean* e ágil, tratava-se de um dispositivo completamente funcional com um conjunto mínimo de características comercializáveis, ainda que não apresentasse todos os recursos possíveis de um *tablet*. Dado que o foco da empresa foi no que os clientes demandavam, vendeu cerca de 3 milhões de dispositivos em 80 dias e mais de 15 milhões nos primeiros oito meses, o que representou 75% do mercado de *tablets* no final de 2010 (Stenbeck, 2015). Significa que vendeu mais unidades do que todos os outros *tablets* combinados.

Muitos dos conceitos propostos pelas chamadas práticas ágeis já estão presentes nas práticas tradicionais de gerenciamento de projetos, mas muitos outros oferecem novas perspectivas. Por exemplo, em um método tradicional existem pontos de aprovação em cada etapa do projeto, nos quais são feitas medições de controle e um replanejamento derivado dessa análise. O escopo também deve ser definido no início. Já em um modelo ágil, o escopo é redefinido a cada uma ou seis semanas, de forma a promover o alinhamento do produto do projeto com o que de fato irá gerar valor para o cliente. Um ponto focal no cliente é escolhido para priorizar as demandas no formato de uma pilha, na qual as prioridades ficam no topo e os itens menos importantes ficam na base.

Da mesma forma, em relação às mudanças: em um projeto tradicional, caso uma alteração seja necessária, é preciso preencher uma requisição de mudança (anexo II), fazer a devida análise do pedido, mensurar junto à equipe quanto essa mudança vai impactar em termos de cronograma, custos, qualidade etc., passar pelo processo de aprovação da mudança, salvar o plano anterior como histórico, gerar uma nova linha de base, garantir alinhamento com todos os *stakeholders* e implementar finalmente a mudança. Já na filosofia ágil, uma vez que se entenda que essa alteração é importante para o projeto, o pedido é inserido na pilha para ser priorizado no próximo ciclo de desenvolvimento. A figura 70 demonstra de forma esquemática como o processo das interações ocorre.

Figura 70
Representação macro da gerência de processo ágil

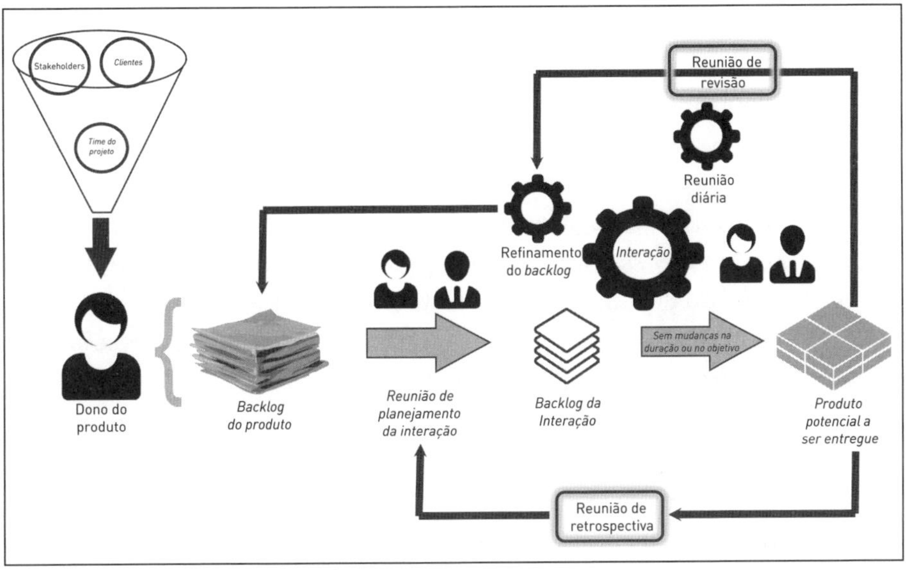

Fonte: adaptada de Stenbeck (2015:46-54).

O dono do produto ou *product owner* (PO) é responsável por captar o que o cliente deseja e decidir com ele o que é mais importante, devendo ser desenvolvido primeiro. Por essa razão, também é chamado metaforicamente de "a voz do cliente". Outro ponto também é que, antes da primeira interação, é aconselhável elaborar um texto com a "visão do produto". Uma pequena, mas explicativa visão do que será o produto final a ser desenvolvido. Algo que torne mais tangível para os *stakeholders* e, principalmente, para o time de desenvolvimento, como ficará o produto ao final do projeto.

É por meio da percepção do PO junto aos *stakeholders* do projeto que será montado o que se denomina *backlog* do produto ou *product backlog* (PBL), similar ao conceito de requisitos ou especificações nos métodos tradicionais de gerenciamento de projetos. O funil acima do PO simboliza que existe toda uma estrutura de *stakeholders* que influencia na criação do *backlog* e que repercute nas propriedades e funções desejadas para cada item proposto. O PBL é representado na forma de uma pilha de cartões, o que torna mais fácil a tarefa de priorização de cada produto a ser desenvolvido. O objetivo é que cada requerimento, função ou característica esteja em um cartão a fim de ser priorizado.

Esse processo de eleger a ordem do que será feito é de fundamental importância para o próximo passo, que envolve uma reunião de planejamento no começo de cada interação (ou *sprint*). Essa sessão de planejamento determina o que o time pode fazer e quem ficará responsável por fazer cada detalhe em direção à solução proposta. A abordagem envolve sempre uma negociação entre o PO e o cliente para entender qual deve ser a próxima parte a ser desenvolvida. É desejável que essa escolha represente um resultado que agregue valor e seja, ao mesmo tempo, factível. Quando se chega a um acordo a respeito, está eleito o objetivo de um *sprint*. Esse objetivo é documentado no que se denomina "história de usuário" (*user story*), conforme veremos mais detalhadamente à frente.

As histórias são documentadas no *backlog* da interação. É como se o PO tirasse o cartão de maior importância do topo da pilha do PBL e dissesse ao time que aquela é a próxima peça a ser montada no contexto da solução final pedida pelo cliente e dentro do prazo de um *sprint*. A dificuldade nesse ou em qualquer outro processo equivalente é tentar extrair do cliente o que ele realmente deseja como produto. Uma vez que essa decisão é tomada em conjunto pelo cliente e pela equipe, com a mediação do PO, o time se compromete com o que será feito dentro do tempo estimado de um *sprint*. O PO, por outro lado, em nome do cliente, se compromete a não mudar o objetivo ou o tempo do *sprint*. Tipicamente, um *sprint* dura de uma a quatro semanas, mas essa é uma decisão que deve ser tomada pelo time logo no início do projeto e respeitada durante todo o seu desenvolvimento. Congelar o objetivo do *sprint* é o único modo de evitar que haja mudança de prioridade e perda de tempo, até porque isso já deve ter sido previsto em um passo anterior pelo PO. O foco é uma das principais vantagens ou trunfos das práticas ágeis visando à entrega de um produto concreto, com qualidade e evitando desperdício de tempo. Além disso, aumenta a sensação de realização do time pela percepção de estar entregando valor a cada *sprint*.

Quando o compromisso mútuo está estabelecido, o *sprint* tem início. Durante o tempo da interação, o time desenvolve suas atividades e tem uma reunião que é idealizada para durar cerca de 15 minutos, visando à sincronização dos trabalhos. Essa reunião normalmente é chamada de: "reunião diária" (*daily meeting*) ou *standup meeting* e objetiva averiguar o progresso das atividades. Cada membro da equipe responde a três perguntas: "No que eu trabalhei desde ontem?", "No que vou trabalhar hoje?" e "Que obstáculos, se é que existem, me impedem de seguir adiante?". O papel de facilitador da equipe pode ser desempenhado por aquele profissional que tradicionalmente denominamos até aqui "gerente do projeto". Mas existem outras designações possíveis, dependendo da metodologia ágil adotada. Na metodologia *scrum* por exemplo, esse papel é de responsabilidade do *scrum master*.

As reuniões diárias eliminam muito desperdício, conforme sugerem a filosofia *lean* e os princípios das práticas ágeis. Se sabemos que temos de entregar um relatório de *status* todo dia 20 para o patrocinador do projeto, é muito provável que o dia 19 seja o mais produtivo do mês. A causa desse fenômeno é a chamada Lei de Parkinson (Parkinson, 1957), que sugere que o trabalho a ser realizado se expande, ocupando todo o tempo disponível para sua realização, gerando uma indesejável procrastinação.

O resultado final do processo são produtos potenciais a serem entregues. Potenciais porque, mesmo que não estejam totalmente acabados, já podem ser mostrados aos respectivos clientes ou demais *stakeholders* de modo que se obtenha *feedback* a respeito do que foi completado. Dessa forma, o produto final nunca será uma surpresa entregue somente no fim do projeto (como na maioria dos projetos em cascata), uma vez que o cliente terá participado e auxiliado na construção da solução durante o ciclo de vida do projeto. O PO atua ainda como mediador, questionando se era aquilo que o cliente esperava, se o produto ou subproduto está utilizável e dentro das expectativas previstas. Ao final da interação, a história pode ser aceita ou não, mas não de forma dicotômica como nas práticas tradicionais que eventualmente jogam o cliente contra o fornecedor. Com as interações e com os constantes *feedbacks* em reuniões de revisão (*review meetings*), é possível analisar o que foi produzido e todas as partes interessadas são bem-vindas a opinar. Trata-se de uma reunião focada no produto e que pode levar a um refinamento do *backlog*. Esse processo de refino é necessário porque o próprio *backlog* pode mudar com base no aprendizado adquirido durante o desenvolvimento e exposição do produto aos *stakeholders*. Novos *insights* podem ser integrados ao *backlog*, o que assegura sua integridade técnica e também garante que existam novos itens a serem desenvolvidos no próximo *sprint*. O processo de refinamento como um todo envolve: a análise do *feedback* dos *stakeholders*, a integração desse aprendizado, a decisão do que fazer a seguir e a preparação da história de usuário para o próximo *sprint*.

Além das reuniões de revisão, o time faz uma reunião de retrospectiva (*retrospective meeting*), focada no processo em que somente o time analisa o desenvolvimento daquela interação e do projeto como um todo. A analogia que se faz é com a proposta de melhoria contínua do pensamento *lean*. Em outras palavras, discute-se como seria possível melhorar o processo para entregar mais valor, de maneira mais rápida, simples, barata e melhor. É um processo equivalente à coleta de lições aprendidas do método tradicional de gerenciamento, em reuniões de *post-mortem*. O problema é que, nesse tipo de reunião final, não é mais possível aplicar melhorias ao projeto em andamento, mas só nos próximos, dificultando a aplicação e compartilhamento do conhecimento adquirido de maneira mais efetiva.

Com esse passo, fecha-se o ciclo de maneira macro, mas muitos detalhes desse processo podem ser ainda explorados ou implementados de maneira diferente, dependendo da metodologia e das técnicas adotadas. Uma das técnicas mais utilizadas em práticas ágeis são as histórias de usuário, conforme comentamos anteriormente. Jeffries, Anderson e Hendrickson (2000) preconizam que qualquer produto pode ser representado por meio das necessidades de seus usuários. Uma história nada mais é do que uma forma simples e leve de descrever a necessidade, traduzindo valor para o cliente e equivalendo a um (e somente um) item da pilha do PBL. Uma história muito grande é chamada de "épico" e demanda ser quebrada em histórias menores. Quando quebramos uma história, temos as tarefas a serem realizadas para efetivação da história.

Especificamente sobre as histórias, Wake (2003) inventou o acrônimo INVEST para descrever o que uma boa história de usuário deveria considerar, conforme o quadro 33.

Quadro 33
Guia INVEST para escrita de boas histórias

Independente (*independent*)	As histórias devem ser o mais autônomas e desacopladas possível uma das outras. Até para ajudar, se for o caso, na alteração da ordem em que são desenvolvidas, sem ter de alterar suas estimativas. Em outras palavras, deve ser possível entender uma história sem ler nenhuma outra.
Negociável (*negotiable*)	Os detalhes devem ser criações conjuntas do cliente e do time do projeto durante o desenvolvimento. Uma boa história capta a essência, não o detalhe. Claro que, com o tempo, a história pode ganhar mais características, ideias para teste etc., mas estes não são pré-requisitos para confecção e priorização de histórias.
Valiosa (*valuable*)	Deve representar valor de negócio para o cliente. Mesmo que se divida uma história em outras menores, estas também devem representar funcionalidades (e não partes do trabalho a ser feito).
Estimável (*estimable*)	O time do projeto deve conhecer suficientemente os detalhes tanto técnicos quanto de negócio para estimar o trabalho (tempo, custos) de transformação de uma história em produto de fato.
Pequena (*small*)	Histórias menores favorecem melhores estimativas e representam um risco menor, dado que possibilitam um maior número de itens em um mesmo *sprint*.
Testável (*testable*)	A história deve ser passível de teste para averiguar se está pronta, ou seja, se pode ser transformada em produto, com a devida qualidade esperada.

Fonte: adaptado de Wake (2003).

Podemos descrever as histórias de usuários com componentes conhecidos como os "três Cs": cartão, conversação, confirmação. Práticas ágeis envolvem muito o aspecto visual do trabalho, fazendo uso extensivo de cartões, postagens e publicações. O texto do cartão, o convite para conversação, deve endereçar "quem", "o que" e o "porquê" da história, assumindo normalmente o seguinte formato:

Como *<papel do usuário>* do produto.
Eu quero *<algo>*.
De tal forma que *<benefício>*.

O segundo "C" equivale à conversação e estimula o trabalho colaborativo entre o PO, o time e as partes interessadas no projeto. Os cartões devem ser ajustados para refletir o entendimento comum da conversa. O cerne da discussão é verbal, mas pode envolver documentação e também testes de vários tipos. Por último, vem o "C" de confirmação, ou seja, o PO deve confirmar que a história está completa antes de considerá-la pronta pelos testes realizados, normalmente descritos no verso do cartão. Como exemplo, podemos imaginar a seguinte história, representando uma necessidade:

Como *organizador de um show*,
eu quero *estabelecer valores ótimos para os ingressos*,
para *maximizar meu lucro*.

A respeito de testes, o método conhecido como TDD (*test-driven development*) consiste em um processo de quatro etapas que começa com a criação de um teste para depois invocar uma operação para que o teste seja realizado e ter um resultado de falha e, em seguida, ser tomada alguma ação que mude a operação até que o teste seja novamente refeito e atinja o resultado esperado ao final (figura 71).

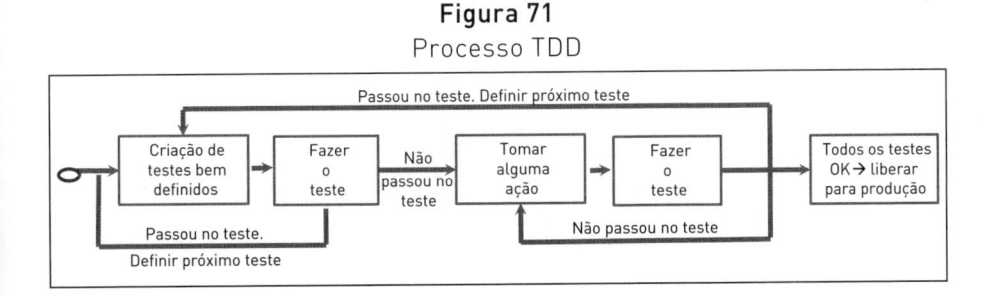

Figura 71
Processo TDD

Outra técnica muito utilizada é do *planning poker* (PP). Observe que para estimativa de esforço de determinada história cada membro da equipe pode ter uma perspectiva diferente quanto à quantidade de horas necessárias ao seu desenvolvimento. Por isso, estimativas em grupo são melhores que as individuais. No PP, popularizado por Mike Cohn (2006), a ideia é gamificar a experiência de estimativa por meio de um conjunto de cartas, como em um jogo de pôquer. À medida que uma história de usuário é discutida, cada membro da equipe joga uma carta com o valor numérico dos pontos que julga serem justos para que a história seja concluída. Caso haja diferença entre as cartas jogadas, os membros do time com as cartas de maior e menor valor explicam suas razões para, com base nos argumentos apresentados, jogarem novamente as cartas até que um consenso seja atingido e uma estimativa definida.

Os valores atribuídos às cartas podem fazer parte de uma sequência simples, mas normalmente é utilizada a sequência de Fibonacci, uma vez que facilita na hora da dúvida entre estimativas de itens maiores. Existem diversos exemplos de baralhos para PP disponíveis na internet, dos mais simples aos mais criativos, para compra ou apenas como forma de estimular a imaginação. É importante que exista um ponto de partida, ou uma história inicial, para que se atribua "X" pontos (exemplo: cinco pontos) e para que seja usada como base para discussão das estimativas das demais histórias. Observe a figura 72.

Figura 72
Estrutura × metodologias × técnicas ágeis

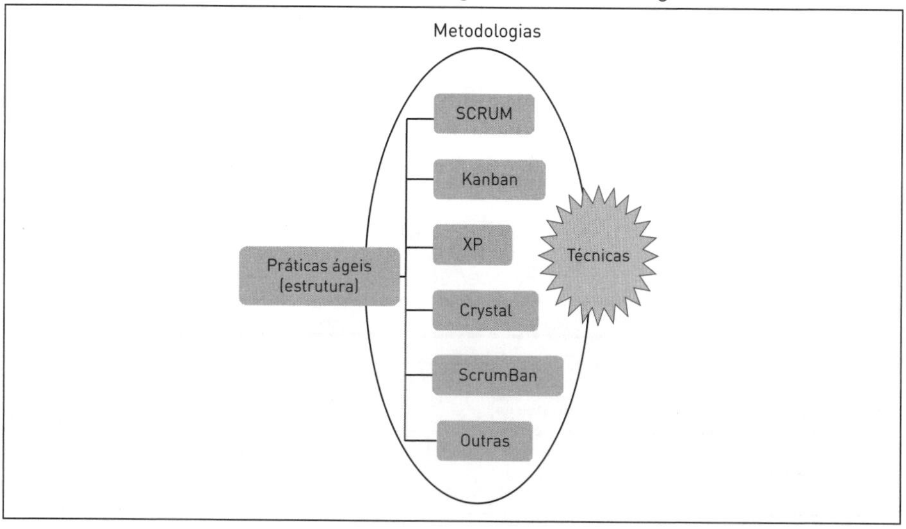

O que vimos até então foi uma estrutura (*framework*) que, basicamente, representa o alicerce para um contexto específico, como um determinado segmento de mercado. A estrutura das práticas ágeis, em resumo, pressupõe: desenvolvimento interativo e incremental, interatividade, adaptação às mudanças, equipes multidisciplinares, auto-organizáveis, envolvimento dos *stakeholders* e maximização do investimento.

Já uma metodologia estabelece um embasamento filosófico para organizar essa estrutura, como os métodos tradicionais em cascata e outros com base nas práticas ágeis. Ainda dentro de cada metodologia, podemos fazer uso de diversas técnicas diferentes ou uma combinação delas, dependendo da necessidade. Algumas das principais metodologias ágeis e suas principais características estão resumidas a seguir.

Scrum

Uma das mais conhecidas das metodologias ágeis, por vezes até confundida como sinônimo de metodologia ágil, surgiu por volta de 1993 por meio dos autores Jeff Sutherland e Ken Schwaber (Sutherland, 2014). O nome *scrum* vem do *rugby* naquele momento em que oito jogadores de cada time ficam em formação e procuram avançar o máximo que podem. A falha de qualquer membro compromete o avanço do time, assim como em um projeto, afirmam Takeuchi e Nonaka (1986). Muitos dos papéis, artefatos e cerimônias da metodologia guardam forte relação com a estrutura básica das práticas ágeis mostradas anteriormente (figura 73).

Figura 73
Modelo *scrum*

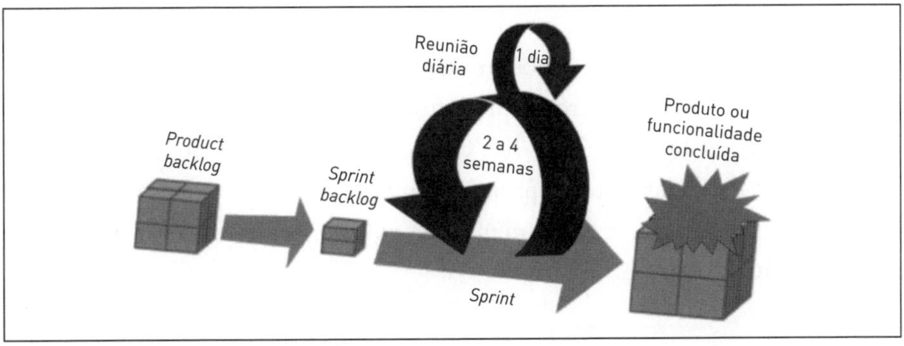

Fonte: adaptada de Rasmusson (2010:264).

Os papéis são compostos basicamente de um PO, um time de desenvolvimento e um *scrum master*, que tem a responsabilidade de garantir que todos entendam a teoria, as regras e os valores do *scrum*, além de remover obstáculos para o progresso da equipe, facilitando eventos (*sprints*, reuniões etc.) e artefatos (PB, *sprint backlog*, incrementos) exigidos pela *scrum*, treinando todos na metodologia e interagindo com o PO para garantir um PB sempre atualizado. O fluxo de trabalho do *scrum* é desenhado para ser leve e sua abordagem teórica pressupõe que os conhecimentos provêm de dados experimentais e que decisões devem ser baseadas no que se conhece desses dados. O uso de dados empíricos contido em um processo interativo aplica três conceitos básicos: transparência, inspeção e adaptação; por essa razão, a metodologia favorece muito a utilização de ferramentas visuais, não por acaso o esteio fundamental da próxima metodologia a ser apresentada. Mais informações sobre *scrum*, processos de certificação, entre outras referências podem ser encontrados em <www.scrumalliance.org/>.

eXtreme programming (XP)

A XP é uma metodologia de desenvolvimento de *software* com base no trabalho do engenheiro de *software* Kent Beck no final dos anos 1990 (Beck, 1999) e foi rapidamente adotada por uma grande quantidade de desenvolvedores representados na comunidade <www.extremeprogramming.org/>. A figura 74 demonstra as principais práticas da XP.

Na XP, o principal foco é o escopo visando agregar o máximo de valor possível ao cliente. São vários os papéis envolvidos, mas gostaríamos de destacar quatro deles: o programador, o treinador (*coach*), o acompanhador (*tracker*) e o cliente. A metodologia pressupõe um time altamente qualificado de programadores seniores sem hierarquia predefinida. O mais experiente deles (*coach*) orienta a equipe sobre as práticas XP. O *tracker* é responsável por manter toda a equipe ciente do andamento do projeto; é uma espécie de timoneiro da equipe. O próprio cliente é parte fundamental da equipe, priorizando as histórias a serem desenvolvidas.

Figura 74
Principais práticas da metodologia XP

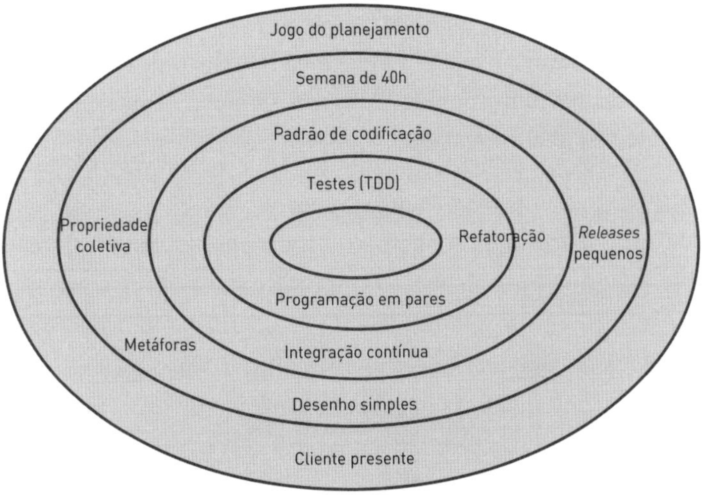

Diagrama de elipses concêntricas com os seguintes elementos (de fora para dentro):
- Jogo do planejamento
- Semana de 40h
- Padrão de codificação
- Testes (TDD)
- Propriedade coletiva / Refatoração / Releases pequenos
- Programação em pares
- Metáforas / Integração contínua
- Desenho simples
- Cliente presente

Fonte: adaptada de Stenbeck (2015:166).

A XP preconiza o desenvolvimento de pequenas e frequentes partes das funcionalidades desejadas pelo cliente (*releases*), fazendo uso do chamado jogo de planejamento para determinar o escopo da próxima *release* e harmonizando estimativas técnicas com as prioridades do negócio. Todo o processo é balizado em testes, fazendo uso do TDD, conforme explicado anteriormente, e da programação em pares (*pair programming*), com dois programadores trabalhando em uma máquina na qual um codifica e o outro critica ou oferece sugestões. Existe a troca de funções de forma periódica, mas é visível o incremento de qualidade, produtividade e aprendizagem.

A metodologia também trabalha com a noção da refatoração (*refactoring*) que, basicamente, significa melhorar constantemente o código sem alterar sua funcionalidade, acelerando, limpando ou corrigindo pequenos erros. A integração do código deve ser diária, e todos os testes devem se passar antes e depois da integração, até porque todos podem modificar o código a qualquer momento. Outro ponto interessante é que a metodologia propõe uma semana de 40 horas, dado que mais do que isso pode ser sintoma de algum desvio. Assim como no *scrum*, são feitas reuniões diárias com uso abundante de metáforas para evitar jargões que só os programadores entendam.

Kanban

Como visto no pensamento *lean*, o *kanban* é um sistema que ajuda no controle de inventário e reposição de estoque baseado em cartões. Quadros *kanban* com cartões adesivos promovem a fácil visualização do fluxo de trabalho de qualquer sistema que possa ser representado. A figura 75 mostra um exemplo de projeto fazendo uso de um quadro *kanban*.

Figura 75
Exemplo do uso da metodologia *kanban*

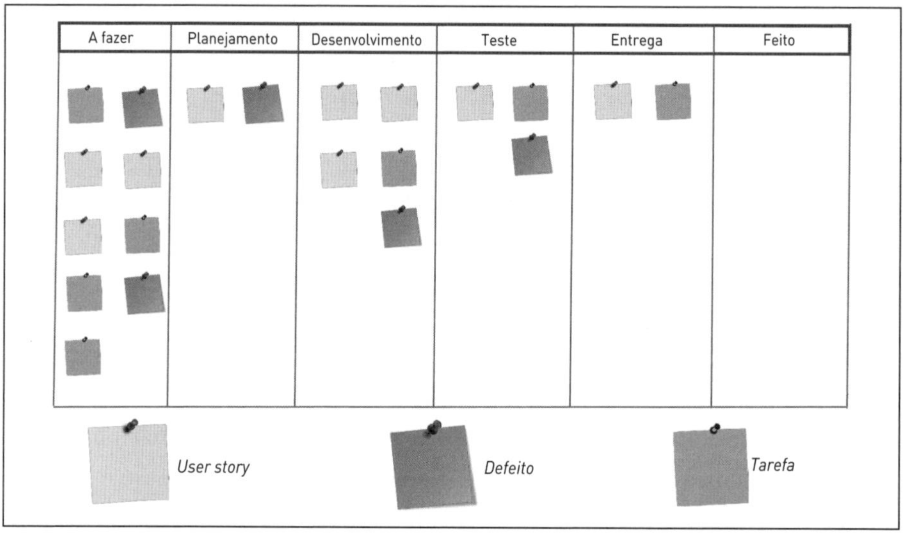

Uma de suas principais vantagens é possibilitar a rápida visão de possíveis gargalos em um processo. Como sugere o dito popular, "uma imagem vale mais que mil palavras". Com a proliferação de *softwares*, esse procedimento hoje pode ser feito de maneira eletrônica. Mas recomenda-se a utilização de um painel em papel com cartões que possam ser colocados e tirados na medida do necessário.

Três das práticas centrais da metodologia envolvem: tornar os processos explícitos por meio da visualização, limitar a quantidade de trabalho em andamento ou *work in progress* (WIP) e melhorar de forma colaborativa, garantindo o acompanhamento em tempo real das tarefas a serem realizadas (Anderson, 2010). O *kanban* talvez seja a menos prescritiva das metodologias ágeis, e por isso a que mais se adapta facilmente ao uso em conjunto com outras metodologias. Sua aplicação pressupõe flexibilidade, foco na entrega contínua e aumento na produtividade e na qualidade. Com tempos de ciclos mais curtos e com melhor gestão de prioridades, o processo como um todo tende a ser simplificado, o que leva à redução de desperdício, de custos e à melhora da motivação e do desempenho do time.

Crystal

A *crystal* é, na verdade, uma família de metodologias para desenvolvimento de *software* idealizada pelo cientista da computação Alistair Cockburn, um dos signatários originais do Manifesto Ágil. Foi desenhada para ser utilizada de forma escalável e com rigor metodológico aplicado na medida da necessidade do projeto em termos de tamanho e criticidade. O método privilegia pessoas sobre processos por considerar que estes devem ser modelados para atender à cultura do time e à proposta ágil de desenvolvimento.

Trata-se de uma metodologia adaptativa, sem um conjunto predefinido de técnicas e ferramentas. A ideia é permitir que cada organização implemente as atividades e processos que lhe parecem adequados, fornecendo um mínimo de suporte do ponto de vista de documentação e comunicação.

A robustez de cada metodologia seria determinada de acordo com o projeto e tamanho da equipe, que, como cristal, possui diferentes cores e graus de rigidez (figura 76).

Figura 76
Família *crystal* de metodologias

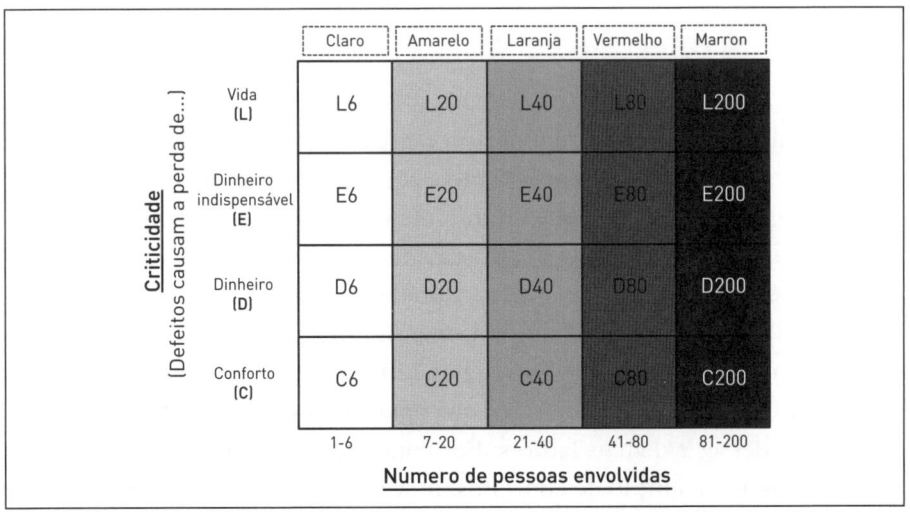

Criticidade (Defeitos causam a perda de...)		Claro	Amarelo	Laranja	Vermelho	Marron
	Vida (L)	L6	L20	L40	L80	L200
	Dinheiro indispensável (E)	E6	E20	E40	E80	E200
	Dinheiro (D)	D6	D20	D40	D80	D200
	Conforto (C)	C6	C20	C40	C80	C200
		1-6	7-20	21-40	41-80	81-200
		Número de pessoas envolvidas				

Fonte: adaptada de PMI (2017b:106).

- Claro (*clear*): sugere uma metodologia leve, para times de até seis pessoas.
- Amarelo (*yellow*): para equipes entre sete e 20 membros.
- Laranja (*orange*): para equipes entre 21 e 40 membros.
- Vermelho (*red*): para equipes entre 41 e 80 membros.
- Marrom (*brown*): para equipes grandes com mais de 80 membros.

O eixo Y representa a criticidade do projeto, podendo variar desde o nível de conforto (C – *confort*), como uma falha que impeça o usuário de utilizar seu celular, até o nível mais grave que ocasionaria perda de vidas (L – *life*), como um *software* de controle de um automóvel autômato que, em caso de falha, poderia ocasionar a morte do motorista e de pessoas a sua volta. Quanto ao dinheiro envolvido, existem projetos que acarretam perdas descomunais de dinheiro (E – *essential money*), tais como um sistema de controle de investimentos em uma corretora de valores. Outros já acarretam alguma perda de dinheiro (D – *discretionary money*), mas de valor inexpressivo, como o sistema do caixa de um restaurante.

Apesar de englobar um conjunto de metodologias, todas possuem características em comum, por exemplo, a abordagem iterativa, a ênfase na comunicação e na cooperação entre os membros da equipe (Cockburn, 2002). As desenvolvidas até hoje foram a *crystal clear* e a *crystal orange*, ambas apropriadas para projetos relativamente pequenos e de baixo risco. Dito isso, trata-se ainda de um conjunto de metodologias em desenvolvimento, com muito menos referências do que as demais metodologias listadas até agora.

Scrumban

No mercado há uma contenda filosófica entre os mais ortodoxos seguidores de métodos tradicionais de gerenciamento e aqueles outros partidários das metodologias ágeis. A verdade é que tanto o método cascata tradicional quanto as práticas ágeis podem e tendem a coexistir, até porque sua utilização é tremendamente dependente do tipo de projeto, tipo de contrato e marcos estabelecidos, maturidade da equipe, nível de participação do cliente, entre tantas outras considerações. Os estudos de Batra et al. (2010); Seyam e Galal-Edeen (2011) e Eder (2015) sugerem quando e por que optar por uma ou outra metodologia, em função desses e demais fatores. Por conta dessa realidade é que, cada vez mais, se observa a junção de conceitos, práticas e ferramentas na aplicação de metodologias híbridas de gerenciamento.

Uma das combinações mais aceitas é a das metodologias *scrum* e *kanban*. Na *scrumban*, o trabalho é organizado em pequenos *sprints*, aproveitando o uso de quadros de *kanban* para visualizar e monitorar melhor o trabalho. Dessa forma, faz-se uso dos processos normativos do *scrum* e da característica de melhoria contínua dos processos *kanban*, que poderíamos posicionar entre as metodologias ágeis e a filosofia *lean*. No comparativo (quadro 34) entre *scrum* e *kanban*, podemos analisar as duas metodologias, seus aspectos em comum e eventuais diferenças (Kniberg, 2009).

Quadro 34
Comparação entre *scrum* e *kanban*

Scrum	Kanban
Time envolvido em interações específicas.	Envolvimento opcional.
Velocidade como medida para melhoria de processos.	Utiliza datas-limite e tempo de espera como medida para melhoria de processos.
Estimativas prescritas.	Estimativas opcionais.
Um *sprint backlog* pertence a um time.	Quadro *kanban* pode ser compartilhado.
Uso de pelo menos três papéis: *product owner*, *scrum master*, *scrum team*.	Não faz uso de regras.
O quadro de *sprint* é reiniciado entre *sprints*.	O quadro *kanban* não se altera; é persistente.
Para cada *sprint*, prioridades são estabelecidas no *sprint backlog*.	O estabelecimento de prioridades é opcional.

Fonte: adaptado de Kniberg (2009).

No *scrumban* os times de desenvolvimento podem se adaptar aos requisitos da produção e aos interesses dos *stakeholders* sem se tornarem sobrecarregados pela metodologia do projeto. A metodologia híbrida herda do *kanban* o conceito de eliminação de itens que podem levar a resultados indesejados evitando processos desnecessários. Mais ainda, permite otimizar o esforço do time para atingir os padrões de qualidade acordados. Outras metodologias híbridas, tais como *scrum-XP* ou ainda modelos customizados também crescem em aplicação, ganhando força no mercado (Stoica et al., 2016).

Como o leitor deve ter percebido, não existe uma metodologia melhor do que outra, mas sim aquela que mais se adapta à necessidade do projeto. Nesse sentido, não seria exagero afirmar que existe uma tendência para o surgimento de mais metodologias híbridas fazendo uso de todo arcabouço tradicional, mas aproveitando os conceitos, técnicas e interações proporcionados pelas práticas ágeis.

Existem diversos outros tipos de práticas e metodologias ágeis que fogem ao escopo deste capítulo, mas que merecem ser mencionadas, dada sua importância histórica para as práticas ágeis como um todo. São elas: FDD (*feature driven development*), AUP (*agile unified process*), DSDM (*dynamic systems development methodology*), MSF (*microsoft solutions framework*), entre outras.

Design thinking

Mais que uma metodologia, o *design thinking* (DT) é uma técnica para pensar e abordar problemas, segundo Pinheiro e Alt (2012). Um modelo mental que, se traduzido literalmente, significaria "a forma de pensar do *design*". A expressão data do início dos anos 1990, mas sua aplicação foi ganhando força e sendo difundida até os dias de hoje com base em três pilares fundamentais: empatia, colaboração e experimentação. Apesar de lidar com a criatividade, está mais propriamente ligado à inovação, que compreende não somente a criação em si, mas a geração de valor percebido de fato. Sendo praticado como um modelo mental e fazendo uso intenso do visual, o DT se encaixa perfeitamente na proposta das práticas ágeis na busca de soluções a qualquer momento em que isso se faça necessário, mas uma de suas mais úteis aplicações, sem dúvida, é na definição de um novo produto.

Já comentamos o fato de o cliente às vezes ter dificuldade de saber exatamente o que deseja. Abordamos também que uma definição errada de escopo pode levar tudo a perder em um projeto, dado que o correto entendimento dos requisitos é de fundamental importância para o sucesso do projeto como um todo. É nesse ponto que o DT pode fazer a diferença, uma vez que oferece a oportunidade de nos colocarmos no lugar do cliente e demais *stakeholders*, de maneira a entendermos melhor sua necessidade. Parece pouco, mas só esse mecanismo já faz toda a diferença no valor percebido pelo cliente no final.

São várias as abordagens de DT existentes, normalmente variando de quatro a seis passos ou fases, todas com forte apelo visual. Como dito, mais que uma metodologia, o DT é um jeito de pensar e criar. Para efeito de explicação, adotamos um modelo simples, que envolve cinco passos, reproduzido na figura 77.

Figura 77
Exemplo de ciclo *design thinking*

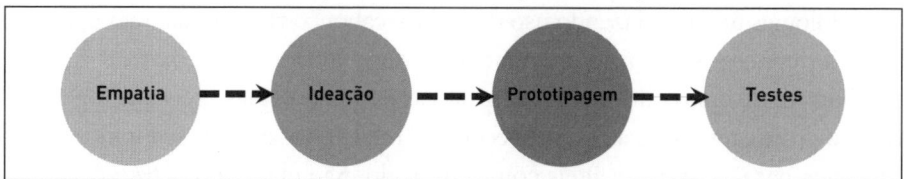

Empatia ---> Ideação ---> Prototipagem ---> Testes

Resumidamente, a partir da definição de um problema procuramos entender as necessidades do cliente como base para geração de ideias, que serão prototipadas e testadas. É um simples, mas poderoso mecanismo de interação colaborativa que começa pela empatia, ou seja, capacidade emocional que temos de nos colocar no papel de outra pessoa, sem julgamento de valores. Afinal, o time não se reuniu para julgar, mas sim para propor alguma nova solução a seu cliente.

O processo de empatia envolve entender quem é o cliente de fato, pelo que exatamente ele clama. Mas vai mais além, tentando imaginar o que ele sente, o que ele faz, como pensa, o que diz, usa, sabe, sente, sonha e como se comporta. Existem diversas ferramentas que ajudam nesse processo, desde observação e entrevistas, passando pela representação de personagens (*role-play*), até à criação de *personas* e mapas completos de empatia. Tudo com a devida representação gráfica com cartões adesivos ou desenhados diretamente no papel.

Como exemplo de *persona*, imagine o caso do sr. Carlos, um executivo de uma grande empresa multinacional, que viaja frequentemente a trabalho há mais de 10 anos. Ele tem o cartão de milhagem de maior *status* possível em duas companhias aéreas. É também preocupado com o físico e gosta de ficar em hotéis com boa infraestrutura de academia. Podemos reconhecê-lo como um daqueles executivos acessando seu *laptop* para trabalhar no saguão dos aeroportos. Tem 40 e poucos anos, casado, dois filhos no colégio. O mapa de empatia tentaria responder de forma gráfica como o sr. Carlos pensa, como ele se comporta e o que espera de um bom serviço que atenda ao seu perfil. A pergunta seria: que serviço poderíamos oferecer para tornar melhor a vida do sr. Carlos?

O processo de ideação foca justamente na necessidade do cliente. Trata-se de um momento criativo, um *brainstorming* de ideias que não podem, de forma alguma, ser julgadas ou descartadas só por não parecerem factíveis em um primeiro momento. Até porque, nessa fase, a proposta é justamente pensar "fora da caixa" e usar a imaginação. Quanto mais variados forem os perfis das pessoas envolvidas na ideação, melhor para a geração de ideias. É incrível a riqueza obtida quando se eliminam filtros, preconceitos e enfoques do cotidiano. Obviamente, as ideias devem ser também priorizadas para serem testadas e poderem passar para a próxima fase. Digamos que, no nosso exemplo, a melhor ideia que surgiu foi a construção de um aplicativo de viagem, com funções de mapeamento de pontos *wi-fi*, lista de hotéis, aeroportos, situações de voo, dicas de alimentação e outras facilidades. Esse foi o *insight* mais votado para ser prototipado.

A fase da prototipação visa validar as ideias geradas, ou seja, construir uma representação de uma ou mais das ideias e mostrar aos demais *stakeholders*. É o momento de ver o que de fato serve como solução e vale a pena virar um projeto. Ainda que pensando do modo mais simples possível, podemos fazer uso de maquetes, desenhos, esboços (*storyboards*) etc., visando testar a ideia com os demais participantes da equipe. Com um protótipo, o produto fica muito mais tangível e factível para o cliente, e a equipe pode melhorá-lo na medida da necessidade, até que se transforme na solução final desejada. No caso do sr. Carlos, não seria nem necessário codificar o aplicativo todo, mas desenhar algumas telas para que pudéssemos ter a noção da usabilidade, praticidade e funções disponíveis a partir do conceito gerado. Ou talvez mostrar o todo, mas desenvolver apenas uma das funções (exemplo: lista de hotéis), para que o produto pudesse ser finalmente testado, o que consistiria na última fase.

A aprovação ou não do produto deve ser feita com base no *feedback* do cliente, o que torna o processo de DT recursivo também, caso necessário. A maior riqueza está exatamente nessa interação colaborativa entre todos os participantes do processo, que apesar de sério é, ao mesmo tempo, extremamente prazeroso de participar.

Lean startup e canvas

Dentro da filosofia das práticas ágeis, nunca podemos esquecer sua íntima ligação com o desenvolvimento do pensamento *lean* – fenômeno este que tomou ares tão fortes que acabou impactando outras áreas na forma de doutrina de trabalho. A criação das chamadas *startups*, empresas recém-criadas voltadas para tecnologias novas, por exemplo, o que tradicionalmente envolve um planejamento exaustivo para o lançamento de determinado produto ou serviço, hoje faz uso da proposta de *lean startup* (Ries, 2011), que evita desperdício de energia, tempo e dinheiro que normalmente são gastos antes da abertura de uma nova empresa.

É óbvio que a perspectiva de lançar um novo negócio sempre envolve algum grau de risco e apreensão para quem está empreendendo. A proposição do *lean startup* leva isso em consideração, mas ratifica que a ideia do produto a ser lançado nada mais é do que uma hipótese, até que seja lançado e aceito de fato pelo mercado.

Sendo assim, a metodologia sugere a projeção de um "produto mínimo viável" ou *minimum viable product* (MVP), uma espécie de versão preliminar do produto que a empresa espera oferecer ao seu público-alvo. O MVP funciona como um teste para que se possa obter *feedbacks* das partes interessadas e ajustar o produto na medida das possibilidades. O MVP promove um melhor entendimento do mercado, suas necessidades, possibilidades inexploradas e viabiliza uma análise muito mais apurada da estratégia de negócio a ser seguida. Tudo antes do lançamento do produto em definitivo.

Além disso, em vez do preparo de um grande plano de negócios, a metodologia sugere o uso de um *canvas* para montar o que seria o modelo de negócio. Como no modelo A3 da Toyota explicado na área de gerenciamento da qualidade, uma imagem simples e clara faz toda a diferença (figura 78).

Figura 78
Modelo de negócios *canvas*

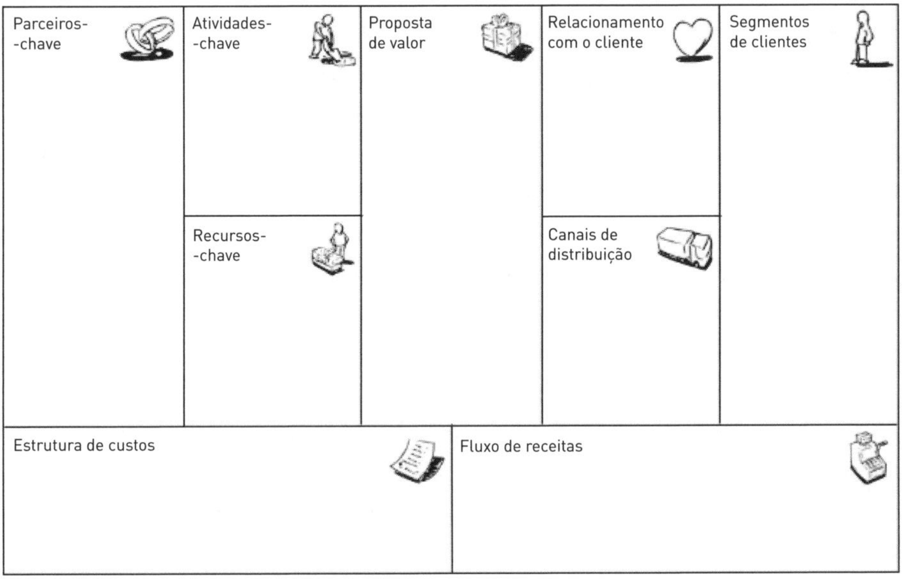

Parceiros--chave	Atividades--chave	Proposta de valor	Relacionamento com o cliente	Segmentos de clientes
	Recursos--chave		Canais de distribuição	
Estrutura de custos		Fluxo de receitas		

Fonte: adaptada de Osterwalder e Pigneur (2011:44).

O *canvas*, como a própria tradução do inglês sugere, nada mais é do que uma grande tela, usada para facilitar a visualização da resolução de um problema, informar ou criar alguma proposta. O pioneirismo da ideia surgiu na montagem de um plano de negócios da maneira mais simplificada possível, mas abordando o fundamental, que é como uma organização cria, entrega e captura valor. Conceito simples, mas poderoso se considerarmos aspectos tais como: as atividades-chave da organização, seus parceiros, recursos-chave, custos, público-

-alvo, canais de relacionamento, canais de venda, receitas e proposta de valor. Tudo isso exposto de uma maneira conjugada, prática e extremamente visual, como pressupõe a gestão ágil.

O detalhe do uso da ferramenta ultrapassa os objetivos deste livro, mas seu sucesso foi tanto que hoje é utilizado das mais diversas formas e nos mais variados segmentos, dado que qualquer pessoa pode criar seu *canvas* da forma mais conveniente, visando a determinado objetivo. Temos *canvas* de projetos, de marketing, jornada do cliente, inovação, entre outros. Fazendo uso da ferramenta, temos um método visual, não burocrático, integrador, colaborativo, com a participação de um maior número de *stakeholders*, que promove e facilita debates e com um processo de comunicação surpreendentemente claro e eficaz. Por isso, pode ser considerado um bom ponto de partida para projetos ágeis também.

Outra definição interessante nas *lean startups* são os *pivots* (cuja tradução seria "pivô", mas no Brasil utiliza-se o neologismo "pivotar"). Trata-se de uma tática crucial para definição da continuidade ou não do negócio. No basquete, o pivô é aquele jogador que, quando recebe a bola, gira sobre seu próprio eixo e rapidamente tenta ver quem é o melhor companheiro para dar continuidade à jogada. Em uma *lean startup*, "pivotar" é girar em outra direção e testar novas hipóteses, mas sempre mantendo a base para não perder a posição já dominada e as lições já aprendidas e interiorizadas. Nesse ponto, empresas do ramo da tecnologia levam certa vantagem, uma vez que trabalham com ativos intangíveis, o que favorece o uso dessa tática.

Da mesma maneira, as *lean startups* também fazem uso dos chamados testes A/B, que visam oferecer diferentes versões de um mesmo produto ao mesmo tempo. O que pode parecer incoerente, na verdade visa analisar o impacto e o comportamento gerado em relação a cada uma das versões junto a seu público-alvo.

Apesar de não existir uma fórmula mágica para o sucesso, assim como tudo na filosofia ágil, o produto de uma *lean startup* deve ser desenvolvido de maneira interativa e incremental, ouvindo a opinião de quem deve ser o principal interessado: o cliente. Dessa forma, construindo, medindo e aprendendo, a metodologia *lean startup* vem se desenvolvendo e sendo utilizada cada vez mais por organizações que são verdadeiros paradigmas da inovação, como aquelas situadas no vale do Silício.

Management 3.0

A gerência 3.0 trata de um conceito inovador criado pelo holandês Jurgen Appelo (Appelo, 2011), que como tudo no universo das práticas ágeis teve forte apelo inicial no segmento de TI, mas começa a despertar o interesse em outros segmentos também, dada a abrangência de sua proposta.

O que o autor considera a gerência 1.0 envolve os tradicionais métodos de gestão que foram equacionadas pelos principais expoentes da escola clássica da administração, tais como Taylor, Fayol, Weber, Ford, Sloan, entre outros. Um método de gestão ancestral, mas que é usual até hoje em muitas empresas desde os tempos da Revolução Industrial e da administração científica. De fato, muitas organizações ainda fazem uso dos mesmos preceitos que envolvem decisões centralizadas, grandes organogramas, forte monitoramento sobre recursos e gestores colocados em formato de pirâmide tomando decisões.

Na medida da evolução do pensamento da administração, surgem outros movimentos, como o 6-sigma, *balanced scorecard* (BSC), teoria das restrições, gestão da qualidade total (*total quality management*), entre outros, que são o que Jurgen Appelo denomina gerência 2.0. Ou seja, novas práticas de gestão que incrementaram a versão anterior e trouxeram grandes benefícios, mas sem considerar o mais fundamental, que é talvez a idiossincrasia mais evidente, e ao mesmo tempo mais esquecida, das organizações: seu arranjo forma uma rede social complexa. São ambientes formados por pessoas, mas que vivem em constante mutação, ainda mais se considerarmos os distintos aspectos culturais e anseios das gerações mais tenras que hoje trafegam no mercado de trabalho, tais como as gerações Y e *millenium*.

É nesse ponto que surge a abstração da gerência 3.0. Seu foco é na liderança ou na gestão como um todo. Como melhorar o ambiente de modo que as pessoas se sintam estimuladas a dar seu máximo dentro das restrições que toda organização possui e visando ao resultado final esperado. Mais do que isso, a gerência 3.0 considera fundamental a felicidade das pessoas, algo que, para muitas empresas, ainda é considerado tabu.

A abordagem não pressupõe nenhuma estrutura ou metodologia específica para fazer isso, mas aponta para uma nova forma de pensar a gestão com âmago nas pessoas e nas suas inter-relações (não somente organogramas ou departamentos). Esse foco é totalmente compatível com as equipes de projeto ágeis, objetivando transparência, autogerenciamento, atuação multidisciplinar e colaboração.

Os pilares da gerência 3.0 compreendem seis visões conforme ilustrado na figura 79.

Figura 79
Visões da gerência 3.0

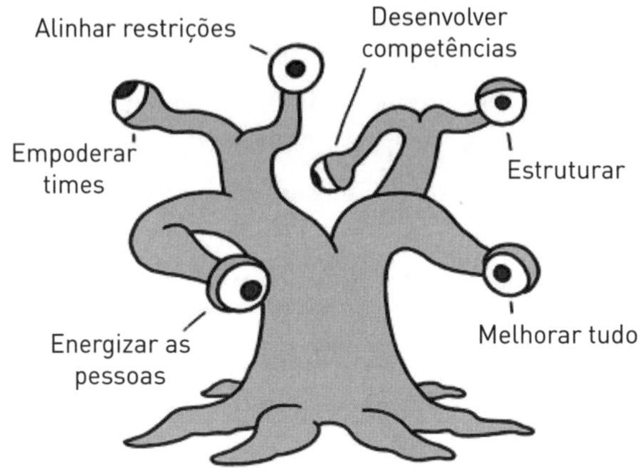

Alinhar restrições
Desenvolver competências
Empoderar times
Estruturar
Energizar as pessoas
Melhorar tudo

Fonte: adaptada de Appelo (2011:13).

A primeira visão envolve energizar pessoas. Talvez um dos mais difíceis e, ao mesmo tempo, importantes desafios para o gestor: manter seu time motivado, criativo e ativo. É impossível motivar todos da mesma maneira, até porque a motivação é algo intrínseco a cada ser humano. Essa é uma das principais razões pelas quais as organizações podem ser consideradas organismos vivos e complexos. Para tanto, é preciso que o líder esteja próximo, "onde as coisas acontecem" ou *gemba* (do japonês), expressão herdada do sistema Toyota de produção.

Empoderar times envolve um aspecto de confiança do gestor no seu time, até para que essa autonomia gere independência e senso de propósito, com níveis de delegação bem definidos. O alinhamento de restrições está relacionado à auto-organização da equipe, que só funcionará adequadamente se levarmos em conta as restrições do ambiente. Como exemplo, poderíamos citar a pequena quantidade de pessoas por equipe esperada em projetos ágeis, assim como o próprio conceito de liderança, que tende a ser rotativa (por *sprint*) e não fixa para todo projeto. Sendo assim, são necessários propósitos e metas bem contextualizados e definidos. O atingimento das metas, por sua vez, precisa contar com o desenvolvimento de competências para um time que, além de se auto-organizar, deve contar com pessoas capacitadas a desenvolver suas atividades.

Outra preocupação importante é a estrutura da organização de modo que ela possa crescer e florescer de maneira fractal e, ao mesmo tempo, com uma comunicação fluida. A equipe do projeto deve ser modelada objetivando agregar valor da forma mais rápida, pois afinal esse é o ponto principal das práticas ágeis.

Por último, existe a visão de melhorar sempre, acomodando e antecipando mudanças, considerando o sistema e o relacionamento entre as pessoas. Mas a melhoria constante só ocorre com a mudança de comportamento dos indivíduos. O comportamento é um produto da própria personalidade da pessoa e do ambiente que a envolve em uma relação construtivista; daí a raiz da complexidade e do desafio a ser logrado.

Responsabilidade social

Conforme mencionado, vamos encerrar esta parte do livro tratando de um tópico extremamente necessário, ubíquo e contemporâneo. É aquele que trata da sustentabilidade e dos projetos ligados à responsabilidade social corporativa (RSC), o que inclui projetos culturais, sociais, ambientais e educacionais, prioritariamente.

De acordo com Tenório (2006) e Tenório e Kronemberger (2016), a atuação empresarial social surgiu no início do século XX com as práticas de filantropismo. Vivia-se a época do apogeu da chamada Segunda Revolução Industrial, caracterizada pela eletrificação, pelas grandes ferrovias, pelo surgimento do consumo de massa, pelo ingresso dos Estados Unidos e da Alemanha no rol das nações industrializadas, junto com França e Reino Unido, e pelo surgimento das abordagens clássicas da administração, como a administração científica, segundo Beaudreau (2006). Nessa época, segundo Tenório (2006:21), de acordo com o liberalismo, "a interferência do Estado seria um obstáculo à concorrência, elemento essencial ao desenvolvimento econômico [...]. O Estado seria o responsável pelas ações sociais, pela promoção da concorrência".

Durante muitas décadas, essa abordagem foi sendo cada vez mais questionada, assunto abordado por Garriga e Melé (2004), que identificaram quatro grupos de teorias de responsabilidade social. O primeiro grupo é o das teorias instrumentais, no qual assume-se que as organizações têm como objetivo a geração de riqueza na sociedade, e esta seria sua única responsabilidade social. Nessa linha, as atividades de RSC só seriam realizadas pelas empresas se objetivassem o lucro como resultado, e seu principal defensor foi o economista Milton Friedman, prêmio Nobel de economia em 1976. Segundo ele, empresa socialmente responsável é aquela que consegue atender às expectativas de seus próprios acionistas, com a maximização do retorno do investimento. Ao gerar lucro e aumentar o valor para os acionistas, as organizações estão criando valor em seus ambientes de negócio, enquanto ao realizarem atividades de natureza socioambiental elas estariam se desviando de seu negócio, de sua competência principal (*core business*).

Em seguida, surge o grupo das teorias políticas, que trata do poder social das corporações e sua inserção no ambiente. Nesse sentido, a organização é levada a aceitar certos projetos de RSC como parte da sua ação social e jogo político.

O terceiro considera que os negócios dependem das sociedades para sua manutenção e permanência; portanto devem estar integrados às demandas sociais. Esse foi denominado grupo das teorias integrativas.

O quarto e último grupo assume que as relações entre as organizações e as sociedades devem ser pautadas pela ética, daí o nome "teorias éticas". Nessa perspectiva, assumindo um comportamento ético, as empresas adotam uma postura ativa em termos de projetos e ações de RSC.

Mas afinal, o que são projetos socioambientais? Hahn (2013) afirma que ainda não existe um consenso e um entendimento comum a respeito do que se convencionou denominar sustentabilidade corporativa e responsabilidade social ou *corporate sustainability and social responsibility* (CSSR). Sob essa denominação, as organizações têm conduzido projetos de naturezas diversas (ainda que complementares), tais como mudanças climáticas, conservação ambiental, direitos humanos, práticas e condições de trabalho, recuperação de desastres ambientais, logística reversa para redução de dejetos industriais, entre outros.

Segundo Coutinho, Macedo-Soares e Silva (2006), o conceito de desenvolvimento sustentável ou sustentabilidade tem sido amplamente discutido na sociedade, nas empresas e na academia, mas ainda é de difícil operacionalização. Medir o grau de sustentabilidade de um novo projeto, de uma nova organização ou até mesmo de um projeto social não é, na maioria das vezes, factível, pois não existe um consenso de indicadores que possam ser utilizados para tal. Segundo as autoras, a sustentabilidade pode ser vista de forma macro, por meio da análise estratégica de consumo, crescimento e desenvolvimento da sociedade, ou em uma visão micro, por meio da análise de portfólios, programas e projetos. A visão micro da sustentabilidade é a que costuma ser utilizada pelas organizações para suporte e financiamento de projetos socioambientais.

No ano de 2001, em reunião do Comitê de Política de Consumidores da ISO, foi apresentada a proposta de um projeto para uma norma de responsabilidade social corporativa. O projeto teve início formal em 2005, com uma sistemática de trabalho bem semelhante à da construção e revisão do *Guia PMBOK* (PMI, 2017a): o "consenso de voluntários", no qual grupos de pessoas se reuniam periodicamente com o objetivo de gerar uma norma sobre o assunto. Em 2010, foi aprovada e publicada pela ISO a norma ABNT NBR ISO 26000: Diretrizes sobre Responsabilidade Social (ABNT, 2010; Inmetro, 2018; Castka e Balzarova, 2008). Segundo a norma, são muitos os benefícios de uma gestão socialmente responsável que estão baseados em um processo decisório estratégico que considera anseios e expectativas da sociedade. Os benefícios incluem, mas não se limitam a:

- melhorias das práticas de gestão de risco;
- melhoria da reputação da organização;
- geração de inovação;
- melhoria da competitividade;
- melhoria do relacionamento da organização com suas partes interessadas;
- aumento do comprometimento e melhoria da retenção dos empregados;
- melhoria da saúde e segurança dos empregados;
- racionalização e economia no uso de recursos, notadamente água e energia;
- prevenção ou redução de possíveis conflitos com consumidores.

A norma define sete "temas centrais" que devem nortear o escopo das ações de responsabilidade social das organizações, conforme a figura 80.

Os sete temas iniciam com a estrutura de governança organizacional da empresa, assunto que já foi tratado em capítulo anterior deste livro e é definido na ISO 26000 como "o sistema pelo qual uma organização toma e implementa decisões na busca de seus objetivos" (ABNT, 2010:22). Em seguida, surge o tema direitos humanos, para o qual a norma afirma que "é amplamente reconhecido que as organizações não governamentais podem afetar os direitos humanos dos indivíduos, e, portanto, têm responsabilidade de aceitá-los" (ABNT, 2010:24). O tema seguinte abrange todas as práticas de trabalho, tanto de colaboradores diretos quanto de subcontratados, ou seja, pessoal terceirizado. Inclui recrutamento, seleção, transferência, recolocação, dispensa, treinamento, capacitação, segurança e higiene, jornada de trabalho e remuneração. O tema "relações com o meio ambiente" inclui: uso dos recursos, localização industrial, geração de poluição e resíduos e impactos ambientais nos locais de atuação da empresa. O tema "práticas leais de operação" refere-se à conduta ética, incluindo governo, parceiros, fornecedores, concorrentes, sempre com respeito à propriedade intelectual de terceiros.

Figura 80
Temas centrais de responsabilidade social ISO 26000

[Diagrama circular com ORGANIZAÇÃO e GOVERNANÇA ORGANIZACIONAL no centro, cercado por: ENVOLVIMENTO COMUNITÁRIO, DIREITOS HUMANOS, PRÁTICAS TRABALHISTAS, PRÁTICAS LEAIS DE OPERAÇÃO, QUESTÕES RELATIVAS AO CONSUMIDOR, MEIO AMBIENTE]

Fonte: adaptada de ABNT (2010:21).

As "questões relativas ao consumidor" tratam das responsabilidades junto aos consumidores, incluindo educação, ética nas informações de marketing e processos contratuais justos. Concluindo, o último tema, "envolvimento e desenvolvimento da comunidade", recomenda um relacionamento ativo e produtivo com as comunidades nas quais as organizações operam. Cabe ressaltar que a norma ISO 26000 não é usada como instrumento de certificação de empresas (como praticado por outras normas, como a família de normas ISO 9000, referente a modelos de gestão de qualidade).

Como se pode constatar, as diretrizes da ISO 26000 acerca da responsabilidade social preveem ações e projetos em todas as áreas das organizações, o que quer dizer que todos os projetos do portfólio de uma empresa devem estar alinhados à norma. No entanto, projetos que têm como objetivo realizar ações sociais afirmativas, que usam recursos da empresa para gerar benefícios à sociedade são considerados projetos de responsabilidade social corporativa, ainda que a percepção do que seja realmente uma ação de RSC nem sempre seja clara. Irigaray, Vergara e Araujo (2017) analisaram os relatórios sociais das 100 maiores empresas brasileiras listadas na bolsa de valores, com o objetivo de verificar as ações, projetos e percepções a respeito. Essa amostra, após leitura e análise dos textos de seus respectivos relatórios, foi segmentada em três categorias, de acordo com o entendimento que as empresas têm a respeito do assunto: entendimento amplo; entendimento restrito e entendimento confuso. Nessa última categoria, foram detectadas ambiguidades, ou seja, empresas que divulgam em seus relatórios projetos de responsabilidade social que são, na verdade, ações consideradas ambíguas. Os autores do trabalho identificaram quatro tipos de ambiguidades. A primeira delas é das empresas que divulgam em seus relatórios ações individuais de seus colaboradores, como doação de sangue, trabalho voluntário nas horas vagas ou mesmo durante as férias, ou doações de brinquedos. Ou seja, trata-se de ações voluntárias das pessoas, e não das organizações. A segunda ambiguidade, comum às empresas do setor financeiro, é incluir nos relatórios a disponibilização de crédito a segmentos de baixa renda, quando esses financiamentos são concedidos a taxas de mercado, tratando-se portanto apenas de um segmento no mercado de crédito. A terceira ambiguidade trata da divulgação de doações para campanhas políticas, ou seja, algumas empresas acreditam que "apoiar a campanha de candidatos escolhidos por eles" seria uma ação social em defesa da democracia. Finalmente, a quarta e mais preocupante anomalia é "divulgar multas, termos de ajustamento de conduta e compensações por danos causados na forma de ação socioambiental" (Irigaray, Vergara e Araujo, 2017:82).

Organizações que executam projetos sociais também são denominadas "terceiro setor". Segundo essa classificação, o primeiro setor é constituído pelo governo; o segundo setor, pelas organizações privadas com fins lucrativos; e o terceiro setor pelas organizações privadas sem fins lucrativos, o que inclui organizações sociais, organizações não governamentais (ONGs), organizações da sociedade civil de interesse público (Oscips), entre outras. A classificação e os estudos sobre o terceiro setor se intensificaram a partir dos trabalhos de Salomon e Anheir (1997), sendo que o IBGE identificou cerca de 290 mil organizações dessa natureza, ou seja, fundações privadas e associações sem fins lucrativos no Brasil, na sua mais recente pesquisa, realizada em 2010 (IBGE, 2012).

Organizações do terceiro setor podem servir como agentes de gestão de projetos socioambientais em organizações privadas. Empresas de diferentes setores e atividades recorrem a essas organizações para consultoria e terceirização de projetos. Para exemplificar, vamos apresentar três organizações do terceiro setor que são consideradas referências em projetos desse tipo: o Instituto Ethos, o

Instituto Yunus e o movimento Economia de Comunhão. Em seguida, vamos apresentar o sistema B, um conjunto de empresas socialmente responsáveis. Na definição do Instituto Ethos, responsabilidade social corporativa é:

> a forma de gestão que se define pela relação ética, transparente e solidária da empresa com todos os públicos com os quais ela se relaciona – acionistas, funcionários, prestadores de serviço, fornecedores, consumidores, clientes, comunidade, governo, sociedade e meio ambiente – e pelo estabelecimento de metas empresariais compatíveis com o desenvolvimento sustentável da sociedade, de forma a preservar recursos ambientais e culturais para gerações futuras, respeitar a diversidade e promover a redução das desigualdades sociais [Andi, 2006:17].

O Instituto Ethos é uma Organização da Sociedade Civil de Interesse Público (Oscip) que atua como consultor para empresas que desejem gerir seus negócios de uma forma socialmente responsável (Instituto Ethos, s.d.). O Instituto Yunus, fundado pelo prêmio Nobel da paz de 2006, Muhammad Yunus, também busca oferecer consultoria e suporte para projetos socioambientais. De acordo com Yunus (2009), no entendimento das empresas, pode-se assumir dois tipos de perfis de pessoas, cada um deles maximizando uma função. O primeiro é o perfil dominante, voltado para a potencialização do lucro. O segundo tipo é um novo conjunto de pessoas que estão totalmente comprometidas em fazer a diferença para o mundo, movidas pelo social. Elas querem disponibilizar melhores condições de vida para outras pessoas. Esse objetivo seria alcançado pela criação de um tipo especial de empresas. Embora, como qualquer outro negócio, essas empresas estejam voltadas para o lucro, ganhar dividendos não é a principal fonte motivadora que impulsiona seus investidores. São as chamadas *non loss non dividends*.

A Economia de Comunhão (EdC), estudada por Pinto e Leitão (2006) e Menegassi e Fernandes (2016) é um movimento criado na década de 1990, reunindo empresas privadas que tomaram a decisão de investir todos os seus lucros em projetos sociais para as respectivas comunidades e para seus próprios colaboradores. Segundo Pinto e Leitão (2006), que estudaram o sentido do trabalho em colaboradores que se dedicam a empresas da Economia de Comunhão, os principais impactos são a valorização das pessoas, a autonomia na realização das tarefas e o relacionamento interpessoal desenvolvido dentro da organização.

O grupo de organizações denominado "Empresa B" inclui organizações filiadas ao "Sistema B", que outorga o selo de "Empresa B" para aquelas socialmente responsáveis que passam por um processo de certificação social. Em termos de ciclo de vida e processos de gerenciamento de projetos não existem tantas diferenças entre os projetos usuais e os projetos de responsabilidade socioambiental; todavia alguns aspectos os diferenciam, e vamos detalhá-los a seguir.

As grandes corporações atualmente buscam diferentes soluções para conduzir seus projetos socioambientais. Existem pelo menos três grandes desafios para as organizações na condução desse tipo de projeto: (1) como avaliar propostas, (2) como executar e (3) como assegurar a efetividade dos resultados de cada projeto. A sociedade civil detém hoje um entendimento comum das demandas socioambientais: desejamos tecnologias de produção mais limpas; redução do lixo gerado pelos bens de consumo de massa; redução nos níveis de poluição atmosférica e nos rios, mares e oceanos; redução das desigualdades sociais; igualdade de tratamento por todos os seres humanos, independentemente de cor da pele, orientação sexual ou profissão religiosa; redução dos níveis de desemprego; garantia dos direitos trabalhistas e previdenciários, pelo menos.

Todas essas demandas, para terem seus efeitos minimizados ou resolvidos, necessitam de projetos. As organizações socialmente responsáveis irão dedicar uma parcela de seus orçamentos para tal, no entanto tais projetos não constituem normalmente sua competência principal. Daí a necessidade de metodologias e processos estruturados para recebimento e análise de propostas de novos projetos, seguidos da decisão das propostas que receberão recursos e se tornarão projetos. O Instituto Yunus é um exemplo de organização que presta esse tipo de serviço, ainda que não exista consenso se esse tipo de atividade deve ser objeto de consultoria e terceirização externa, conforme Husted e Souza-Filho (2017).

Avaliar propostas de projetos socioambientais envolve três estágios. O primeiro é a identificação do problema. No parágrafo anterior, listamos uma série de questões dignas de projetos ambientais, mas, para elaboração de uma proposta, o escopo deve estar bem delimitado, o que faz e o que não faz parte do projeto, quais serão os benefícios com sua execução e as linhas de ação para atingir os objetivos. Identificar o problema inclui confirmar que a comunidade e o ambiente externo entendam e concordem que existe um problema a ser resolvido e que existem soluções viáveis para tratá-lo. Em seguida, passa-se para o detalhamento da solução proposta, como as entregas parciais e a viabilidade da execução. Concluindo, deve-se avaliar essa viabilidade em termos de recursos humanos e materiais disponíveis, riscos e impactos na sociedade. Todos esses estágios devem ser acompanhados pelo escritório de projetos da organização ou pelo setor de governança de projetos.

Em todos esses estágios, desde sua concepção até uma eventual operação assistida, podemos contemplar a vertente sustentável do projeto, incluindo a convocação de especialistas em RSC e sustentabilidade para compor o time de *stakeholders* do projeto. Só assim podemos imaginar alternativas sustentáveis sendo consideradas em todos os aspectos do projeto, como o desenho do escopo com pacotes de trabalho sustentáveis, indicadores da qualidade e um banco de dados para identificação de riscos que considere aspectos de RSC, entre outras ações, visando ao caráter sustentável do projeto e à preservação de seus benefícios para gerações futuras (Wang et al., 2016)

Conclusão

Não existe um formato ou método único para gerenciar projetos. Menos ainda uma fórmula mágica que garanta o sucesso de todo e qualquer empreendimento. Seria ótimo, mas infelizmente isso não corresponde à realidade. O que temos é um conjunto de práticas que vêm crescendo e sendo aperfeiçoadas ao longo do tempo, na audaciosa e destemida tentativa de aumentar as chances de êxito de projetos. A formação da ciência por trás do gerenciamento de projetos se dá por meio de conhecimentos descritivos e prescritivos absorvidos e repassados com base na disseminação de *know-how* formal e informal. Mas grande parte da teoria do gerenciamento de projetos deriva também da indefectível experiência de tentativa e erro de corajosos gerentes de projetos nos mais diversos segmentos de mercado, um *know-how* que vem sendo sistematicamente documentado e aprimorado em iniciativas bem-sucedidas nas entidades comentadas ao longo do livro. Mas a melhor forma de gerenciar é, sem dúvida, aquela que mais se ajusta à maturidade de gerenciamento do ambiente em que se estiver trabalhando. Nesse sentido, nossa humilde e, ao mesmo tempo, intrépida esperança é que este livro tenha servido de apoio para o leitor que desejava conhecer um pouco mais sobre a gerência de projetos, suas áreas de conhecimento, processos associados e principais referências.

Entretanto é importante lembrar que essa obra não se encerra em si mesma. Idealizamos o livro com caráter introdutório, dado que o tema é extremamente vasto em cada uma de suas vertentes, como uma *matrioska* que vai se abrindo e permitindo novas descobertas a cada tópico. Os assuntos abordados podem e devem ser estudados em mais detalhe, uma vez que oferecem uma gama imensa de possibilidades, na medida da necessidade de cada gerente.

Esperamos que o leitor, assim como nós, também se deixe arrebatar pela gerência de projetos e busque conhecer sempre mais sobre o tema de forma perpétua e apaixonada. Que este livro sirva como mais uma fonte de estímulo para essa tão nobre atividade, e que sua leitura seja apenas o ponto de partida para esse laborioso e, não obstante, fascinante universo da gerência de projetos.

Referências

ADAMS, C. A Kodak moment: advantix project named 1997 International Project of the year. *PM Network*, v. 12, n. 1, p. 21-27, 1998.

AGÊNCIA DE NOTÍCIAS DOS DIREITOS DA INFÂNCIA (ANDI). *Empresas & imprensa*: pauta de responsabilidades. Brasília, DF: Andi, 2006.

AGILE ALLIANCE. *Agile Manifesto*. [S.l.], 2001. Disponível em: <www.agilealliance.org/agile101/the-agile-manifesto>. Acesso em: 13 jul. 2018.

ANDERSON, D. *Kanban:* Successful evolutionary change for your technology business. Sequim: Blue Hole, 2010.

ANSOFF, I. *Implementing strategic management*. Nova York: Prentice Hall, 1984.

APPELO, J. *Management 3.0:* leading agile developers, developing agile leaders. Nova York: Addison-Wesley, 2011.

ARAUJO, M.; ALENCAR, L.; MOTA, C. Project procurement management: a structured literature review. *International Journal of Project Management*, v. 35, n. 3, p. 353-377, 2017.

ASSI, M. *Gestão de compliance e seus desafios*. São Paulo: Saint Paul, 2013.

ASSOCIAÇÃO BRASILEIRA DE NORMAS TÉCNICAS (ABNT). *Norma brasileira ABNT NBR ISO 26000* – Diretrizes sobre responsabilidade social. Rio de Janeiro: ABNT/ISO, 2010

_____. *Norma brasileira ABNT NBR ISO 31000* – Gestão de risco. Rio de Janeiro: ABNT/ISO, 2018.

ASSOCIATION OF BUSINESS PROCESS MANAGEMENT PROFESSIONALS (APBMP). *Guide to the business process management common body of knowledge (BPM CBOK)*. 3. ed. Pensacola, FL: APBMP, 2013.

ASSOCIATION FOR ADVANCED COST ENGINEERING INTERNATIONAL (AACEI). *Recommended practice 10S-90* – Cost engineering terminology. Morgantown, WV: AACEI, jun. 2018.

ASSOCIATION FOR PROJECT MANAGEMENT (APM). *Direction change*: a guide to governance of project management. 2. ed. Princes Risborough: APM, 2011. APM Knowledge Series.

_____. *APM body of knowledge*. 6. ed. Princes Risborough: APM, 2012. APM Knowledge Series.

_____. *Earned value management handbook*. Princes Risborough: APM, 2013. APM Knowledge Series.

_____. APM *Code of professional conduct*: the chartered body for the project profession. Princes Risborough: APM, [s.d.]. Disponível em: <www.apm.org.uk/media/19286/code-of-professional-conduct.pdf>. Acesso em: out. 2018.

ATKISON, R.; CRAWFORD, L.; WARD, S. Fundamental uncertainties in projects and the scope of project management. *International Journal of Project Management*, v. 24, n. 8, p. 687-698, 2006.

AZEVEDO, A. *Teoria geral dos contratos típicos e atípicos*. 3. ed. São Paulo: Atlas, 2009.

BACCARINI, D. The logical framework method for defining project success. *Project Management Journal*, v. 30, n. 4, p. 25-32, 1999.

BARBOSA, K.; FERNANDES, R.; GONÇALVES, M. Avaliando os aspectos institucionais do setor elétrico brasileiro por meio da teoria econômica de contratos. *Repositório do conhecimento do IPEA*, 2009. Disponível em: <http://repositorio.ipea.gov.br/handle/11058/6546>. Acesso em: ago. 2018.

BARCAUI, A. O gerente emocional. *Revista Mundo PM*, v. 25, n. 5, p. 44-48, 2009.

_____ (Org.). *PMO*: escritório de projetos, programas e portfólio na prática. Rio de Janeiro: Brasport, 2012.

_____. *Fundamentos técnicos da administração*. São Paulo: Senac, 2017.

_____; QUELHAS, O. Corrente crítica: uma alternativa à gerência de projetos tradicional. *Revista Pesquisa e Desenvolvimento Engenharia de Produção*, v. 1, n. 2, p. 1-21, 2004.

BARLEY, S.; TOLBERT, P. Institutionalization and structuration: studying the links between action and institution. *Organization Studies*, v. 18, n. 1, p. 93-117, 1997.

BATRA, D. et al. Balancing agile and structured development approaches to successfully manage large distributed software projects: a case study from the cruise line industry. *Communications of the Association for Information Systems*, v. 27, n. 1, p. 379-394, 2010.

BAUER, B.; RICHARDSON, T. Project manager "management competency" vs. "technical competency". Which is more important to overall project management success? *International Journal of Engineering Research and Applications*, v. 4, n. 4, p. 269-273, 2014.

BEAUDREAU, B. *The economics consequences of Mr. Keynes*: how the second Industrial Revolution passed Great Britain. Nova York: Universe, 2006.

BECK, Kent. *Extreme programming explained*: embrace change. Boston: Addison-Wesley Professional, 1999.

BELOUT, A. Effects of human resource management on project effectiveness and success: toward a new conceptual framework. *International Journal of Project Management*, v. 16, n. 1, p. 21–26, 1998.

BENNIS, Warren. *The temporary society*. Nova York: Harper and Row, 1968.

BLAKE, R.; MOUTON, J. *O grid gerencial*. São Paulo: Pioneira, 1978.

BOUTILLIER, R. *A stakeholder approach to issues management*. Nova York: Business Expert, 2012.

BRASIL. Lei nº 8.112. Dispõe sobre o regime jurídico dos servidores públicos civis da União, das autarquias e das fundações públicas federais. *Diário Oficial da União*, Brasília, DF, 12 dez. 1990.

_____. Lei nº 8.666. Regulamenta o art. 37, inciso XXI, da Constituição Federal, institui normas para licitações e contratos da administração pública e dá outras providências. *Diário Oficial da União*, Brasília, DF, 22 jun. 1993.

_____. *Código Civil Brasileiro e legislação correlata*. 2. ed. Brasília, DF: Senado Federal, Subsecretaria de Edições Técnicas, 2008.

_____. Lei nº 13.243. Dispõe sobre estímulos ao desenvolvimento científico, à pesquisa, à capacitação científica e tecnológica e à inovação. *Diário Oficial da União*, Brasília, DF, 12 jan. 2016.

_____. Lei nº 13.467. Altera a Consolidação das Leis do Trabalho (CLT), aprovada pelo Decreto-Lei nº 5.452, de 1º de maio de 1943, e as Leis nº 6.019, de 3 de janeiro de 1974, nº 8.036, de 11 de maio de 1990, e nº 8.212, de 24 de julho de 1991, a fim de adequar a legislação às novas relações de trabalho. *Diário Oficial da União*, Brasília, DF, 14 jul. 2017.

BREDIN, K.; SÖDERLUND, J. *Human resource management in project-based organizations*. Londres: Palgrave Mc Millan, 2011.

BRUUN, C. Why did Frontinus write De Aquaeductu? *Journal of Roman Archeology*, v. 2, n. 20, p. 460-466, 2007.

BYRNE, J. Why Peter Drucker's ideas still matters? *Business Week*, 27 nov. 2005.

CARNEIRO. L. *Rock in Rio:* a história do maior festival de música do mundo. Rio de Janeiro: Globo, 2011.

CARVALHAL, R.; BOURDEAUX-REGO, R. Teoria do agente, teoria da firma e os mecanismos de governança corporativa no Brasil. *Relatórios de Pesquisa em Engenharia de Produção*, v. 10, n. 13, p. 1-11, 2010.

CASTKA, P.; BALZAROVA, M. ISO 26000 and supply chains: on the diffusion of the social responsibility standard. *International Journal of Production Economics*, v. 111, n. 2, p. 274-286, 2008.

CHABEUR, Isabelle. *100 canetas de sempre*. Lisboa: Stampa, 2005.

CHAPMAN, C.; WARD, S. *Project risk management*: processes, techniques and insights. 2. ed. Nova York: John Wiley, 2003.

CHAVES, R.; REGO, M. O primeiro projeto francês no Brasil? A França Antarctica à luz da gestão de projetos. In: ENCONTRO ANUAL DA ANPAD (ENANPAD), XXXIX., 2015, Belo Horizonte. *Anais...* Rio de Janeiro, Anpad, 2015.

CHIPULU, M. et al. A multidimensional analysis of project manager competences. *IEEE Transactions on Engineering Management*, v. 60, n. 3, p. 506-517, 2013.

CHIU, Y. C. *An introduction to the history of project management*: from the earliest times to AD 1900. Amsterdam: Eburon Academic, 2010.

CHURCHILL, W. Inspire-se. *Go Manage Consultoria em Gestão de Projetos*. [S.l.], [s.d.]. Disponível em: <http://gomanage.com.br/inspire-se/>. Acesso em: out. 2018.

CLARKSON, M. A stakeholder framework for analyzing and evaluating corporate social performance. *The Academy of Management Review*, v. 20, n. 1, p. 92-117, 1995.

CLELAND, D. *Project management strategic design and implementation*. Nova York: Mc Graw Hill, 2008.

CLEMENTS, J.; GIDO, J. *Gestão de projetos*. São Paulo: Cengage Learning, 2014. Trad. da 5. ed. norte-americana.

CMMI INSTITUTE. *CMMI for Development, version 1.3*. Pittsburgh: Software Engineering Institute, 2010. Disponível em: <https://resources.sei.cmu.edu/asset_files/TechnicalReport/2010_005_001_15287.pdf>. Acesso em: 28 nov. 2017.

COCKBURN, Alistair. *Agile software development*: the cooperative game. Boston: Addison Wesley, 2002.

COHEN, W. *The practical Drucker*: applying the wisdom of the world's greatest management thinker. Nova York: Amacon, 2013.

COHN, M. *Agile estimating and planning*. Nova York: Prentice Hall, 2006.

COOKE-DAVIES, T. Project success. In: MORRIS, P.; PINTO, J. (Ed.). *The Wiley guide to managing projects*. Hoboken: John Wiley, 2004. p. 99-122.

COUTINHO, R.; MACEDO-SOARES, T.; SILVA, J. Projetos sociais de empresas no Brasil: arcabouço conceitual para pesquisas empíricas e análises gerenciais. *Revista de Administração Pública*, v. 40, n. 5, p. 763-787, 2006.

DAFOE, Daniel. *An essay upon projects, 1697*. Menston: The Scholar Press Limited, 1969.

DAFT, R. *Organizações: teoria e projetos*. São Paulo: Cengage Learning, 2015. Trad. da 11. ed. norte-americana.

DAMODARAM, A. *Gestão estratégica do risco*. Rio de Janeiro: Bookman, 2009.

DAVIS, K. Different stakeholder groups and their perceptions of project success. *International Journal of Project Management*, v. 32, n. 2, p. 189-201, 2014.

DEFOND, M.; FRANCIS, G. Audit research after Sarbanes-Oxley. *Auditing: a Journal of Practice and Theory*, v. 24, n. s-1, p. 5-30, 2005.

DEL-BRENNA, Giovana. *O Rio de Janeiro de Pereira Passos*. Rio de Janeiro: Index, 1985.

DEMING, W. *Qualidade*: a revolução da administração. São Paulo: Saraiva, 1990.

DERVITSIOTIS, N. Beyond stakeholder satisfaction: aiming for a new frontier of sustainable stakeholder trust. *Total Quality Management*, v. 14, p. 511-524, 2003.

DEUTSCHES INSTITUT FÜR NORMUNG (DIN). *Standard 69909 Multi-Project Management*: management of project portfolios, programs and projects. Berlim: DIN, 2015.

DINSMORE, P. *Winning in business with enterprise project management*. Nova York: Amacon, 2003.

DI PIETRO, M. Z. *Direito privado administrativo*. Rio de Janeiro: Forense, 2017.

DROUIN, N.; MULLER, R.; SANKARAN, S. (Org.). *Novel approaches to organizational project management research*. Copenhagen: Copenhagen Business School Press, 2013.

DUBOWA, J.; CHILDS, N. New Coke, Mixture perception, and the flavor balance hypothesis. *Journal of Business Research*, v. 43, n. 3, p. 147-155, 1998.

EDER, S. et al. Diferenciando as abordagens tradicional e ágil de gerenciamento de projetos. *Revista Produção*, v. 25, n. 3, p. 482-497, 2015.

ENGLUND, R.; GRAHAM, R.; DINSMORE, P. *Creating the project office*: a manager's guide to leading organizational change. San Francisco: Jossey-Bass, 2003.

ENRIGHT, C. Some reflections on PERT and CPM. *Project Management Network*, v. IV, n. 4, p. 20-30, 1990.

ESKEROD, P.; HUEMANN, M.; SAVAGE, G. Project stakeholder management: past and present. *Project Management Journal*, v. 46, n. 6, p. 6-14, 2015.

FISHER, P.; SLONIM, P. Software engineering: an example of misuse. *Journal of Software: Practice and Experience*, v. 11, n. 6, p. 533-539, 1981.

FLEMING, Q.; KOPPELMAN, J. *Earned value project management*. 3. ed. Newtown Square: PMI, 2005.

FLORICEL, S.; BANIK, M.; PIPERCA, S. The triple helix of project management research: a new understanding of theory, practice and education for project management. In: DROUIN, N. et al. (Org.). *Novel approaches to organizational project management research*. Copenhagen: Copenhagen Business School Press, 2013.

FLYVBJERG, B. What you should know about megaprojects and why: an overview. *Project Management Journal*, v. 45, n. 2, p. 6-19, 2014.

FREEMAN, E. Stakeholder management: framework and philosophy. In: BRØNN, P; WING, R. (Ed.). *Corporate communication*: a strategic approach to building reputation. Oslo: Gyldendal Norsk Forlag, 2002. p. 267-299.

FREEMAN, R. *Strategic management*: a stakeholder approach. Boston: Pitman, 1984.

GALBRAITH, J. *Designing matrix organizations that really work*. São Francisco, CA: Jossey Bass, 2009.

GAREL, G. A history of project management models: from pre-models to the standard models. *International Journal of Project Management*, v. 31, n. 4, p. 663-669, 2013.

GARLAND, H. Throwing good money after bad: the effect of sunk costs on the decision to escalate commitment to an ongoing project. *Journal of Applied Psychology*, v. 75, n. 6, p. 728-731, 1990.

GARRIGA, E.; MELÉ, D. Corporate social responsibility theories: mapping the territories. *Journal of Business Ethics*, v. 53, n. 1, p. 51-71, 2004.

GERALDI, J.; KUTSCH, E.; LEE-KELLEY, L. The Titanic sunk, so what? Project manager response to unexpected events. *International Journal of Project Management*, v. 28, n. 6, p. 547-558, 2010.

GNYAWALI, D. et al. The competition-cooperation paradox in inter-firm relationships: a conceptual framework. *Industrial Marketing Management*, v. 53, n. 1, p. 7-18, 2016.

GOBBI, N. É melhor vender uma obra do que arriscar um acervo. *O Globo*, 20 mar. 2018.

GOIZUETA, R. *The real story of new coke*. Coca-Cola Journey, 14 nov. 2012. Disponível em: <www.coca-colacompany.com/stories/coke-lore-new-coke>. Acesso em: 4 abr. 2018.

GOLDRATT, E. *The goal*. Great Barrington: North River, 1992.

GOLEMAN, D. *Inteligência emocional*: a teoria revolucionária que redefine o que é ser inteligente. Rio de Janeiro: Objetiva, 1995.

GONZAGA, A.; MONTEIRO, J. Inteligência emocional no Brasil: um panorama da pesquisa científica. *Psicologia: Teoria e Pesquisa*, v. 20, n. 2, p. 225-232, 2011.

HAMMER, M.; CHAMPY, J. *Reengenharia*: revolucionando a empresa. Rio de Janeiro: Campus, 1995.

HANH, R. ISO 26000 and the standardization of strategic management processes for sustainability and corporate social responsibility. *Business Strategy and the Environment*, v. 22, n. 7, p. 442-455, 2013.

HIGHSMITH, Jim. *Agile project management*: creating innovative products. Boston: Addison-Wesley, 2004.

HILL, C.; SCHILING, M.; JONES, G. *Strategic management theory*: an integrated approach. 12. ed. Nova York: Cengage Learning, 2017.

HILL, G. *The complete project management office handbook*. Boca Raton, FL: Auer-Bach, 2004.

HILLSON, D. Extending the risk process to manage opportunities. *International Journal of Project Management*, v. 20, n. 3, p. 235-240, 2002.

HOBBS, B.; AUBRY, M. *The project management office (PMO)*: a quest for understanding. Newtown Square, PA: PMI, 2010.

HOPKINSON, M. et al. *Prioritising project risks*: a short guide to useful techniques. Buckinghamshire: Association for Project Management, 2008.

HOUGAN, G. *Effective work breakdown structures*. Nova York: Management Concepts, 2002.

HUBBARD, D.; BOLLES, D. PMO framework and PMO models for project business management. *PM World Journal*, v. 4, n. 1, p. 1-22, 2015.

HUSTED, B.; SOUZA-FILHO, J. The impact of sustainability, governance, country stakeholder orientation, and country risk on environmental, social and governance performance. *Journal of Cleaner Production*, v. 155, n. 2, p. 93-102, 2017.

IBSEN, A. The politics of airplane production: the emergence of two technological frames in the competition between Boeing and Airbus. *Technology in Society*, v. 31, n. 4, p. 342-349, 2009.

IKA, L. A. Project success as a topic in project management journals. *Project Management Journal*, v. 40, n. 4, p. 6-19, 2009.

INSTITUTE OF RISK MANAGEMENT (IRM). *A risk practitioners guide to ISO 31000*. IRM, 2018. Disponível em <www.theirm.org/media/3513119/IRM-Report-ISO-31000-2018v3>. Acesso em: 25 abr. 2018.

INSTITUTO BRASILEIRO DE GEOGRAFIA E ESTATÍSTICA (IBGE). *As fundações privadas e associações sem fins lucrativos no Brasil-2010*. Rio de Janeiro: IBGE, 2012.

_____. *Demografia das empresas brasileiras*. Rio de Janeiro: IBGE, 2015. Disponível em: <www.ibge.gov.br/economicas/outras-estatisticas-economicas/9068--demografia-das-empresas.html>. Acesso em: 15 mar. 2018.

INSTITUTO BRASILEIRO DE GOVERNANÇA CORPORATIVA (IBGC). Princípios básicos de governança corporativa. São Paulo: IBGC, [s.d.]. Disponível em: <www.ibgc.org.br/index.php/governanca/governanca-corporativa>. Acesso em: 27 mar. 2018.

INSTITUTO ETHOS. *Sobre o instituto*. São Paulo: Ethos, [s.d.]. Disponível em <https://www3.ethos.org.br/conteudo/sobre-o-instituto/#.Wsr0yS7wZxA>. Acesso em: 4 abr. 2018.

INSTITUTO NACIONAL DE METROLOGIA, QUALIDADE E TECNOLOGIA (INMETRO). *Responsabilidade social:* histórico. Rio de Janeiro: Inmetro, 2018. Disponível em: <www.inmetro.gov.br/qualidade/ responsabilidade_social/historico-iso.asp>. Acesso em: 6 abr.2018.

INTERNATIONAL ORGANIZATION FOR STANDARDIZATION (ISO). Quality management systems: guidelines for quality management in projects (ISO 10006). Genebra: ISO, 2003. Disponível em: <www.iso.org/standard/36643.html>. Acesso em: 30 maio 2017.

_____. *Guidance on project management* (ISO 21500). Genebra: ISO, 2012. Disponível em: <www.iso.org/standard/50003.html>. Acesso em: 30 maio 2017.

INTERNATIONAL PROJECT MANAGEMENT ASSOCIATION (IPMA). *Portal institucional*. [S.d.]. Disponível em: <www.ipma.world>. Acesso em: 13 maio 2017.

IRIGARAY, H.; VERGARA, S.; ARAUJO, R. Responsabilidade social corporativa: o que revelam os relatórios sociais das empresas. *Organizações & Sociedade*, v. 24, n. 80, p. 73-88, 2017.

IRVINE, R.; HALL, H. Factors, frameworks and theory: a review of the information systems literature on success factors in project management. *Information Research*, v. 20, n. 3, p. 1-28, 2015.

JAINENDRAKUMAR, T. Project cost management based on PMBOK. *PM World Journal*, v. 4, n. 6, p. 2-13, 2015.

JAMIESON, A.; MORRIS, P. Implementing strategy through programmes and projects. In: TURNER, Rodney (Ed.). *Handbook of project management*, 4. ed. Londres: Routledge, 2016.

JAVED, T., E-MAQSOOD, M.; DURRANI, Q. Managing geographically distributed clients throughout the project management life cycle. *Project Management Journal*, v. 37, n. 5, p. 76-87, 2006.

JAY, Marley. Facebook's value drops $40B as stock tumbles over data scandal. *Global News*, 19 mar. 2018. Disponível em <https://globalnews.ca/news/4091683/facebook-stock-share-price-data-scandal/>. Acesso em: 1 jun. 2018.

JEFFRIES, R.; ANDERSON, A.; HENDRICKSON, C. *Extreme programming installed*. Boston: Addison-Wesley Reading, 2000.

JERGEAS, G., et al.. Stakeholder management on construction projects. *AACE International Transactions*, p. 12.1-12.6, 2000.

KANTARELIS, D. *Theories of the firm*. Genebra: InderScience Publishing, 2014.

KATZ, L. Skills of an effective administrator. *Harvard Business Review*, v. 52, n. 5, p. 90-102, 1974.

KENDRICK, T. *Identifying and managing project risks*. 3. ed. Nova York: Amacon, 2015.

KERZNER, H. *Strategic planning for project management using a project management maturity model*. Nova York: Wiley, 2001.

_____. Strategic planning for a project office. *Project Management Journal*, v. 34, n. 2, p. 13-25, 2003.

_____. *Using the project management maturity model*: strategic planning for project management. 2. ed. Nova York: John Wiley, 2005.

_____. *Gerenciamento de projetos*: uma abordagem sistêmica para planejamento, programação e controle. São Paulo: Blucher, 2011.

_____; SALADIS, F. *What executives need to know about project management*. Nova York: International Institute for Learning, 2009.

KLOPPENBORG, T.; TESCH, D.; MANOLIS, C. Project success and executive sponsor behaviors: empirical life cycle stage investigations. *Project Management Journal*, v. 45, n. 1, p. 9-20, 2014.

KNIBERG, H. Kanban vs scrum: how to make the most of both. *Crisp*, 2009. Disponível em: <www.crisp.se/file-uploads/Kanban-vs-Scrum.pdf>. Acesso em: 14 ago. 2017.

KNIGHT, R. How to stop micromanaging your team. *Harvard Business Review*, ago. 2015. Disponível em: <https://hbr.org/2015/08/how-to-stop-micromanaging-your-team>. Acesso em: 6 out. 2017.

KOZAK-HOLLAND, M. *The history of project management*. St. Louis, MO: Multimedia Publications, 2011.

_____; PROCTER, C. Florence duomo project (1420-1436): learning best project management practice from history. *International Journal of Project Management*, v. 32, n. 3, p. 242-255, 2014.

KOZARKIEWICZ, A.; LADA, M.; SODERÖHLM, A. Scandinaviam school of project management research: theory oriented towards practice. *Organizacja I Kierowanie*, v. 23, n. 1, p. 23-39, 2008.

KRETZER, J.; MENEZES, E. A importância da visão baseada em recursos na explicação da vantagem competitiva. *Revista de Economia Mackenzie*, v. 4, n. 4, p. 63-87, 2006.

KURUPPUARACHCHI, P. Virtual team concepts in projects: a case study. *Project Management Journal*, v. 40, n. 2, p. 19-33, 2009.

KWAK, Y.; IBBS, W. Project management process maturity (PM)² Model. *Journal of Management in Engineering*, v. 18, n. 3, p. 150-155, 2002.

_____; INGALL, L. Exploring Monte Carlo simulation applications for project management. *Risk Management*, v. 9, n. 1, p. 44-57, 2007.

_____ et al. What can we learn from the Hoover Dam project that influenced modern project management? *International Journal of Project Management*, v. 32, n. 2, p. 256-264, 2014.

LAMBERSTEN, L. Establishing a PMO organization. In: PROJECT MANAGEMENT INSTITUTE ANNUAL SEMINARS & SYMPOSIUM. Newtown Square: PMI, 2002.

LANGLOIS, R.; COSGEL, M. Frank Knight on risk, uncertainty, and the firm: a new interpretation. *Economic Inquiry*, v. 31, p. 456-465, 1993.

LENFLE, S. The strategy of parallel approaches in projects with unforeseeable uncertainty: the Manhattan case in retrospect. *International Journal of Project Management*, v. 29, n. 4, p. 359-373, 2011.

LEVINE, H. A decade ends: a review of the 80's. A preview of the 90's. *PM Network*, v. 4, n. 1, p. 23-25, 1990.

LI, Y. The case analysis of the scandal of Enron. *International Journal of Business and Management*, v. 5, n. 10, p. 36-41, 2010.

LITTAU, P.; JUJAGIRI, J.; ADLBRECHT, G. 25 years of stakeholder theory in project management literature (1984-2009). *Project Management Journal*, v. 41, n. 4, p. 17-29, 2010.

LOCH, C.; KAVADIAS, S. Implementing strategy through projects. In: MORRIS, P.; PINTO, J.; SODERLUND, J. *The Oxford handbook of project management*. Oxford: Oxford University Press, 2012.

LOUFRANI-FEDIDA, S.; MISSONIER, S. The project manager cannot be a hero anymore! Understanding critical competencies in project-based organizations from a multilevel approach. *International Journal of Project Management*, v. 33, n. 6, p. 1220-1235, 2015.

LUIZ, J.; SOUZA, F.; LUIZ, O. Práticas PMBOK® e corrente crítica: antagonismos e oportunidades de complementação. *Gestão & Produção*, v. 24, n. 3, p. 464-476, 2017.

LUNDIN, R. Project society: paths and challenges. *Project Management Journal*, v. 47, n. 5, p. 7-15, 2016.

_____; SODERHÖLM, A. A theory of the temporary organization. *Scandinavian Journal of Management*, v. 11, n. 4, p. 437-455, 1995.

MAHONEY, J. The relevance of Chester Barnard's teachings to contemporary management education: communicating the aesthetics of management. *International Journal of Organization Theory and Behavior*, v. 5, n. 2, p. 159-172, 2002.

MANKINS, M.; STEELE, R. Turning great strategies in great performance. *Harvard Business Review*, p. 122-132, 2005.

MARCELINO-SÁDABA, S. et al. Project risk management methodology for small firms. *International Journal of Project Management*, v. 32, n. 2, p. 327-340, 2014.

MARREWIJK, A. (Ed.) *Inside megaprojects*. Copenhagen: Copenhagen Business School Press, 2015.

MARSHALL, N.; BRESNEN, M. Tunnel vision? Brunel's Thames tunnel and project narratives. *International Journal of Project Management*, v. 31, n. 5, p. 692-704, 2013.

MARTINS, C. Latam planeja cortar pedidos de Airbus A350 e Boeing 787. *AeroIn: Notícias da Aviação*, jun. 2016. Disponível em <www.aeroin.net/latam-planeja--cortar-pedidos-de-airbus-a350-e-boeing-787/>. Acesso em: 21 mar. 2018.

MATSUYAMA, K. *The rise of mass consumption societies*. The Center for the Study of Industrial Organization at Northwestern University, 2000. Working paper.

MCELROY, B.; MILLS, C. Managing stakeholders. In: TURNER, J. *Gower handbook of project management*. Aldershot: Gower Publishing, 2003. p. 757-777.

MENEGASSI, C.; FERNANDES, B. Teoria axiológica de comunhão: a construção social de recursos constitutivos da gestão de empresas de economia de comunhão. *Cadernos Ebape.BR*, v. 14, n. 2, p. 259-277, 2016.

MEREDITH, J.; MANTEL, S. *Project management*: a managerial approach. 8. ed. Boston: John Wiley & Sons, 2012.

MINTZBERG, H. *Structuring in fives*: design effective organizations. Englewood Cliffs: Prentice Hall, 1983.

_____. *Safári de estratégia*. 2. ed. Porto Alegre: Bookman, 2010.

MORIOKA, S.; CARVALHO, M. Análise de fatores críticos de sucesso de projetos: um estudo de caso no setor varejista. *Produção*, v. 24, n. 1, p. 132-143, 2014.

MORRIS, P.; PINTO, J.; SODERLUND, J. *The Oxford handbook of project management*. Oxford: Oxford University Press, 2012.

MÜLLER, R. *Project governance*. 2. ed. Nova York: Routledge, 2016.

NALEBUFF, B.; BRANDENBURGER, A. *Co-opetição*. Rio de Janeiro: Rocco, 1996.

NI, H.; CHEN, A.; CHEN, N. Some extensions of risk matrix approach. *Safety Science*, v. 47, n. 10, p. 1269-1278, 2010.

NOLAN, R.; KOLB, D. Architecture leadership and stakeholders. *Stage by Stage*, v. 7, n. 109, 1987.

NONAKA, I.; TAKEUCHI, H. *Criação de conhecimento na empresa*: como as empresas japonesas geram a dinâmica da inovação. Rio de Janeiro: Campus, 1997.

OFFICE OF GOVERNMENT COMMERCE (OGC). *Managing Successful Projects with PRINCE2*. Londres: TSO, 2009.

_____. *MoP – Management of portfolios*: an executive guide to portfolio management. Londres: OGC, 2012.

OFORI, F. Project management practices and critical success factors: a developing country perspective. *International Journal of Business and Management*, v. 8, n. 21, p. 14-31, 2013.

O'LEARY, R.; WILLIAMS, T. Making a difference? Evaluating an innovative approach to the project management center of excellence in a UK government department. *International Journal of Project Management*, v. 26, n. 3, p. 556-565, 2008.

OLIVEIRA, O. *Gestão da qualidade*: tópicos avançados. São Paulo: Thompson Pioneira, 2004.

OSTERWALDER, A.; PIGNEUR, Y. *Business model generation*: inovação no modelo de negócios. Rio de Janeiro: Alta Books, 2011.

O'SULLIVAM, A. How the FAA killed supersonic flight – And how it can revive it. *Reason*, 26 jul. 2016. Disponível em <http://reason.com/search?q=.+How +the+FAA+killed+supersonic+flight>. Acesso em: 23 mar. 2018.

PAPILLON, M. Project management beyond projects: an outsider's view on the scope and foundations of the discipline. *Journal of Modern Project Management*, v. 3, n. 3, p. 64-73, 2016.

PARKINSON, N. *A Lei de Parkinson*. Rio de Janeiro: Nova Fronteira, 1957.

PARMENTER, D. Key *Performance indicators*: developing, implementing and using winning KPI's. 3. ed. Nova York: Wiley, 2015.

PETRENKO, O. et al. A. corporate social responsibility or CEO narcisism? Motivations and organizational performance. *Strategic Management Journal*, v. 37, n. 2, p. 262-279, 2016.

PHILIPS, M. *CMMI for acquisition (CMMI-ACQ) primer, version 1.3*. Software Engineering Institute, mar. 2011. Disponível em <https://resources.sei.cmu.edu/library/asset-view.cfm?assetID=9977>. Acesso em: 29 abr. 2018.

PINHEIRO, T.; ALT, L. *Design thinking Brasil*: empatia, colaboração e experimentação para pessoas, negócios e sociedade. São Paulo: Elsevier, 2012.

PINTO, J.; PINTO, M.; PRESCOTT, J. Antecedents and consequences of project team cross-functional cooperation. *Management Science*, v. 39, n. 10, p. 1281-1297, 1993.

PINTO, M.; LEITÃO, S. *Economia de comunhão*: empresas para um capitalismo transformado. Rio de Janeiro: FGV Ed., 2006.

PORTER, M. *Vantagem competitiva*. Rio de Janeiro: Campus, 1990.

POSNER, E. *Agency models in law and economics*. Chicago, IL: University of Chicago Law School, 2000. Coase-Sandor working papers series in law and economics.

PRADO, D. *Maturidade em gerenciamento de projetos*. 3. ed. Belo Horizonte: Falconi, 2014.

PRESSLY, T. Linking strategic and project concepts to enhance management advisory services. *The CPA Journal*, v. 82, n. 7, p. 62-67, 2012.

PROJECT MANAGEMENT INSTITUTE (PMI). *Governance of portfolios, programs, and projects*. Newtown Square: PMI, 2013.

_____. *Um guia do conhecimento em gerenciamento de projetos (Guia PMBOK®)*. 6. ed. Newtown Square: PMI, 2017a.

_____. *Agile practice guide*. Newtown Square: PMI, 2017b.

_____. *Project management competency development (PMCD)*. 3. ed. Newtown Square: PMI, 2017c.

_____. *Pulse of the profession*: success rates rise. Newtown Square: PMI, 2017d.

_____. *Job growth and talent gap*: 2017-2027. Newtown Square: PMI, 2017e.

_____. Fact file: PMI has passed the half-million member mark. *PMI Today*, p. 4, jul. 2018.

RAD, P. *Project estimating and cost management*. Tysons Corner: Management Concepts, 2002.

_____; LEVIN, G. *The advanced project management office*: a comprehensive look at function and implementation. Boca Raton, FL: CRC Press, 2002.

RAGSDELL, G.; ESPINET, E.; NORRIS, M. Knowledge management in the voluntary sector: a focus on sharing project know-how and expertise. *Knowledge Management Research & Practice*, v. 12, n. 4, p. 351-361, 2014.

RASMUSSON, J. *The agile samurai*: how agile masters deliver great software. Nova York: Pragmatic Bookshelf, 2010.

REED, A.; KNIGHT, L. Project risk differences between virtual and co-located teams. *Journal of Computer Information Systems*, v. 51, n. 1, p. 19-30, 2010.

REGO, M.; FAILLACE, J. O projeto de implantação da indústria automotiva no Brasil: por uma abordagem sob a ótica da teoria dos stakeholders. *Organizações & Sociedade*, v. 24, n. 81, p. 216-236, 2017.

_____; IRIGARAY, H.; CHAVES, R. Symbolic megaprojects: historical evidence of a forgotten dimension. *Project Management Journal*, v. 48, n. 6, p. 1-12, 2017.

RIES, E. *A startup enxuta*: como os empreendedores atuais utilizam a inovação contínua para criar empresas extremamente bem-sucedidas. São Paulo: Leya, 2011.

RIZZO, J.; HOUSE, R.; LIRTZMAN, S. Role conflicts and ambiguity in complex organizations. *Administrative Science Quarterly*, v. 15, n. 2, p. 150-163, 1970.

ROBBINS, S.; JUDGE, T.; SOBRAL, F. *Comportamento organizacional*: teoria e prática no contexto brasileiro. 14. ed. São Paulo: Pearson/Prentice Hall, 2011.

ROCHA, O. *A era das demolições na cidade do Rio de Janeiro*: 1870-1920. Rio de Janeiro: Secretaria Municipal de Cultura, Departamento Geral de Documentação e Informação Cultural, 1995. Coleção Biblioteca Carioca, v. 1.

RODGERS, H. *Frontinus*: de aquaeductu urbis Roma. Cambridge: Cambridge University Press, 2004. Cambridge Classical texts and commentaries, n. 42.

RODRIGUES, M. *Sistema de produção lean manufacturing*. Rio de Janeiro: Campus, 2014.

ROTHAERMEL, F. *Strategic management*. 2. ed. Nova York: Mc Graw Hill, 2015.

ROYCE, W. Managing the development of large software systems. *Proceedings of IEEE*, v. 26, p. 1-9, 1970.

SALAM, M.; NOGUCHI, T. Evaluating capacity development for participatory forest management in Bangladesh sal forests based on '4RS' stakeholder analysis. *Forest Policy and Economics*, v. 8, n. 8, p. 785-796, 2006.

SALOMON, L.; ANHEIR, H. The third world's third sector in comparative perspective. *Working Papers of the The Johns Hopkins Comparative Nonprofit Sector Project*, v. 24. Baltimore: The John Hopkins Institute for Policy Studies, 1997.

SALOVEY, P.; MAYER, D. Emotional intelligence. *Imagination, Cognition and Personality*, v. 9, p. 185-211, 1990.

SARTURI, G. et al. Competitiveness of clusters: a comparative analysis between wine industries in Chile and Brazil. *International Journal of Emerging Markets*, v. 1, n. 2, p. 190-213, 2016.

SEIBERT, Guilherme. *Os contratos de EPC*: entre a tipicidade e a atipicidade. Dissertação (mestrado) – Universidade Federal do Rio Grane do Sul, Porto Alegre, 2017.

SENSE, J. A project sponsor's impact on practice-based learning within projects. *International Journal of Project Management*, v. 31, n. 2, p. 264-271, 2013.

SEYAM, M.; GALAL-EDEEN, G. Traditional versus agile: the tragile framework for information systems development. *International Journal of Software Engineering* (IJSE), v. 4, n. 1, p. 63-93, 2011.

SHENHAR, A.; DVIR, D. *Reinventing project management*. Boston: Harvard University School Press, 2007.

SIGURDSEN, A. Wake up! We still do costing wrong. *PM Network*, v. 14, n. 4, p. 35-36, 2000.

SILVA, A. *Regime diferenciado de contratação pública*: um instrumento inovador ao regime público de contratação. Brasília, DF: Instituto Brasileiro de Direito Público, 2014.

SLACK, N. et al. A. *Gerenciamento de operações e de processos*. Porto Alegre: Bookman, 2013.

SNOW, R. *Ford*: o homem que transformou o consumo e inventou a era moderna. São Paulo: Saraiva, 2014.

SÖDERLUND, J. Theoretical foundations of project management: suggestions for a pluralistic understanding. In: MORRIS, P.; PINTO, J.; SÖDERLUND, J. *The Oxford handbook of project management*. Oxford: Oxford University Press, 2012.

_____; TELL, F. Strategy and capabilities in the P-form corporation: linking strategic direction with organizational capabilities. In: CATTANI, G. et al.

(Ed.). *Project-based organizing and strategic management*. Bingley: Emerald, 2013. p. 235-262.

STEINBERG, H. (Org.). *A dimensão humana da governança corporativa*. São Paulo: Gente, 2003.

STENBECK, J. *Agile almanac*. West Chester: LM Editing, 2015.

STEWART, R. *Cost estimating*. 2. ed. Nova York: John Wiley & Sons, 1991.

STINCHCOMBE, A.; HEINER, C. *Organization theory and project management*: administering uncertainty in Norwegian offshore oil. Oslo: Aschehoug, 1985.

STINE, D. *The Manhattan Project, the Apollo Program, and Federal Energy Technology R&D Programs*: a comparative analysis. Washington, DC: Congressional Research Service 30 jun. 2009. CRS Report for congress prepared for members and committees of congress.

STOICA, M. et al. Analyzing agile development: from waterfall style to scrumban. *Informática Econômica*, v. 20, n. 4, p. 5-14, 2016.

SUTHERLAND, J. *Scrum*: the art of doing twice the work in half the time. Nova York: Crown Business Books, 2014.

TAKEUCHI, H.; NONAKA, I. The new product development game. *Harvard Business Review*, v. 64, n. 1, p. 137-146, 1986.

TAVARES, S. *Alinhamento estratégico do gerenciamento do portfólio de projetos*. Dissertação (mestrado) – Escola Brasileira de Administração Pública e de Empresas, Fundação Getulio Vargas, Rio de Janeiro, 2015.

TENORIO, F. (Org.). *Responsabilidade social empresarial*: teoria e prática. 2. ed. Rio de Janeiro: FGV Ed., 2006.

_____; KRONEMBERGER, T. (Org.). *Gestão social e conselhos gestores*. Rio de Janeiro: FGV Ed., 2016. v. 3.

THAMHAIN, H.; WILEMON, D. Conflict management in project life cycles. *Sloan Management Review*, v. 16, n. 3, p. 31-50, 1975.

_____; _____. Building high performance engineering project teams. *IEEE Transactions on Engineering Management*, v. EM-34, n. 3, p. 130-137, 1987.

THOMAS, G.; FERNÁNDEZ, W. Success in IT projects: a matter of definition. *International Journal of Project Management*, v. 26, n. 7, p. 733-742, 2008.

THORNDIKE, R. *Human learning*. Cambridge: Cambridge University Press. 1966.

TOFLER, A. *Future shock*. Nova York: Bantam, 1971.

TOO, E.; WEAVER, P. The management of project management: a conceptual framework for project governance. *International Journal of Project Management*, v. 32, n. 8, p. 1382-1394, 2014.

TUMAN, J. Development and implementation of effective project management information and control systems. In: CLELAND, David; KING, William (Ed.). *Project management handbook*. Nova York: Van Nostrand Reinhold, 1993. p. 495-532.

VELLOSO, F. Ponte Rio-Niterói: um marco em nossa engenharia. *Revista da Cultura*, ano 11, n. 21, p. 16-24, 2013.

WAGNER III, J.; HOLLENBECK, J. *Comportamento organizacional*: criando vantagem competitiva. São Paulo: Saraiva, 2000.

WAKE, B. Invest in good stories and smart tasks. *XP 123*. 17 ago. 2003. Disponível em: <https://xp123.com/ articles/invest-in-good-stories-and-smart-tasks/>. Acesso em: 27 dez. 2017.

WALKER, D.; DART, C. Frontinus: a project manager from the Roman Empire era. *Project Management Journal*, v. 42, n. 5, p. 4-16, 2011.

WANG, H. et al. Corporate social responsibility: an overview and new research directions. *Academy of Management Journal*, v. 59, n. 2, p. 534-544, 2016. Thematic issue on corporate social responsibility – from the editors.

WERNKE, R. *Gestão de custos*: uma abordagem prática. 2. ed. São Paulo: Atlas, 2004.

WHITE, K.: LIPPITT, O. *Autocracy and democracy*: an experimental inquiry. Nova York: Harper & Brothers, 1960.

WHITE, R. The micromanagement disease: symptoms, diagnosis and cure. *Public Personal Management*, v. 39, n. 1, p. 71-76, 2010.

WILEMON, D.; THAMHAIN, H. Team building in project management. *Project Management Quarterly*, v. 14, n. 2, p. 73-81, 1983.

WILLIAMS, T. The nature of risk in complex projects. *Project Management Journal*, v. 48, n. 6, p. 55-66, 2017.

WILSON, J. Gantt charts: a centenary appreciation. *European Journal of Operational Research*, v. 149, n. 3, p. 430-437, 2003.

WOOD, T. (Org.). *Gestão empresarial*: o fator humano. São Paulo: Atlas, 2002.

WOODS JR., T. *Como a Igreja católica construiu a civilização ocidental*. São Paulo: Quadrante, 2010.

YUNUS, M. *O banqueiro dos pobres*: o microcrédito e a luta pela pobreza no mundo. Lisboa: Difel, 2009.

Glossário

Acordo – Qualquer documento ou comunicação que define as intenções iniciais do projeto. Pode ocorrer na forma de contrato, memorando, carta de intenção, acordos verbais, *e-mails* etc.
Ameaça – Risco que tem efeito negativo em um ou mais objetivos do projeto.
Análise de fazer ou comprar (*make or buy*) – Processo de reunir e organizar dados sobre os requisitos do produto e analisá-los em relação às alternativas disponíveis, incluindo a compra ou manufatura interna do produto.
Área de conhecimento em gerência de projetos – Área identificada de gerência de projetos definida por seus requisitos de conhecimentos e descrita em termos dos processos que a compõem, incluindo práticas, ferramentas etc.
Atividade – Uma parte distinta executada no decorrer do projeto.
Autogerenciamento – Formação de equipe que funciona na ausência de controle centralizado.

Benchmarking – Ato de comparação de produtos, processos e práticas reais ou planejadas com as de projetos ou organizações similares para identificar as melhores práticas, gerar ideias para melhorias e fornecer uma base para medir o desempenho.
Buy-in – Ato de comprar a ideia ou o conceito do projeto.

Caminho crítico – Sequência de atividades que representa o caminho mais longo de um projeto, que determinada a menor duração possível.
Chapters – Sedes regionais do PMI nas cidades em que está presente.
Ciclo de vida do produto – Série de fases que representam a evolução de um produto, da sua concepção à entrega, crescimento, maturidade e extinção.

Ciclo de vida do projeto – Série de fases pelas quais um projeto passa, do início ao término.

Claim – Reinvindicação formal feita por algum *stakeholder* em relação a determinada questão relativa ao projeto, À proposta do projeto ou ao contrato.

Conformidade – Conceito de entrega que se enquadra nos limites que definem a variação aceitável para um requisito de qualidade.

Contingência – Evento ou ocorrência que interfere na execução do projeto e que pode ser justificado com uma reserva.

Crashing – Técnica usada para encurtar a duração do cronograma mediante a adição de recursos nas atividades do caminho crítico.

Decomposição – Técnica usada para dividir e subdividir o escopo do projeto e suas entregas em partes menores e mais facilmente gerenciáveis.

Entrega – Qualquer produto, resultado ou recurso produzido por um projeto e validado pelo cliente ou outro *stakeholder* como tendo satisfeito seus critérios de aceitação.

ERP (*enterprise resource planning*) – *Softwares* que integram todos os processos e dados de uma organização em um sistema único.

Fast tracking – Técnica de aceleração do cronograma em que atividades normalmente executadas em sequência são executadas em paralelo.

Fibonacci – Sequência de números naturais na qual os dois primeiros números são 0 e 1 e depois cada termo subsequente corresponde à soma dos anteriores. Exemplos: 0, 1, 1, 2, 3, 5, 8, 13, 21, 34, 55, e assim por diante.

Folga (livre) – Tempo permitido de atraso de uma atividade do cronograma sem postergar a data de início cedo de qualquer uma das atividades sucessoras.

Folga (total) – Tempo permitido de atraso para a data de início mais cedo de uma atividade do cronograma sem postergar a data de término do projeto como um todo.

Gráfico de Gantt (*Gant chart*) – Diagrama de barras com informações do cronograma em que as atividades são listadas no eixo vertical, as datas no eixo vertical e as durações das atividades como barras horizontais posicionadas de acordo com as datas de início e término.

GLOSSÁRIO

Histograma – Gráfico de barras que mostra a representação gráfica de dados numéricos.

Iterativo – Projeto em que as estimativas de tempo e custos são rotineiramente modificadas à proporção que a compreensão do produto aumenta. A iteração desenvolve o produto com uma série de ciclos repetitivos, ao mesmo tempo que acrescenta funcionalidades ao produto.

Joint venture – Modelo estratégico de parceria comercial entre empresas visando à colaboração para fins comerciais ou tecnológicos.

Lag – Quantidade de tempo que uma atividade sucessora terá seu início postergado em relação a uma atividade predecessora.
Lead – Quantidade de tempo que uma atividade sucessora pode ser adiantada em relação a uma atividade predecessora.
Likert – Tipo de escala de resposta psicométrica usada em questionários e pesquisas de opinião.
Linha de base (*baseline*) – Versão aprovada de um projeto que só pode ser alterada por procedimentos de controle formal de mudança. Usada como base de comparação com os resultados reais do projeto.

Mainstream – Conceito que expressa uma tendência dominante.
Marco (*milestone*) – Data, ponto ou evento significativo de um projeto.
Market share – Termo inglês utilizado para definir a participação no mercado.
Metodologia – Sistema de práticas, técnicas, procedimentos e regras usado pela equipe do projeto.

Nivelamento de recursos – Técnica de otimização de recursos que consiste na realização de ajustes no cronograma para otimizar a alocação de recursos e que pode afetar o caminho crítico.

Paramétrica – Tipo de estimativa em que um algoritmo é usado para calcular custo e duração com base em dados históricos e parâmetros do projeto.
Preditivo – Projeto no qual escopo, tempo e custo são determinados nas fases iniciais do ciclo de vida.

Premissa – Fator do planejamento considerado verdadeiro sem a necessidade de prova ou demonstração.

Prototipagem – Método para se obter respostas iniciais sobre requisitos por meio de um modelo funcional do produto esperado antes de construí-lo de fato.

Requisito – Condição ou capacidade que deve necessariamente estar presente em um produto, serviço ou resultado para atender a uma necessidade.

Restrição – Fator externo, ligado ao escopo, que limita as decisões da equipe.

***Service level agreement* (SLA) ou acordo de nível de serviço (ANS)** – Contrato entre um provedor de serviços (interno ou externo) e o usuário final que define o nível de serviço esperado do provedor de serviço.

Startups – Empresas recém-criadas, em setores de novas tecnologias, ainda em fase de desenvolvimento e em busca do melhor modelo de negócio sob condições de incerteza.

Tailoring – Ajuste de acordo com a necessidade do contexto ou dos *stakeholders* do projeto.

Turnover – Taxa de substituição de colaboradores antigos por novos.

Validar – Garantir que um produto ou serviço atende às necessidades do cliente e dos demais *stakeholders*.

Variação – Desvio ou divergência quantificável em relação a uma linha de base conhecida ou valor esperado.

Para enriquecer

Uma reflexão final trata do futuro do gerenciamento de projetos. O que esperar nos próximos anos, considerando o cenário de inovação e proliferação tecnológica em níveis exponenciais, que reduzem cada vez mais a distância entre o nosso cotidiano e filmes de ficção científica?

A gerência de projetos tende a se tornar cada vez mais parte dessa nova realidade automatizada, fazendo uso maior de ferramentas colaborativas e inteligência artificial para planejamento, controle e tomada de decisões. Metodologias híbridas devem prevalecer, evocando uma melhor adequação e aplicabilidade para cada contexto em que os projetos estejam inseridos.

Quanto ao perfil do gerente de projetos, sua competência e aptidão emocional tendem a funcionar como um fator diferencial, ainda mais considerando a propagação da robotização. Em um mundo no qual profissões que envolvem repetição e mecanicismo tendem a desaparecer, o ineditismo das situações, aliado à engenhosidade para manutenção das relações humanas, sugere um papel cada vez mais protagonista para o gerente de projetos. Por mais que os projetos sejam ambientes de pressão e conflitos, cada término vitorioso de um novo projeto representa uma satisfação individual ímpar, pois um novo desafio foi vencido.

De acordo com o PMI (2017e), em 2027 o mundo terá uma demanda de 87,7 milhões de profissionais trabalhando com gerência de projetos. A falta de talentos na área pode resultar em um prejuízo de US$ 207,9 bilhões. Só no Brasil, isso representaria uma perda de mais de US$ 3 bilhões em termos de produto interno bruto (PIB). No nosso país há muito a realizar, em projetos de infraestrutura, mobilidade urbana, saneamento, saúde, recuperação ambiental, moradia, educação, só para citar as principais demandas. É fundamental que formemos pessoas capazes de transformar recursos escassos em resultados exitosos para o bem-estar social e o desenvolvimento sustentável do Brasil. O futuro demandará maior responsabilidade para as organizações e uma ampla oportunidade para profissionais que queiram se especializar e conhecer mais sobre gerência de projetos. Esperamos que o livro ajude em sua formação, inspire e contribua, ainda que humildemente, para sua capacitação em gerenciamento de projetos!

Anexos

Anexo I – Exemplo de declaração de escopo

<nome do projeto> – Versão: <n> – Data: dia/mês/ano

Descrição do projeto

Apresentar uma síntese do que é o projeto.

Justificativa para execução do projeto

Apresentar uma justificativa para a realização do projeto. Trata-se de obrigatoriedade? Qual é a importância, relevância e/ou benefícios potenciais?

Escopo do projeto

Descrever em nível de detalhe o escopo e todos os produtos pretendidos pelo projeto.

Exclusões (itens FORA do escopo do projeto)

Listar todo esforço e/ou resultado que não serão abordados no projeto, mas que o solicitante poderia ter a expectativa de ver realizados.
<item 1>
<item 2>
< ... >

Produtos a serem entregues

Descrever, na tabela abaixo, o(s) produto(s) principal(is) a ser(em) desenvolvido(s), de acordo com a EAP desenhada. Apontar também a estimativa de recursos, duração e critérios de aceitação relevantes para o aceite do produto do projeto e seus subprodutos.

1.1 Produto	Descrição:
	Duração: 1
	Critérios de aceitação:
	Recursos:
1.1.1 Subproduto	Descrição:
	Duração: 1
	Critérios de aceitação:
	Recursos:

Restrições existentes

Ordem	Restrições
1	Apresentar as restrições – fatores de limitação existentes no projeto, como: normas
2	e legislação, prazos, restrições técnicas e tecnológicas, restrições de recursos,
3	orçamento, imposições do demandante etc. – já identificadas.
< ... >	

Premissas assumidas

Ordem	Premissa
1	Apresentar as premissas relevantes para o projeto já identificadas até o momento,

Ordem	Premissa
2	lembrando que premissas são fatores considerados válidos para o propósito de
3	planejamento, podendo não se concretizar de fato.
< ... >	

Organização inicial para o projeto

Mostrar a estrutura de time, bem como *stakeholders* identificados dentro do organograma sugerido para o projeto.

Marcos (milestones) do projeto

Apresentar os principais marcos em termos de cronograma do projeto. Pode ser um resumo do *software* de controle de cronograma ou uma tabela simples.

Ordem de magnitude

Apresentar uma estimativa macro dos gastos estimados para o projeto. Podem ser apresentados como total geral, por fase, por produto a ser entregue ou em função dos *milestones* descritos no item anterior.

Riscos identificados

Ordem	Risco	Resposta
1		
2		
< ... >		

Aprovação

Aprovamos a versão <n> da declaração de escopo do Projeto XPTO.

_____   Data: _____/_____/_____
<Cliente> – <nome> – <área/departamento>

_____   Data: _____/_____/_____
<Gerente do projeto> – <nome> – <área/departamento>

Anexo II – Exemplo de requisição de mudança

<nome do projeto> – Versão: <n> – Data: dia/mês/ano

Objetivo

Este documento tem por objetivo registrar toda e qualquer mudança relativa ao projeto, demandadas por qualquer tipo de *stakeholder*. Caso a mudança seja aprovada, o gerente do projeto deverá imediatamente atualizar a declaração de escopo e o plano de projeto, conforme a natureza da mudança requerida, gerando uma nova versão do documento.

Descrição da mudança

Definir claramente os detalhes da solicitação de mudança. Prover toda a base e especificação relevante para a mudança.

Razão para a requisição

Definir a razão para a mudança, o histórico e as novas expectativas.

Requerente

Nome	
Departamento	
Data	

Análise dos impactos da requisição

Qualidade

Descrever os possíveis impactos na qualidade do produto a ser entregue.

Cronograma

Descrever os possíveis impactos no cronograma do projeto.

Custos

Descrever os possíveis impactos no custo do projeto.

Recursos

Descrever as possíveis alterações na equipe do projeto.

Avaliação

Status da requisição

<X>	Aprovada
<X>	Rejeitada

Racional

Fundamentos para a aprovação ou rejeição da mudança.

Avaliador(es)

Descrever na tabela abaixo as pessoas que fizeram parte da comissão avaliadora da mudança. Evidentemente, o tamanho da convenção e o próprio processo de aprovação podem variar conforme o tamanho e complexidade do projeto.

Nome	
Departamento	
Data	

Aprovação

Aprovamos a versão <n> da requisição de mudança do projeto XPTO.

_____   Data: _____/_____/_____
<Cliente> – <nome> – <área/departamento>

_____   Data: _____/_____/_____
<Gerente do projeto> – <nome> – <área/departamento>

Anexo III – Exemplo de carta de aceite

<nome do projeto> – Versão: <n> – Data: dia/mês/ano

Objetivo

Este documento tem por objetivo registrar, para o cliente e o gerente do projeto, a conclusão e entrega final de cada fase ou do projeto como um todo.

Descrição do produto entregue

> Descrever o produto, serviço ou fase do projeto que foi completada e/ou entregue.

Resultados alcançados

> Apresentar a lista de resultados alcançados com o produto e/ou fase do projeto entregue.

Documentos relacionados ao aceite

> Telas, *as-builts*, plano de testes, registros de homologação.

Registros

	Dados finais
Data de início/término	Data de início e término da fase e/ou projeto.
Recursos	Quantidade de recursos alocados.
Horas e/ou custo	Total de horas consumidas ou custo HH total.

Declaração do aceite

Reconheço que a fase ABC e/ou o projeto XPTO foi entregue satisfatoriamente, atendendo às minhas expectativas e alcançando os resultados esperados. Sendo assim, nada mais é devido e damos por concluída essa fase e/ou projeto XPTO.

_____   Data: _____/_____/_____
<Cliente> – <nome> – <área/departamento>

_____   Data: _____/_____/_____
<Gerente do projeto> – <nome> – <área/departamento>

Anexo IV – Exemplo de termo de abertura

Histórico/background

> Apresentar um histórico das razões pelas quais o projeto será empreendido, incluindo cenário atual.

Objetivos do projeto

> Apresentar uma representação formal daquilo que se quer atingir com a conclusão do projeto. Deve ser facilmente mensurável e controlável; para isso é uma boa prática registrar o(s) objetivo(s) com parâmetros concretos de tempo, custo e performance.

Benefícios do projeto

Benefícios	Descrição

Escopo inicial do projeto

> Descrever o escopo inicial pretendido com o projeto a ser empreendido.

Riscos identificados

Ordem	Risco	Resposta
1		
2		
3		
< ... >		

ANEXOS

Estimativas iniciais

	Estimativa	Justificativa
Data de início		
Data de término		
Recursos		
Custos		

Restrições existentes

Ordem	Restrição
1	Apresentar as restrições – fatores de limitação existentes no projeto, tais como: normas e legislação; prazos; restrições técnicas ou tecnológicas, recursos, orçamento, imposições do demandante etc.
2	
< ... >	

Premissas assumidas

Ordem	Premissa
1	Apresentar as premissas relevantes para o projeto já identificadas até o momento, lembrando que premissas são fatores considerados válidos para o propósito de planejamento, podendo não se concretizar de fato.
2	
< ... >	

Razões de parar o projeto

Ordem	Premissa
1	Apresentar possíveis razões para parar ou eliminar o projeto. São itens importantes de serem listados, uma vez que o patrocinador também assina esse documento e está implicitamente de acordo em parar com o projeto, caso as situações listadas ocorram.
2	
< ... >	

Gerente do projeto

| <nome, área/departamento, função > |

Aprovamos o termo de abertura do projeto XPTO.

_____ Data: _____/_____/_____
<Gerente do projeto> – <nome> – <área/departamento>

_____ Data: _____/_____/_____
<Patrocinador> – <nome> – <área/departamento>

Anexo V – Exemplo de instrumento de auditoria de projeto

Este documento está disponível no endereço:
Responsável por esta revisão (EGP):
Fase do projeto no momento da revisão:

Distribuição

Cargo	Nome
Gerente do projeto	
Patrocinador do projeto	
Cliente(s)	

1. Sobre este documento

O objetivo desta auditoria é registrar as revisões efetuadas no projeto como parte do processo de garantia da qualidade, que visa à melhoria dos projetos da organização.

2. Legenda

●○○	Projeto saudável	Implica manutenção de situação favorável.
○●○	Projeto em alerta	Implica a tomada de ações para prevenir possíveis efeitos negativos.
○○●	Projeto com problemas	Implica a tomada de ações imediatas para minimizar efeitos negativos atuais. Plano de ação é requerido imediatamente.

3. Resumo

[Sumário das atividades que envolveram a revisão e evidências analisadas (documentos, relatórios, processos). Resumo dos pontos fortes e das oportunidades de melhoria da gestão do projeto e das recomendações feitas ao longo do parecer.]

	Desempenho geral do projeto

4. Fatos relevantes

	Gerenciamento do escopo

	Gerenciamento dos custos

	Gerenciamento do cronograma

	Gerenciamento da qualidade

	Gerenciamento dos recursos

	Gerenciamento dos *stakeholders*

Gerenciamento dos riscos

Gerenciamento da comunicação

Gerenciamento das aquisições

Satisfação do cliente

Aderência à metodologia

5. Recomendações

Item	Ação	Responsável	Data

Anexo VI – Grupos de processos × áreas de conhecimento em gerenciamento de projetos

Áreas de conhecimento	Grupos de processos de gerenciamento de projetos				
	Grupos de processos de iniciação	Grupos de processos de planejamento	Grupos de processos de execução	Grupos de processos de monitoramento e controle	Grupos de processos de encerramento
4. Gerenciamento da integração do projeto	4.1 Desenvolver o termo de abertura do projeto	4.2 Desenvolver o plano de gerenciamento do projeto	4.3 Orientar e gerenciar o trabalho do projeto 4.4. Gerenciar o conhecimento do projeto	4.5 Monitorar e controlar o trabalho do projeto 4.6. Realizar o controle integrado de mudanças	4.7 Encerrar o projeto ou fase
5. Gerenciamento do escopo do projeto		5.1 Planejar o gerenciamento do escopo 5.2 Coletar os requisitos 5.3 Definir o escopo 5.4 Criar a EAP		5.5 Validar o escopo 5.6 Controlar o escopo	
6. Gerenciamento do cronograma do projeto		6.1 Planejar o gerenciamento do cronograma 6.2 Definir as atividades 6.3 Sequenciar as atividades 6.4 Estimar as durações das atividades 6.5 Desenvolver o cronograma		6.6. Controlar o cronograma	
7. Gerenciamento dos cutos do projeto		7.1 Planejar o gerenciamento dos custos 7.2 Estimar os custos 7.3 Determinar o orçamento		7.4 Controlar os custos	
8. Gerenciamento da qualidade do projeto		8.1 Planejar o gerenciamento da qualidade	8.2 Gerenciar a qualidade	8.3 Controlar a qualidade	
9. Gerenciamento dos recursos do projeto		9.1 Planejar o gerenciamento dos recursos 9.2 Estimar os recursos das atividades	9.3 Adquirir recursos 9.4 Desenvolver a equipe 9.5 Gerenciar a equipe	9.6 Controlar os recursos	
10. Gerenciamento das comunicações do projeto		10.1 Planejar o gerenciamento das comunicações	10.2 Gerenciar as comunicações	10.3 Monitorar as comunicações	
11. Gerenciamento dos riscos do projeto		11.1 Planejar o gerenciamento dos riscos 11.2 Identificar os riscos 11.3 Realizar a análise qualitativa dos riscos 11.4 Realizar a análise quantitativa dos riscos 11.5 Planejar as respostas aos riscos	11.6 Implementar respostas aos riscos	11.7 Monitorar os riscos	
12. Gerenciamento das aquisições do projeto		12.1 Planejar o gerenciamento das aquisições	12.2 Conduzir as aquisições	12.3 Controlar as aquisições	
13. Gerenciamento das partes interessadas do projeto	13.1 Identificar as partes interessadas	13.2 Planejar o engajamento das partes interessadas	13.3 Gerenciar o engajamento das partes interessadas	13.4 Monitorar o engajamento das partes interessadas	

Fonte: PMI (2017a:25).

Apêndice
Soluções e aplicativos

Quadro 35
Aplicativos e soluções para gerenciamento de projetos

Solução	Fornecedor	Função básica
@Risk	Palisade	Aplicativo para uso em gerenciamento de riscos em projetos
Aceproject	Aceproject	Ferramenta de planejamento, monitoramento e de apropiação de horas e controle de tarefas
Agiloft	Agiloft	Solução de banco de dados para gerenciamento de informações e documentos. Pode ser customizado para atender qualquer solução. Mas em projetos é usualmente usado para administração contratual e gerenciamento de documentos
Aha!	Aha! Labs Inc.	Ferramenta para criação de *roadmaps* para projetos de *software*
Artemis	Artemis	Solução para gerência de projetos, programas e portfólio
Asana	Asana	Aplicativo de gerenciamento de tarefas e equipe de projeto
Basecamp	Basecamp	Organizar a comunicação do projeto entre os *stakeholders* em uma central única
ConstructApp	Construct	Ferramenta focada na área de construção. Facilita colaboração entre equipes de gerenciamento de projetos e obras. Faz o registro fotográfico do canteiro de obras, gerencia atividades, gera relatórios, entre outras funções
Goldratt SIM project management	Goldratt Research Labs	Aplicativo de simulação dinâmica de corrente crítica em projetos
Jira *Software*	Atlassian	Ferramenta para gerência ágil de projetos
Kanban Tool	Shore Labs	Ferramenta visual para gerência de tarefas com base na proposta do *Kanban*
Milestones	Kidasa	Aplicativo para elaboração de cronogramas

▼

MindManager	Mindjet	Desenhos de mapas mentais, fluxogramas, organogramas, mapeamento de processos, entre outras possibilidades
MindManager	Mind Jet	Ferramenta de mapa mental que pode ser utilizada em conjunto com o Microsoft Project para gerar estruturas analíticas
MindView	Matchware	Desenhos de mapas mentais, geração de conogramas, organogramas e outras funcionalidades
Monday	Monday	Ferramenta de gerência de projetos e colaboração, com uma estrutura de forte apelo visual
MS-Project	Microsoft	Geração e administração de projetos, cronogramas, agendamentos, colaboração, recursos e diversas outras funcionalidades. Um dos programas mais utilizados no mercado. Suporta práticas ágeis
Open Project	OpenProject	Pograma aberto de gerência de projetos, envolvendo cronogramas, tarefas, colaboração e outras funções. Suporta práticas ágeis
PrecisionTree	Palisade	Aplicativo de árvore de decisão. Útil para seleção da melhor alternativa de projeto a ser escolhida
Primavera Enterprise PPM	Oracle	*Software* que engloba gerência de projetos e portfólio, com diversos módulos de trabalho para contratos, riscos etc.
Prochain	ProChain Solutions	Suporta a implantação de corrente crítica em projetos
Project Builder	Project Builder	Solução para gerência de projetos, programas e portfólio
Project Manager	Project Manager	Ferramenta de planejamento e monitoramento de projetos alternativa ao Microsoft Project
Project Office	DK Consulting	Ferramenta de planejamento e monitoramento de projetos alternativa ao Microsoft Project
Project Plan 365	Houseatonic	Ferramenta de planejamento e monitoramento de projetos alternativa ao Microsoft Project
Project Viewer 365	Houseatonic	Visualizador de arquivos do Microsoft Project
ProWorkFlow	ProWorkFlow	Ferramenta *on-line* de planejamento e monitoramento de projetos
QuickPlan	Mobilinked	Ferramenta de planejamento e monitoramento de projetos alternativa ao Microsoft Project
SAP PPM	SAP	Solução para gerência de projetos, programas e portfólio
Smartsheet	Smartsheet	Solução de planilhas *on-line* inteligentes que servem para controle de tarefas em projetos de pequeno porte ou como ferramenta auxiliar de projetos. É definida como uma alternativa simples ao Microsoft Project
Teamwork	Teamwork	Aplicativo para gerenciamento de projetos com interface para sistemas operacionais de celular
Trello	Trello	Ferramenta de colaboração visual util para gerenciamento de projetos de pequeno porte e controle de tarefas

Vivfy	Vivfy	Ferramenta *on-line* de planejamento e monitoramento de projetos e tarefas para uso com métodos ágeis
WBS Schedule Pro	Critical Tools	Geração e manutenção de estruturas analíticas de projeto, confecção de cronogramas, geração de redes de precedência
WBS Tool	WBS Tool	Geração e manutenção de estruturas analíticas de projeto
Wkike	Wkike	*Software* de gestão de projetos *on-line* para definir prioridades e alinhar a equipe
Wrike	Wrike	Ferramenta *on-line* de planejamento e monitoramento de projetos e tarefas. Adequada para gerenciamento de projetos tradicional ou com métodos ágeis
Zoho	Zoho	Planejamento de projetos, gerência de cronogramas, ferramentas de reporte e outras funcionalidades

A intenção deste apêndice não é, de forma alguma, esgotar todas as opções de soluções e aplicativos disponíveis para gerenciamento de projetos, mas simplesmente apresentar algumas das opções mais utilizadas no mercado. Algumas das soluções listadas no quadro 35 são abertas; outras pressupõem o uso livre por determinado itervalo de tempo, e outras são pagas. Sua instalação também pode variar em função do sistema operacional utilizado, de modo que os autores recomendam que o leitor pesquise sobre a ferramenta antes de partir para a instalação. Muitas das funções de cada aplicativo ou solução apresentadas são, por vezes, resumos do potencial da ferramenta. O interessado deve procurar conhecer mais sobre as possibilidades oferecidas nos respectivos *sites*.

Os autores gostariam de frisar também que não mantêm qualquer relação com nenhuma das empresas citadas, e seu objetivo foi apenas orientar o leitor em sua eventual busca por *softwares* de gerenciamento de projetos.

Os autores

André B. Barcaui
Pós-doutor em administração pela Faculdade de Economia, Administração e Contabilidade da Universidade de São Paulo (FEA/USP), doutor em administração pela Universidad Nacional de Rosario (UNR), mestre em sistemas de gestão pela Universidade Federal Fluminense (UFF), com graduação em tecnologia da informação e psicologia. Foi *project office manager* da Hewlett-Packard Consulting, responsável pela região latino-americana e gerente de programa e serviços na IBM. É conselheiro e membro fundador do PMI Chapter Rio, onde concluiu sua certificação PMP, e conselheiro do International Project Management Association (IPMA) Brasil. É certificado *master coach* pelo Behavioral Coaching Institute e *scrum master* pela Agile Alliance.

Marcos L. Rego
Doutor em administração de empresas pela Pontifícia Universidade Católica do Rio de Janeiro (PUC-Rio) e mestre em administração de empresas pela mesma universidade. Graduado em engenharia elétrica, modalidade eletrônica pela Universidade Gama Filho e certificado PMP. Atuou como analista de ciência e tecnologia sênior do Instituto de Pesquisas da Marinha (IPqM) em diversos projetos de desenvolvimento de sistemas de guerra eletrônica/radar. Foi, por 16 anos, encarregado da Divisão de Processamento de Sinais de Sistemas de Guerra Eletrônica. É professor do Núcleo de Docentes Permanentes da Escola Brasileira de Administração Pública e de Empresas (Ebape) da Fundação Getulio Vargas (FGV), atual líder do tema "Gestão de projetos" na Associação Nacional de Pós-Graduação e Pesquisa em Administração (Anpad), coordenador acadêmico e professor do MBA em Gerenciamento de Projetos da Escola de Negócios

(IAG) da PUC-Rio. Já atuou como professor nas universidades Santa Úrsula e Candido Mendes, no Instituto de Pós-Graduação e Pesquisa em Administração (Coppead) da Universidade Federal do Rio de Janeiro (UFRJ) e na Escola do Tribunal de Contas do Estado do Rio de Janeiro.